都市の解剖学

建築／身体の剥離・斬首・腐爛

小澤京子――著
田中純――解題

ANATOMIA URBIUM : Separatio, Decapitatio, Corruptio Aedeficiorum / Corporium

ありな書房

都市の解剖学——建築／身体の剥離・斬首・腐爛

目次

ANATOMIA URBIUM

Separatio, Decapitatio, Corruptio Aedeficiorum / Corporium

Scripsit Kyoko OZAWA

Explicuit Jun TANAKA

都市の解剖学

——建築／身体の剥離・斬首・腐爛

郵 便 は が き

料金受取人払

本郷局承認

2594

差出有効期限
平成23年12月
31日まで
郵便切手は
いりません

113-8790

（受取人）
東京都文京区本郷1 - 5 - 15

ありな書房
ブッククラブ　行

お名前（ふりがな） （男・女） 歳	
ご住所（ふりがな） 〒 電話／FAX	
Email	
ご職業（勤務先・学校名）	
ご専門／所属学会	
お買い求めの書店名 市・区 書店	

※ありな書房〈ブッククラブ〉の最新情報をEmailでお送りいたします。

愛読者カード

ご購読ありがとうございました。今後、出版のご案内をさせていただきますので、各欄にご記入の上ご返送下さい。

書名：

◇本書を何でお知りになりましたか？

□書店の店頭で（　　　　書店）

□広告で（雑誌・新聞名　　　　）

□書評で（雑誌・新聞名　　　　）

□人に勧められて（　　　　）

□小社の案内を見て　□その他（　　　　）

◇新刊情報をお送りいたします（要・不要）

◇本書のほかに小社の出版物をお持ちでしたら、その書名をお書き下さい。

（　　　　）

◇今後ご案内の送付を希望される出版物の分野・テーマをお知らせ下さい。

（　　　　）

◇本書へのご意見、今後の出版希望など忌憚ないご意見をお聞かせ下さい。

◆お手元の刊行案内の中で、お求めの書籍がありましたら（送料無料）、ご記入のうえ投函してください（お近くの書店にお持ちいただいてもけっこうです）。

書名／価格／冊数

書名／価格／冊数

書名／価格／冊数

◆当社のホームページ　http://www.jade.dti.ne.jp/~arina/　もご覧ください。

序章　建築の解剖学
——その皮膚と骨格

この生体模型が生涯、想像力の中に残りはしないか。……かれの毒された目はもはや表面にとどまることができなくなり、皮膚や脂肪があっても、常に筋肉を、そのつけ根、その靭帯と接合部を垣間見るのではないか。……かれの画いたものは、女性の像に至るまで、この忌むべき生体模型のかげが見えてしまう、ということになりはしないだろうか。

（ドニ・ディドロ『絵画について』佐々木健一訳、岩波文庫、二〇〇五年、一四〜一六ページ）

1　皮を剥がれた建築

建築物をひとつの身体に擬えるならば、皮膚にあたるのは外壁であろう。建築物が時間の手に晒され続けるかぎり、傷や病、あるいは老いは、不断にその皮膚を脅かし続けることとなる。しかし、この建築の外皮へ、あるいは内部と外部との境界をめぐる病理へととりわけ執拗な眼差しが注がれたのが、一八世紀の「紙上建築」という分野なのではないだろうか。それは、廃墟表象における崩れゆく皮膚であり、また幻想じみた建築図面における開口部への窃視欲動である。

たとえば、ベルナルド・ベロットによる《ドレスデン——クロイツキルヒェの廃墟》（図1）。これは、一七六〇年のプロシア軍の砲撃によって崩壊した、ドレスデン最古の教会の姿を描いたものである。ちなみに、砲撃前のこの教会を描いたものが、《ドレスデンのクロイツキルヒェ》（図2）である。ドレスデンの名所的な建築物であった教会は、いまや壁も天井も崩れ去り、中央の教会塔のみが垂直に聳え立つ。ベロットの冷たく硬質な筆致は、積み重なった瓦礫の一つひとつや、外壁のざらざらとした質感、右側の壁面に垂れ下がった魚の骨のような梯子までを、偏執的なまでの精密さで描きだしている。中でもひときわ目を引くのは、かろうじて崩落を免れて、あたかも身を開かれた魚の

図2——ベルナルド・ベロット
《ドレスデンのクロイツキルヒェ》一七五一～五二年
サンクトペテルブルク　エルミタージュ美術館
完全な姿の教会　精巧な筆致で描きだされる石造りの表面の滑らかさ

図1——ベルナルド・ベロット
《ドレスデン——クロイツキルヒェの廃墟》一七六五年
ドレスデン国立美術博物館アルテ・マイスター絵画館

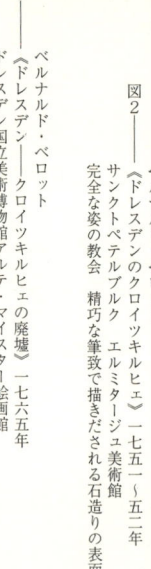

図3——ピーテル・ブリューゲル（父）《バベルの塔》一五六三年　ウィーン　美術史美術館
建設中の光景が崩落しつつある廃墟のようにも見える矛盾

図4——マールテン・ファン・ファルケンボルフ《バベルの塔》制作年不詳
ドレスデン国立美術博物館　アルテ・マイスター絵画館

ような姿で聳え立つ教会塔の壁面であろう。表面を滑らかに覆っていた煉瓦は剥落し、扉や窓という開口部を塞いでいた木戸も吹き飛んで、各階に設けられたニッチや窓による階層構造が露わになっている。煤けだった石壁に穿たれたアーチからは内陣の様子が垣間見え、上層部の三連窓からは向こう側の空が覗く。これは、戦争による爆撃という瞬間的な災厄によって裸体にされた、否、表皮を剥がれてその内部を露出させた建築物の姿なのである。

ヤン・ペーテルスは、一六世紀オランダ絵画のベロットへの影響を指摘する。[☆1]たとえば、ウィーンの美術史美術館に納められたピーテル・ブリューゲル（父）の《バベルの塔》（図3）や、ドレスデンのスタールホフに展示されていたマールテン・ファン・ファルケンボルフの同主題の作品（図4）から、ベロットは構図やモチーフの着想を得たというのである。たしかに、画面を二分する地平線や俯瞰構図、中央に配された塔、壁面のアーチ窓や階段、地面に積みあげられた瓦礫、建築物の巨大さを強調する小さな人物像など、両者の共通項は多い。ペーテルスの言うとおり、ドレスデンやウィーンの宮廷で庇護されたベロットがブリューゲルらの作品を目にしていた可能性は、十分にあるだろう。しかし現実の影響関係の有無という以前に、一六世紀に描かれたバベルの塔とベロットによる廃墟化した教会塔には、奇妙なまでの形態的類似性がある。建設途中であるがゆえにところどころ内部構造が剥き出しとなったバベルの塔と、破壊によって外壁を剥がされたクロイツキルヒェとでは、その時間性が真逆であるにもかかわらず。奇しくもベロットは、建築工事の途上にある建物の姿も描いている。たとえば、《アウグストゥス橋のエルベ川下流の右岸から見たドレスデン》（図5）である。ここでは、画面右側に建設中のカトリック宮廷教会が描かれている。工事はほとんどが終了し、外壁も滑らかに完成されているが、教会塔の周囲にはまだ撤去されない足場が、あたかも外部化された骨格のように残っている。

人為的な威力によって瞬時に破壊させられるか、時間の経過によって徐々に崩壊するかの別はあるにせよ、ベロットによる《ドレスデン――クロイツキルヒェの廃墟》は、この時代に興隆をみた廃墟画の系譜に酷似している。そこでは、建築物の外壁がところどころ引き剥がされ穴が穿たれ、その隙間からわずかに内部が姿を見せるのだ。一八世

図5——ベルナルド・ベロット
《アウグストゥス橋のエルベ川下流の右岸から見たドレスデン》（部分）
一七四七年　ドレスデン国立美術博物館　アルテ・マイスター絵画館
右端に建設中のカトリック宮廷教会の
塔をとりまく白く細い足場は外部化された骨格のようである

紀イギリスの芸術理論家ウィリアム・ギルピンは、その『ピクチャレスクな美、ピクチャレスクな旅、および風景素描についての三論文』（一七九二年）で、「ピクチャレスク」の要件として「荒粗」であることを挙げている。それはたとえば、半分は打ち壊され、半分は表面を傷つけられ、破片が周囲に放りだされたパッラーディオ風の建築物であり、またあるいは老人の顔である。☆2 彼の言う「ピクチャレスク」は、エドマンド・バークが『崇高と美の起源についての哲学的考察』（一七五七年）で提唱したかの著名な「崇高」概念と重複する部分も多いのだが、それはともかく、この時代の「ピクチャレスク」をもっとも顕著に体現していたのが廃墟画という絵画ジャンルなのである。

理論家ギルピンは廃墟の表面の質感と老いた皮膚のそれとを並置するが、このような建築物の外皮の老いという問題にもっとも鋭敏だったのが、同時代のローマで活躍した廃墟画家、ジョヴァンニ・バッティスタ・ピラネージであった。完成にいたった建築作品はサンタ・マリア・デル・プリオラート聖堂ただ一点のみであるにもかかわらず、終生「ヴェネツィアの建築家」（architectus venetianus）を名乗ったこの画工は、エッチング（腐蝕銅版画）による建築表象を、その生涯の間に数多く世に問うている。ローマで師事した都市景観と廃墟の画家、ジョヴァンニ・バッティスタ・ティエポロの影響の下に制作された『牢獄の幻想的デザイン』（*Invenzioni capric di carceri*, 1745）、ローマの景観を描きだした『ローマ風景』（*Vedute di Roma*, 1748-78）や『ローマの壮麗』（*Le magnificenza di Roma*, 1751）、古代ローマの遺跡をときには想像も交えて描いた『ローマの古代遺跡』（*Le antichità romane*, 1756）、『古代ローマのカンプス・マルティウス』（*Il Campo Marzio dellantica Roma*, 1762）などの作品群である。

建築の身体を描きだすさいのピラネージの手つきに関してマルグリット・ユルスナールは、解剖学、そして死せる身体の比喩を用いる。

……建築家としての修業を通してピラネージは、均衡や重量、漆喰や基礎工事といった述語によって、絶えず熟考することを学んだ。さらに、古代遺物の研究によって、彼は古代遺跡の断片の一つひとつから、特異性や種別の特性を見いだすことに通暁していた。このような研鑽はピラネージにとって、裸体画家にとっての屍体解剖に相当するものであった。[☆3]

この秘められた形而上詩は時に、アルチンボルドの同胞においては、機智の戯れという以上にむしろ幻視者の眼差しの強度によって、ダブル・イメージの痕跡へといたる。カノプスやバイアエのディアナ神殿の崩落した丸屋根は、張り裂けた頭蓋骨、糸のような草が垂れ下がる骨壷である。……バルベリーニ宮殿の足下に、輪切りにされて横臥するオベリスクは、誰ともわからぬ「無頼漢ども」によって切り刻まれた屍体である。[☆4]

ミシェル・フーコーによれば、一八世紀は屍体解剖学という身体への眼差しをめぐる知の体系が整備された世紀である。[☆5] 解剖学とは畢竟、屍体という半ば冷たく硬い物質と化した身体に対して向けられた、表層を切り裂き、剥ぎとり、そして内部を覗き見たいという欲望の眼差しであるだろう。バーバラ・スタフォードは、隠された深層を暴こうとする解剖学を啓蒙主義の基本精神と位置づけたうえで、ピラネージのエッチングと解剖図との相同性をより精緻にとらえようとする。解剖学標本や解剖図が廃墟画に与えた技法的な影響関係を指摘したうえで、スタフォードは言う。

エッチング用の尖筆を外科医のメスのように巧みに用いつつ、ピラネージは医学用図版の外科手術的な手続きを応用し、建築物のまだ生命のある皮膚組織を裏返しにしたのである。……ピラネージが建築物の屍体をエコルシエ（皮剥ぎ標本）として用いることを学んだのは、おそらくカウパーが改訂したヴェザリウスの解剖図集からであろう。皮を剥がれた身体は、大理石を剥がれた聖堂と類似した存在となる。ひとたび外皮が剥ぎとられてしまうならば、聖堂はその皮下の煉瓦構造に走る亀裂や溝を露わにすることとなる。[☆6]

ピラネージの「外科的」手法のひとつとして、スタフォードは次の点を挙げる。すなわち、風化した石造建築の壁

Fig. II
A
B
A Avanzo del Tempio di Minerva Medica. B
posteriore al Tempio, la quale lo
all' intorno.

Tempio di Minerva Medica vicino à Porta Maggiore
Piranesi inc.

ジョヴァンニ・バッティスタ・ピラネージ
図6——《ミネルヴァ・メディカ寺院の遺跡》『ローマの古代遺跡』一七五六年
剥ぎとられ、穿たれた壁面から内部空間が覗く

図7——《ポルタ・マッジョーレ界隈のミネルヴァ・メディカ寺院》
『ローマの古代遺跡』一七五六年

図8——《スペランツァ・ヴェッキア寺院の遺跡》
『ローマの古代遺跡』一七五六年

図9——《カステッロ・デッラクア・ジュリアの遺跡》
『カステッロ・デッラクア・ジュリアの廃墟』一七六一年

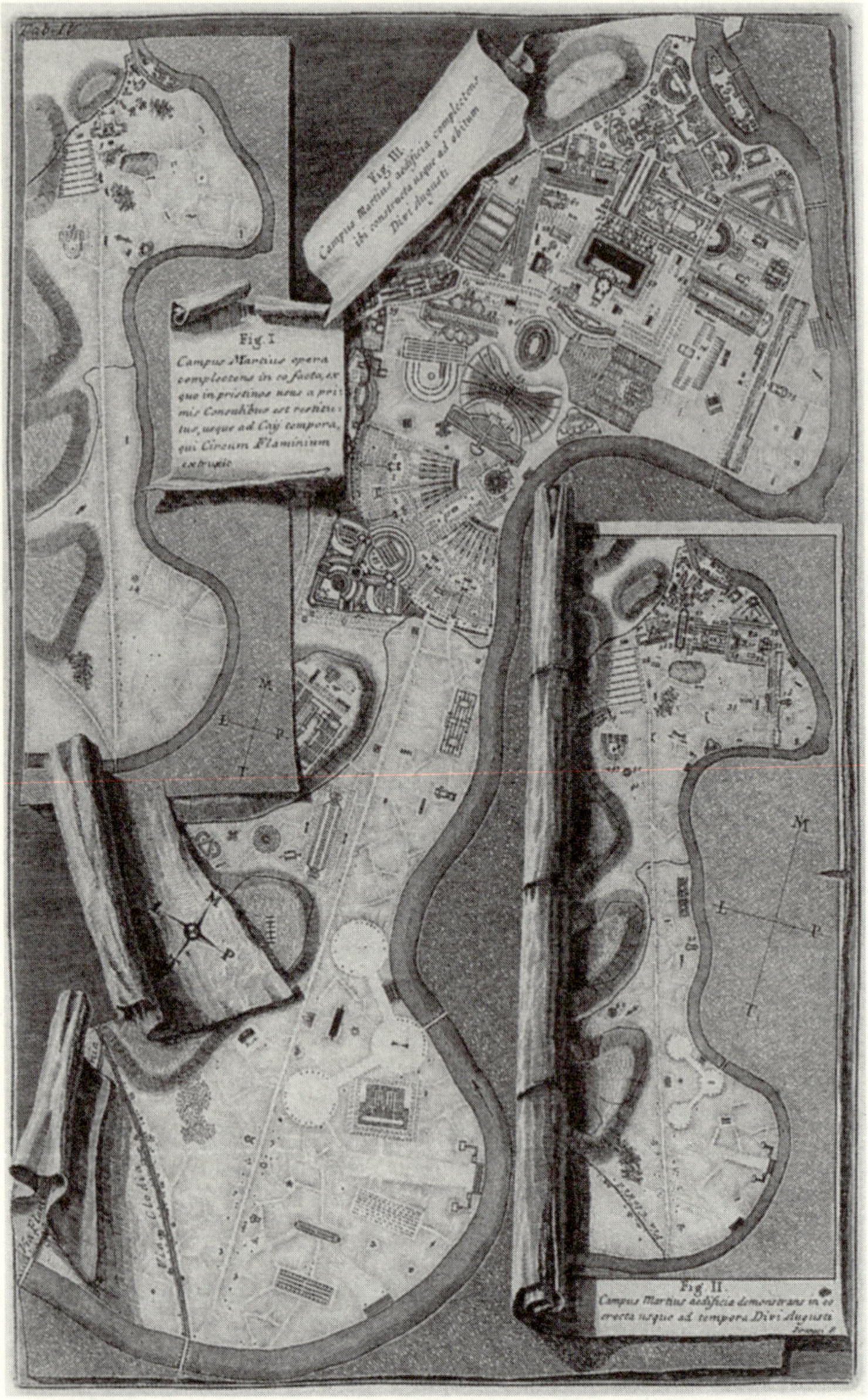

図10——ジョヴァンニ・バッティスタ・ピラネージ
《カンプス・マルティウスの三枚の地図》『古代ローマのカンプス・マルティウス』一七六二年。
端の捲れあがった地図や小紙片／接合と剥離

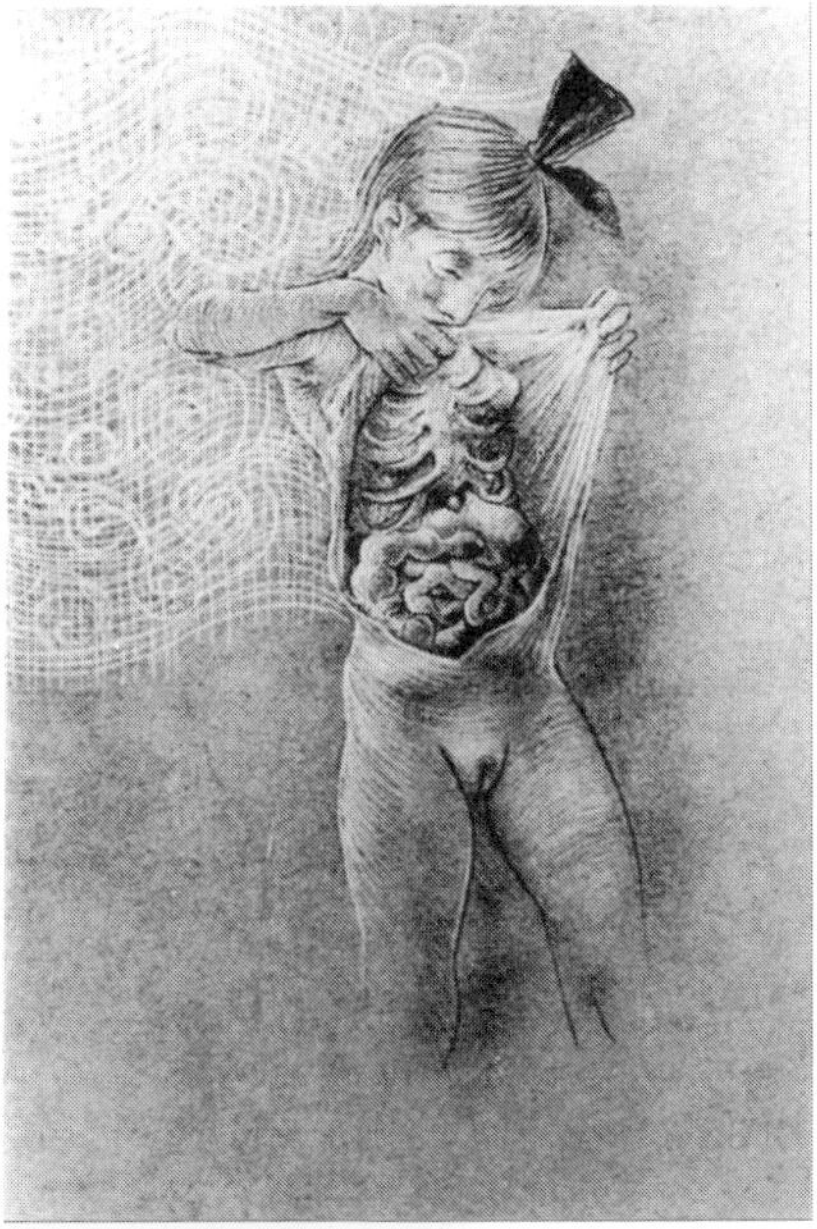

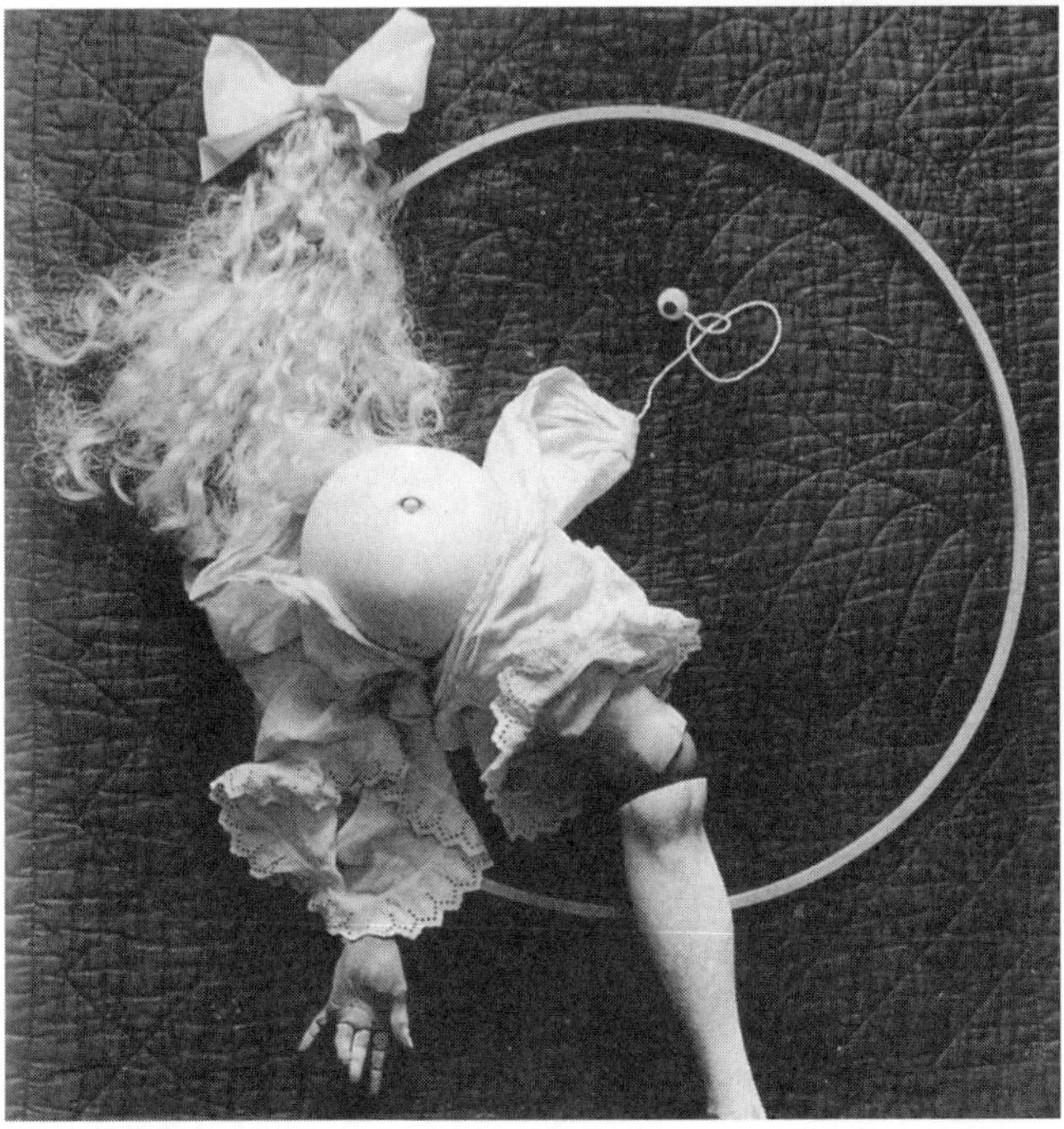

ハンス・ベルメール
図11――《夜咲く薔薇》一九三五／三六年
薄い皮膚を切り開き内臓を露わにする少女
図12――《煉瓦の小部屋の中の人形》一九三四年
腐敗の進行する身体断片／皮膚は崩れ穴が穿たれる
図13――《無題》一九三五年
ばらばらにされ再び繋ぎ直された身体

面に偶然穿たれた穴、もしくは「傷口」を利用することで、建築物において通常は隠されている内部構造を、閲覧者に瞥見させるという。[☆7]たしかに、尖筆とメス、銅板上の防蝕剤《グランド》の層と皮膚のアナロジーや、柱と肢体（英語ではともに member）の解体と陳列における相同性なども相俟って、解剖図と廃墟図の間にある種の相関関係が存在するという指摘はそのとおりであろう。しかし、解剖学が表皮の下の内部組織を腑分けし、諸器官やその病理のメカニズムを解明し、そして臨床医学という秩序だった知識システムの中へと位置づけていくのに対して、ピラネージが建築へと向けた「解剖学的眼差し」は、必ずしも整序的な体系へと収束するものではなかった。彼が建築物に加えた操作は、一定の規則に基づいて皮膚を切り開き、そして内部構造を隈なく露わにするような類のものではないのである。重力や経年劣化という物理的要因による作用によって建築の表層に加えられるのは、不規則な崩れや剥落や裂傷であり、そこから覆い隠されていた内部が唐突にその一部を現わす（図6〜9）。防蝕剤の膜をニードルで引っ掻き、切りつけ、彫り刻むことでローマの廃墟を描きだすピラネージの手は、建築物の表層を風化させ、剥落や裂開を生ぜしめる時間の手と共振していただろう。

ピラネージはまた、表層を引き剥がすこと、建築物の皮剥ぎにとり憑かれた建築画家であった。それは、イマジナリーな次元で建築物の外壁を引き剥がすことや、物理的な意味で銅板上の防蝕剤を引き剥がすことにとどまらない。たとえば、彼の描く図面には、入れ子構造をなすイメージが散見される。そこでは、地図やカルトリーノ（文字情報を記した小紙片）が、トロンプ・ルイユのように別のイメージ上に貼りつけられているのだが、これらの地図やカルトリーノは、しばしばその端が捲れあがって（つまり基底面から剥げかかって）いる[☆8]（図10）。さらに、インクを塗った銅板上に紙を押しあて、そしてまたその紙を引き剥がす（このとき銅板の彫られた溝に詰められていたインクも、紙とともに板から剥がれる）という版画刷りの過程も、層の剥離というテマティックにかかわってくるだろう。[☆9]そもそも彼にとっては、「層」という概念自体が重要であったと言うべきかもしれない。ローマにおける古代形象の発掘は、なかんずく「地層」をめぐる問題である。またピラネージは腐蝕銅版画というメディウムにおいて、たびたび原版に加刻し、時には構図やモチーフを大胆に変更することもあった。そこで生じているのは、古代神殿や古遺物がローマの地中に層をなして堆積していくのとは逆向きの、層をめぐるプロセスだ。ローマの地中では、その上方へと新たな遺物が積み重なっていくが、銅版画の加刻においては上層が削りとられ、その下方へと新たなイメージの層がつくられていくのである。

ピラネージが建築物を描くさいの態度は、たしかにスタフォードが指摘するごとく解剖学との共振性を有するにせよ、それは臨床医学のような明晰な知を志向するものではなかった。表層を引き裂き、あるいは建築物の肢体（member）を解体するという破壊的な作業のうちには、むしろある種の嗜虐性が含まれているであろう。それはたとえば、二〇世紀の人形作家ハンス・ベルメールの、少女自身の手を借りてなされる身体の皮剝ぎ《夜咲く薔薇》（図11）や、四肢をもがれ腐敗が進行しつつある女性の胴体《煉瓦の小部屋の中の人形》☆10（図12）、あるいは関節単位で分解された（そしてときには解剖学を無視して再接合される）人形たち（図13）において体現される加虐趣味を連想させはしないだろうか。ピラネージの描く廃墟は、建築の解剖模型であると同時に、あるいはそれ以上に、傷つき病める皮膚をもつ身体、朽ち崩れゆく建築的身体なのである。ピラネージこそは、過去の記憶が死せる建築断片として残存するローマにおける、稀代のネクロサディストであったのかもしれない。

2　切断面と開口部

建築的身体の切断面や開口部というテマティックに、廃墟画と姉妹芸術の関係をなす建築図面の分野においてとり組んだのが、ピラネージより一世代下のフランス人ジャン＝ジャック・ルクーである。若き日にはジャック＝ジェルマン・スフロやジュリアン＝ダヴィッド・ル・ロワといった面々に師事し、王立アカデミーの正統な教育を受けたルクーは、革命後の嫌疑による投獄の後は文官として渡世しつつ、決して実現されることのない奇妙な建築図面を描き続けた。彼は『市民的建築』（*architecture civile*）といった建築計画図面の他にも、『猥褻な人物像』（*figures lascives*）や『人

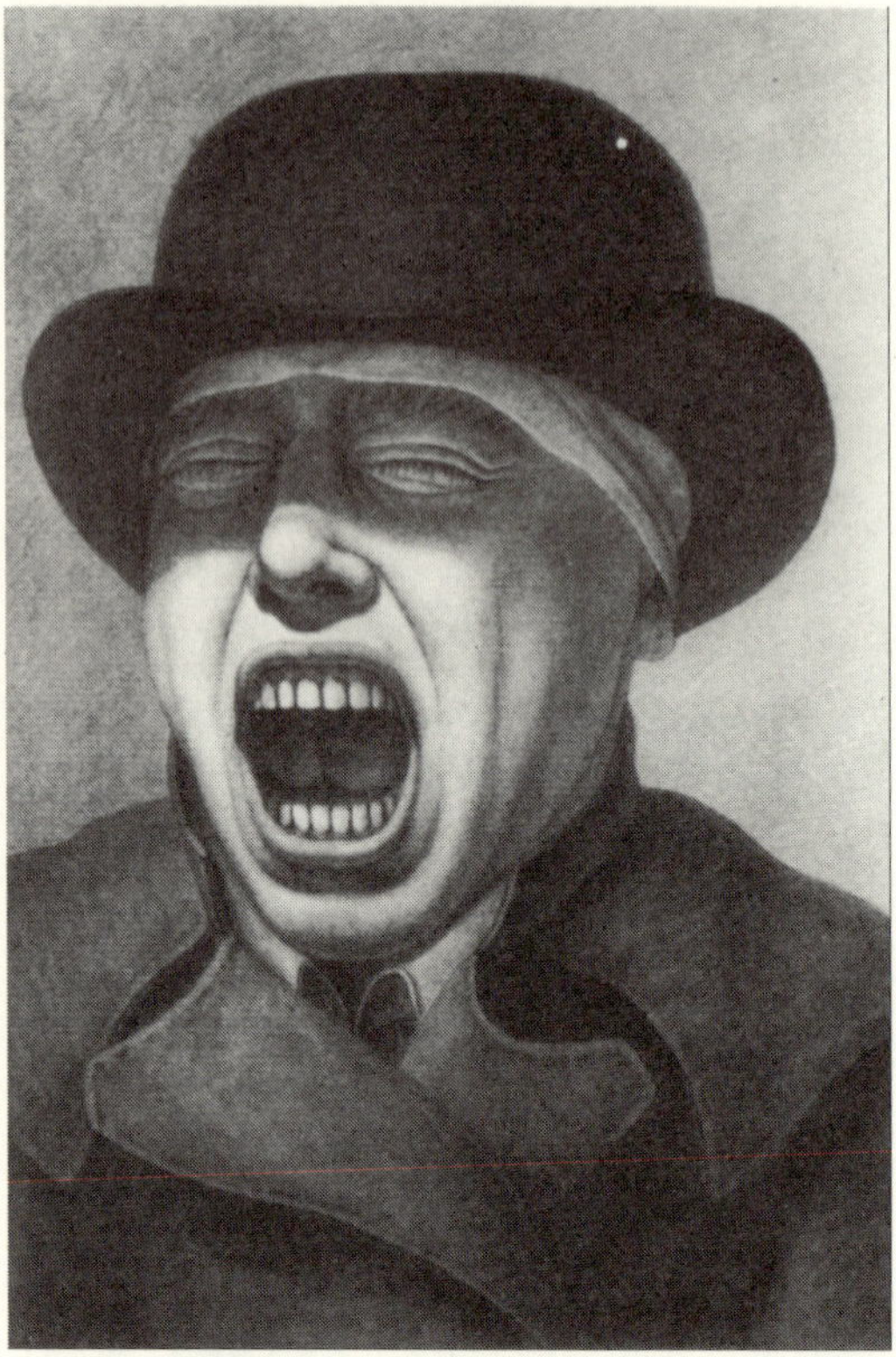

図14——ジャン＝ジャック・ルクー
《大欠伸する男》一七七七～一八二四年　パリ　フランス国立図書館
叫ぶ男の口腔内の黒々とした闇

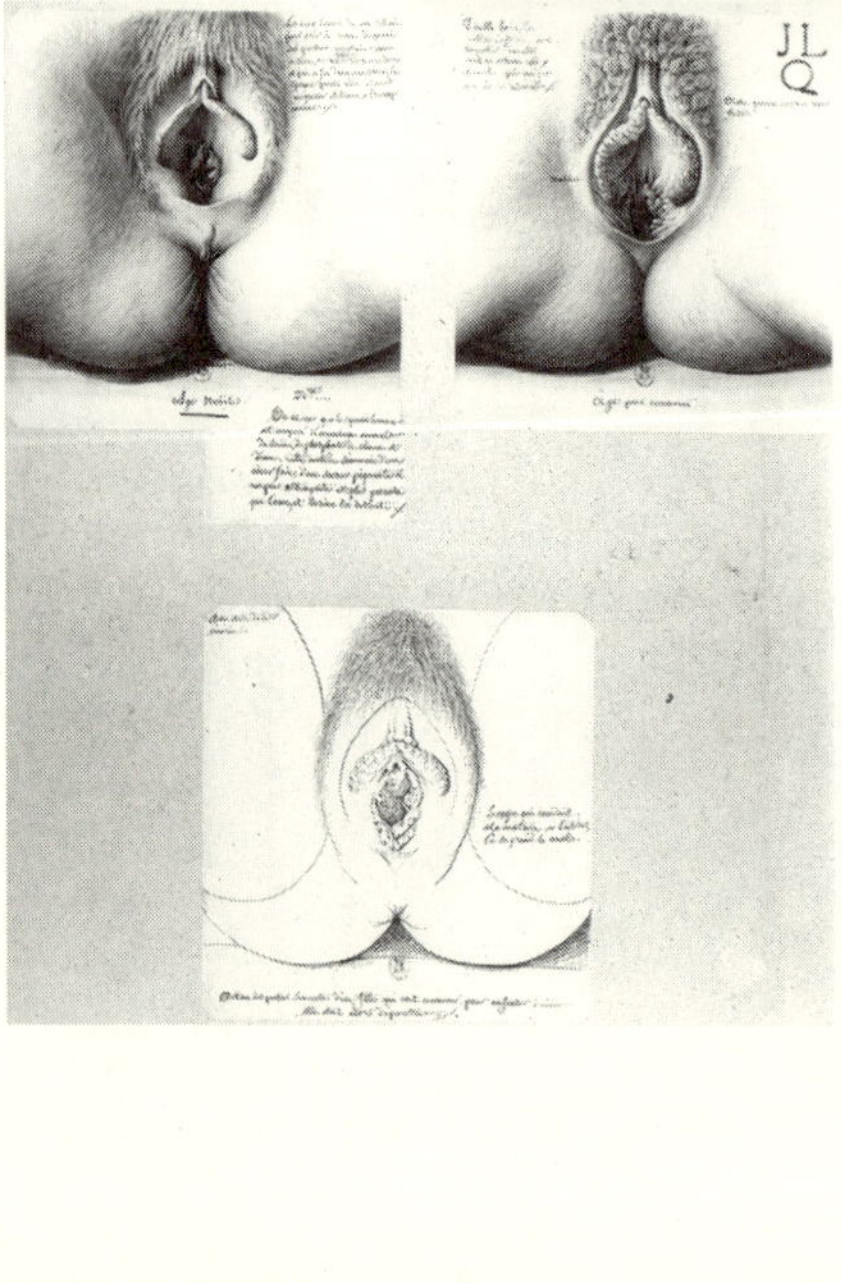

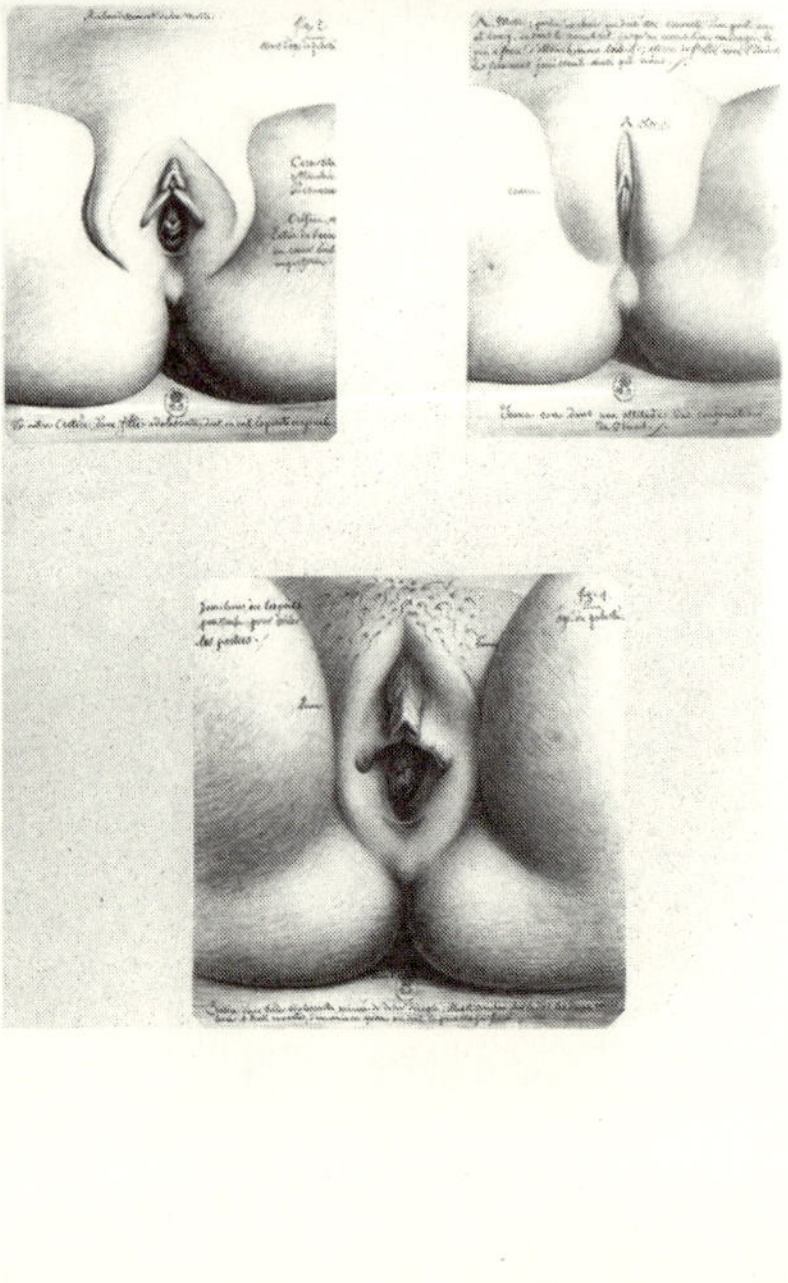

図15——ジャン＝ジャック・ルクー
《処女の純粋さの見られる思春期の少女の噴火口》（左上）
《鼠蹊部を見せた少女の性器》（右上）
《錯乱した欲望に駆り立てられた思春期の少女の噴火口》（下）
内部への通路／入り口からその奥を見通すことはできない

図16——《結婚適齢期》（左上）
《妊娠適齢期》（右上）
《妊娠を望んでいる少女の性器の働き》（下）
一七七九～七九五年　パリ　フランス国立図書館

図17——ジャン＝ジャック・ルクー
《ゴシック住宅の地下》一七七七～一八一四年
パリ　フランス国立図書館
地下という空間への志向
フリーメイソンの入会儀式を表わしており、左側から地底、火炎、水盤、風、賢智の部屋となっている

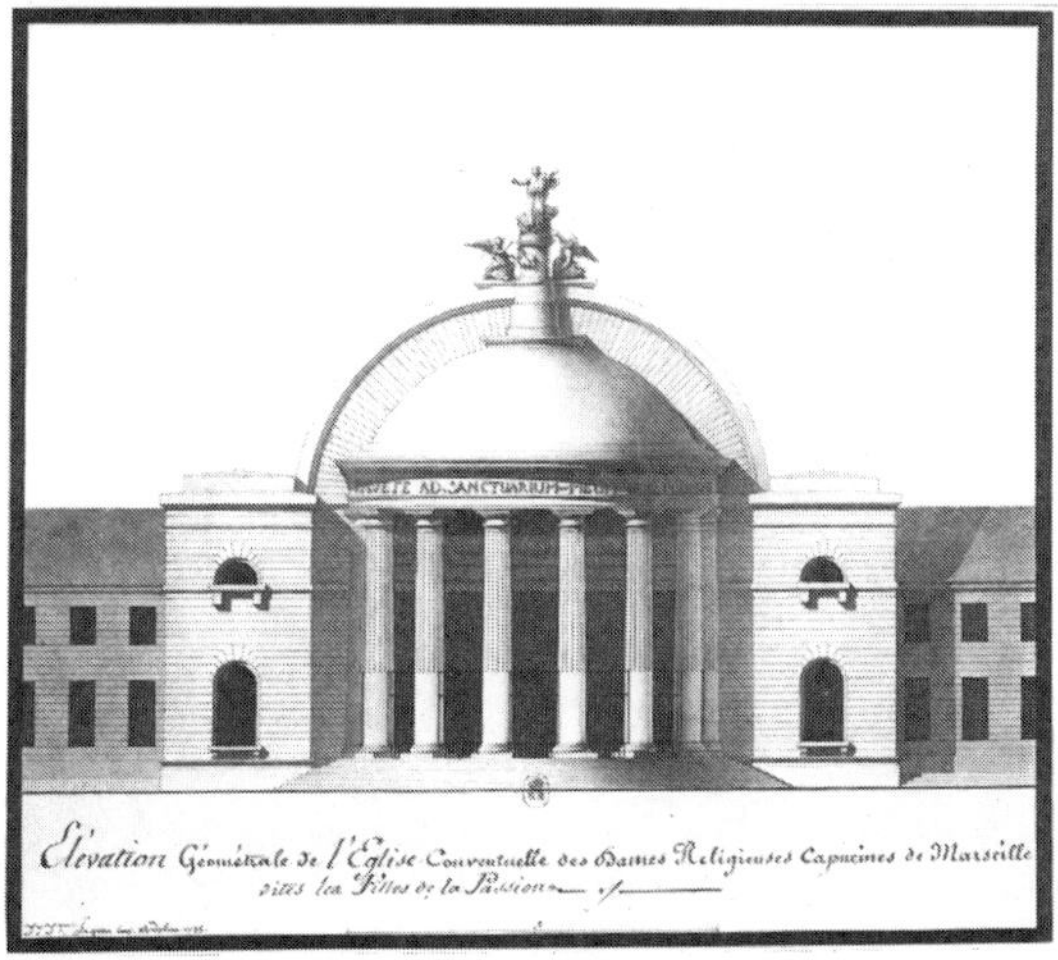

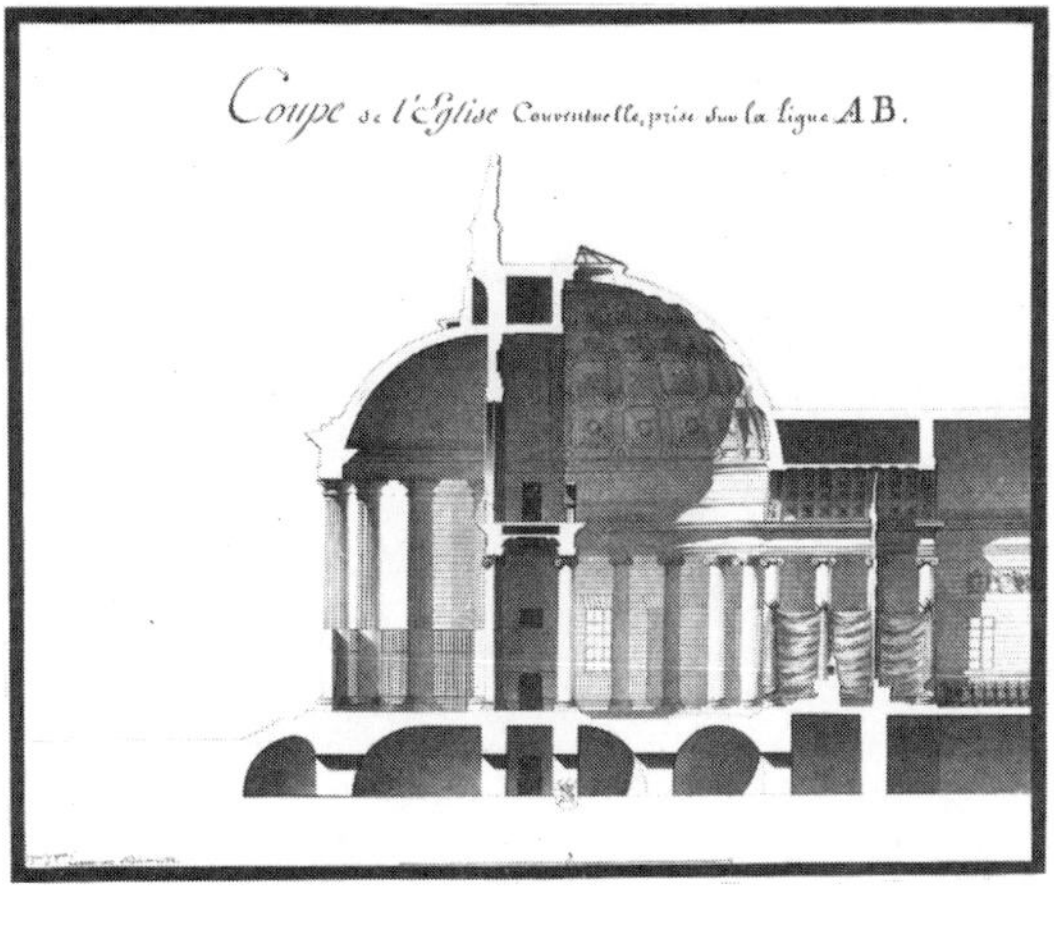

図18——ジャン＝ジャック・ルクー
《カプチン会女子修道院　正面立面図》一七八八年
図19——《カプチン会女子修道院　側面切断立面図》一七八八年
パリ　フランス国立図書館
真っ二つに断ち割られた建築物

エティエンヌ＝ルイ・ブーレー
図20——《カルーセルのオペラ　立面図》一七八一年
図21——《カルーセルのオペラ　切断立面図》一七八一年
パリ　フランス国立図書館

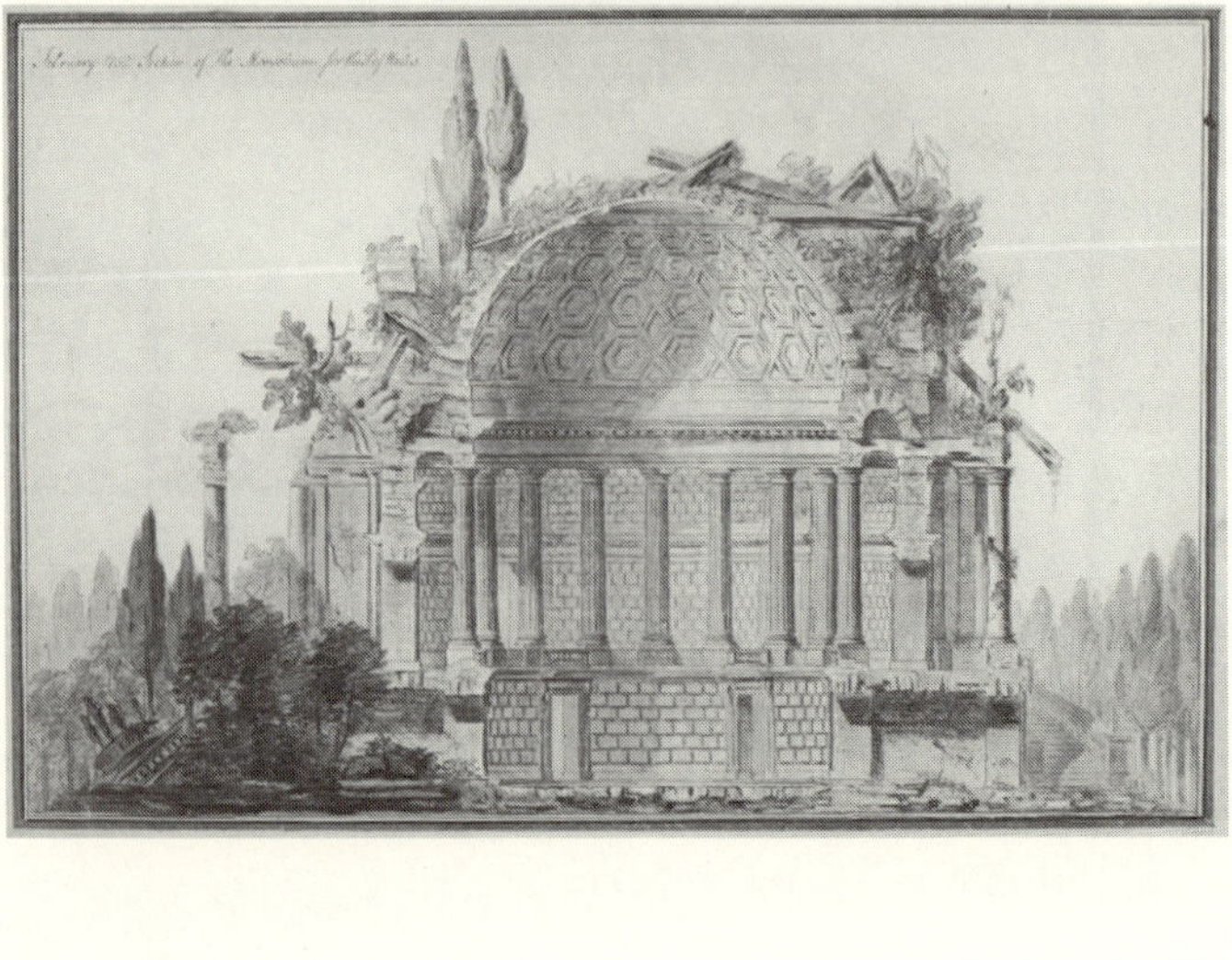

図22——ウィリアム・チェンバース
《ウェールズ王フレデリックのための墓》一七五二年頃
ロンドン　ヴィクトリア&アルバート美術館

ジョヴァンニ・バッティスタ・ピラネージ
図23———《アントニウス帝の浴場の廃墟》
『ローマ風景』一七四八頃〜七八年

ジョセフ・マイケル・ガンディ
図24———《イングランド銀行の鳥瞰図》一八三〇年　ロンドン　ジョン・ソーン美術館
ジョン・ソーンの弟子による、イングランド銀行の設計図
天井や壁の剥ぎとりは内部を見せるための工夫であるが、形態的にはピラネージの廃墟と酷似している

物と建築』（*figures et architecture*）と題された図版集を残している。そこでは、ルクー特有の古典的でどこか硬直したような体つきの人物が、なんとも奇妙なポーズで描かれる。ルクーの関心は、身体のポーズや顔の表情における「感情表現」（expression）の問題にあるのだろうが、そこに並べられた図像のいくつかからは、人体の内部と外部の境目に穿たれた開口部に対するルクーの執着を見てとることができる。たとえば、大口を開けた男の顔（図14）や、几帳面にも発達の諸段階を追って描かれている女性外性器の図版（図15・16）などである。

そしてまた建築図面においても、開口部というテーマ系は連続している。たとえば、《ゴシック住宅の地下》（図17）や《マルセイユのカプチン会女子修道院》（図18・19）のごとく、ドールハウスのように壁面の一部を切りとり、外面と内部を同時に見られるようにした「切断立面図」（élévation coupée）である。この形式による建築図面は、同じ一八世紀の後半に活躍したエティエンヌ＝ルイ・ブーレー（図20・21）やウィリアム・チェンバース（図22）、ロバート・アダムらも広く用いている。すなわちこのような空間の表現形態そのものは、別段ルクーの創出物ではない。しかしながら、外部の表層とそこに穿たれた内部へと通ずる開口部へと向けられた彼の執着も、このような形態の建築図面をとりわけ選好した背景にあるのではないだろうか。ただしこの切断立面図では、ひとつの壁面全体がすっぱりと断ち切られて、内部構造が完全に見えるようになっている。透視図法で描かれた立面図において、外壁の開口部から建築の内部構造を見させるという技法は、ほぼ同世代の廃墟画家たちによる建築的身体の解剖学、たとえばピラネージの《アントニウス帝の浴場の廃墟》（図23）やジョセフ・マイケル・ガンディの《イングランド銀行の鳥瞰図》（図24）とも通底する面もあるが、内部を完全に露出させるか、それとも瞥見させるにとどまるかという点では両者は大きく隔たっている。また、後述するような内部へと通ずる狭い通路とも、この正中線で割られた建築物は異なっているのである。

ルクーはまた、閉ざされた場所への入り口というモチーフにもとり憑かれていたようだ。例を挙げるなら、《地獄の洞窟――中国風庭園の地獄の洞窟の入り口》（図25）や《プルトンの住み処への入り口》（図26）などの図面である。

もちろんこのような「地底」への志向は、当時の建築思想におけるヘルメス主義を反映したものである。たとえば、同時代の建築理論家ヴィエル・ド・サン・モーは、古代エジプトにおいて神を祀る場として地下の祭場があったと説いている。三宅理一によれば、ルクーはかかるエジプト的な観念に加えて、ユダヤ・キリスト教的な観点からも地下空間を解釈している。[☆11] すなわち、イエス・キリストの生誕という出来事が生起する場としての洞窟（聖母マリアと聖ヨゼフの住居であるナザレトの洞窟）という概念である。彼は古代エジプトやユダヤ・キリスト教、そして古代ギリシアにおける地下空間のイメージを重ねあわせ、建築が発生する初源的な場として洞窟をとらえていたという。しかし「建築の起源」のさまざまな形象が重なりあう場、また神秘思想における象徴的な場として機能するのみならず、洞窟や地下空間という形象には、一種の胎内回帰願望も投影されているのではないだろうか。ルクーが人物表現の一環として描いた欠伸をする男の大きく開いた口腔や、画中に描かれてはいないがおそらくは医療用の機器によって襞を広げられた女性外性器は、内部へ、下方へ、あるいは深部へと入りこむための入り口である。それは、その奥に存在する空間を示唆はするけれども、けっして内部を曝けだすことはしない。男の喉も、誰ともわからない女性の外陰部も、その奥は黒々とした闇の中に飲みこまれている。

ルクーが建築物へ、そして人体へと向けた眼差しを、あるいは窃視欲動と名づけることもできるだろう。事実彼は、《フェリックス谷の泉水の眺め》（図27）と題された作品を残している。そこでは五人の女性が水浴する情景を、貴族風のコートと鬘を身につけた男が植え込みの陰から覗き見るさまが描かれる。泉水を円形にとり巻く、不自然なまでに整然と刈りこまれた木立は鑑賞者の正面で切り開かれている。近景の左側に、こちら側に背中を向けて立つ若い男は、観者の視線の誘導者であり代理人として機能しているのだろう。ここでのルクーの願望は、一部分のみ覆いが切り開かれた箇所から、その内側を覗き見ようとするものであり、すべてを白日のもとに曝けだそうというものではない。これはまた、尼僧の衣装をまとった女性のポートレート（図28）にも通底するだろう。「身体の中で最もエロティックなのは衣服が口を開けているところではなかろうか」[☆12] というロラン・バルトの言そのままに、頬から胸までを

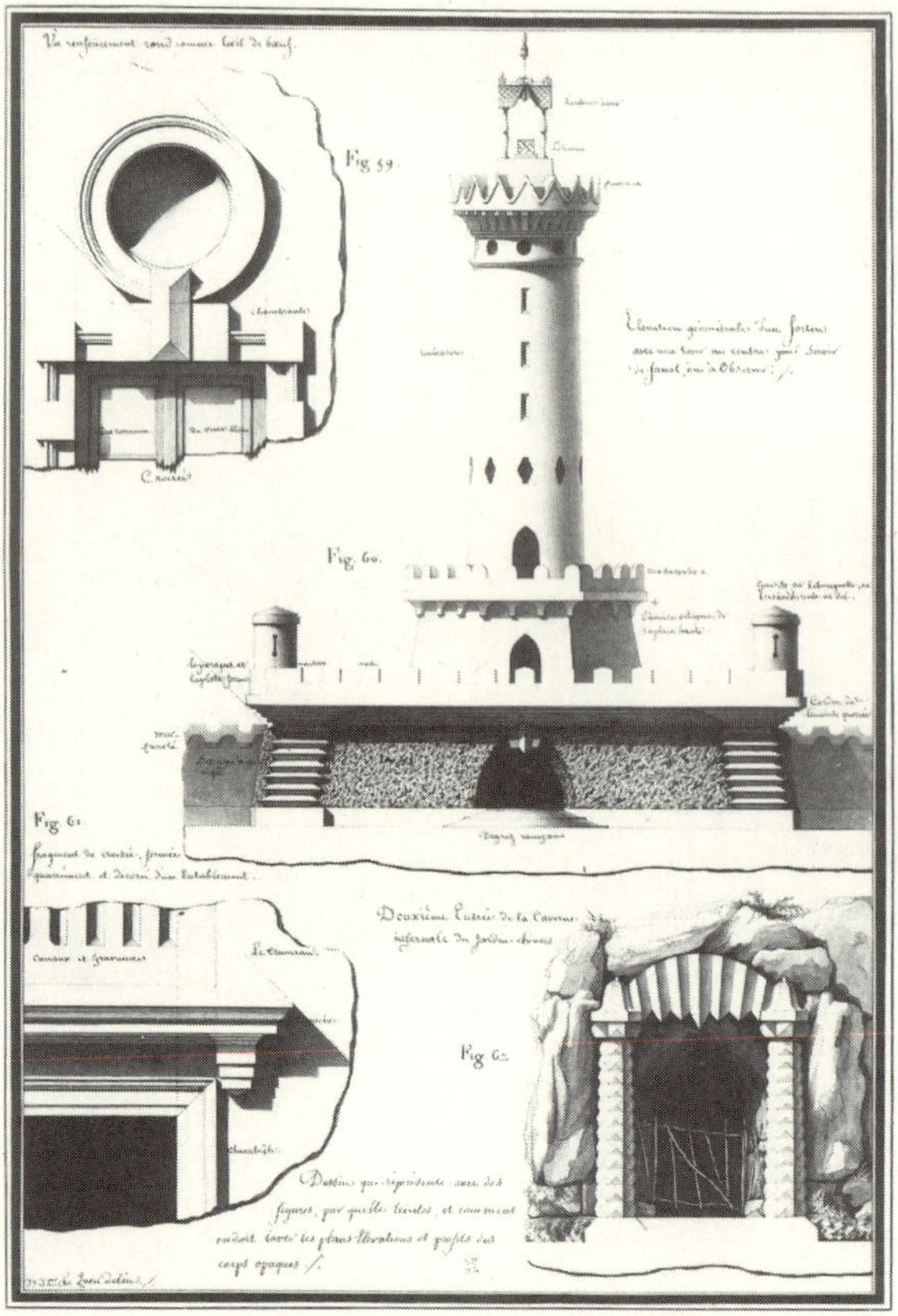

図25——ジャン＝ジャック・ルクー《地獄の洞窟——中国風庭園の地獄の洞窟の入り口》一七八四〜八五年
パリ　フランス国立図書館

図26——ジャン＝ジャック・ルクー《プルトンの住み処への入り口》一七七七〜一八一四年
パリ　フランス国立図書館
地下へと穿たれた通路の入り口

図27――ジャン＝ジャック・ルクー
《フェリックス谷の泉水の眺め》一七七七～一八二四年
パリ　フランス国立図書館
ディアナやバテシバなど、女性の水浴の窃視は絵画の典型的なモチーフ

図28――ジャン＝ジャック・ルクー
《そして私たちもまた母となるだろう、なぜなら……》一七九四年
パリ　フランス国立図書館
衣服の間隙から露わになるエロティックな身体

覆う白布と胴着の間から、乳房の上半分が覗いている。奇妙なのは、乳房や外性器のような直截的なモチーフにおいてすら、ルクーの図像は決して扇情的ではないことだ。彼の描く女性器は、左右対称のスタティックな構図や独特の硬質な筆致、医療用解剖図のようなフレーミングとも相俟って、暖炉や扉口の装飾デザインを連想させるし、うつろな眼差しを観者へと向けながら乳房の一部を露わにしてみせる尼僧は、その冷感症じみた無表情さや、肌や衣服の襞の冷たく硬い質感のせいか、大理石でできているかのような印象を与える。彼の描く人物像は無機的で堅硬な建築物を思わせるし、一方で不規則な曲線や不定形の形象を多用した建築物は、どこか有機的な身体に類似している。

こうした開口部、あるいは深奥への通路へと向けられたオブセッションはまた、一九世紀人ジークムント・フロイトの「イルマへの注射の夢」を想起させる。フロイトはある日、若い女性患者イルマが客人の集まる大きなホールにいる夢を見る。その夢の中でイルマは、頸や腹部の痛みを彼に訴える。

> 私は彼女を窓辺に導いて、喉の中を観察する。……そのとき彼女は……少しいやがる。……するとしかし、口が、大きく開いた。……喉の中に見えたもの、それは白斑と、かさぶたの付着した鼻甲介。☆13

この奇妙な夢のエピソードを、ジャック・ラカンは次のように分析する。

> このことははるか先まで進む。患者に口を開けてもらった後——彼女が口を開かないことが、現実においてちょうど問題になっていたのだが——彼が奥底に見たもの、白っぽい薄膜に覆われた鼻甲介、それはおぞましい光景だった。この口には、それぞれ等価なあらゆる意味が、あらゆる圧縮がある。口腔から女性器にいたるまでのすべてが、この口というイメージの中で混じり合い、連結する。……そこには恐ろしい発見、決して見たことのない肉の発見がある。それは事物の奥底、表面や顔の裏面、極秘事項、神秘の最も奥深くにある、すべてがそこか

ら生じる肉、苦悶する不定形の肉、その形態自身が不安を惹起するような肉である。[☆14]

この夢の分析は、三人の女性の「圧縮」や、トリメチラミンの化学構造式（そこには三対構造が頻出する）へと進んでいき、ラカンはここに「想像的なものの解体」を見る。しかしここで注目したいのは、開かれた口腔の内部から不定形のぞっとするような形象が姿を覗かせるという、夢の中のイメージである。ルクーによる、閉ざされた空間へと穿たれた開口部は、人体におけるものであれ建築上のものであれ、その奥にあるものを明示しないが、それでもどこか無気味なものの到来を感じさせはしないだろうか。それは、たとえば解剖学模型の、あからさまに開かれて内臓を露出させるような類の不気味さとは異なるだろう。そこにあるのは得体の知れない不安さ、とらえどころのない不穏な予感なのである。

3　外部と内部の弁証法

上述の議論は、しかしあまりにも安直に、内部と外部を相対立する二項として措定してしまっているかもしれない。その実、この二項は連続的なものであり、また容易く反転しうるものでもある。ユルスナールはピラネージの描く建築物の一類型について、次のように述べている。

もうひとつのカテゴリーは、当時すでに約一五〇〇年も古びていた廃墟、裂けた石材、粉砕された煉瓦、光の侵入に好都合な、崩れかけの穹窿、……時と人間による破壊のために開かれ、いわば裏返しにされて、内部が一種の外部となり、建築物が水に蝕まれるように、あらゆる部分が空間に浸食されている神殿やバジリカ。[☆15]

彼女のいわんとするのは、建築物の部分的な崩壊によって本来は閉じられていた内部空間が外の空気にさらされ、新たな「外部」となっているということである。マンフレード・タフーリは、ユルスナールとは逆向きのヴェクトルで、ピラネージにおける外部と内部の弁証法について語る。

『牢獄』の第一版にピラネージは、彼の創作の構図から見るとまったくもって異例な一枚の図版……を挿入している。巨大な楕円形の開口部は、紙面の上縁で切断され、ピラネージの十八番である足場の台と謎めいた拷問機械が姿を見せる。……この版画をより注意深く見てみると、……土台となっている構造体に落ちる斜めの影や、前景に絞首台が現われている部分——第一版にはなかった——は、「外部」と見えたものが実は「内部」であることを示している。そして観る者もまた、巨大な楕円の連なりによって形成される構造の中にとりこまれていることに気づくのである。[☆16]

ここでタフーリの念頭にあるのは、『牢獄の幻想的デザイン』(*Invenzioni capric de carceri*, 1745) の改訂版である『幻想の牢獄』(*Carceri d'invenzione*, 1760) の図版IX (図29) である。タフーリはここに形態の解体というポレミカルな現象を見てとるのであるが、ピラネージの描く建築物にはほかにも、内部と外部が反転しあう構造のものがいくつかある (図30・31)。建築において、さらには人体においても、内部と外部という対立項は、つまるところ連続的なものである。なんらかの開口部を通じて、外部は滑らかに内部へと接続する。解剖や外科手術における切開や、建築における破壊作業は、本来は内部に属していた空間を、ただちに (第二の) 外部へと変換してしまう。

ここで思い起こされるのは、フィレンツェのラ・スペコラ博物館 (一七七五年開設) の腹を開かれたウェヌス、クレメンテ・スジーニの手による蝋製解剖学模型 (一七八一～八二年) である (図32～38)。彩色された蠟による、この過剰に迫真的なウェヌスの腹部は、何層にもおよんでその「表面」を開くことができるようになっている。最初の滑らかな表皮を剥がすと、真皮組織と肋骨の一部が現われる。それをも剥がすと内臓組織が、体の前面に配されたものから

図29——ジョヴァンニ・バッティスタ・ピラネージ《幻想の牢獄》図版Ⅸ『幻想の牢獄』第二版、一七六一年
一見「外部」と見えたものが実は「内部」であり、見ている者もまた直列に配された楕円群によって形成された構造の中に浸りこんでしまっているのだということに気づかされる

図30——ジョヴァンニ・バッティスタ・ピラネージ《巨大墓所の廃墟》『ローマの古代遺跡』一七五六年

図31——《ヴィッラ・バルベリーニの廃墟》『アルバーノおよびカステル・ガンドルフォの古代遺跡』一七六二年

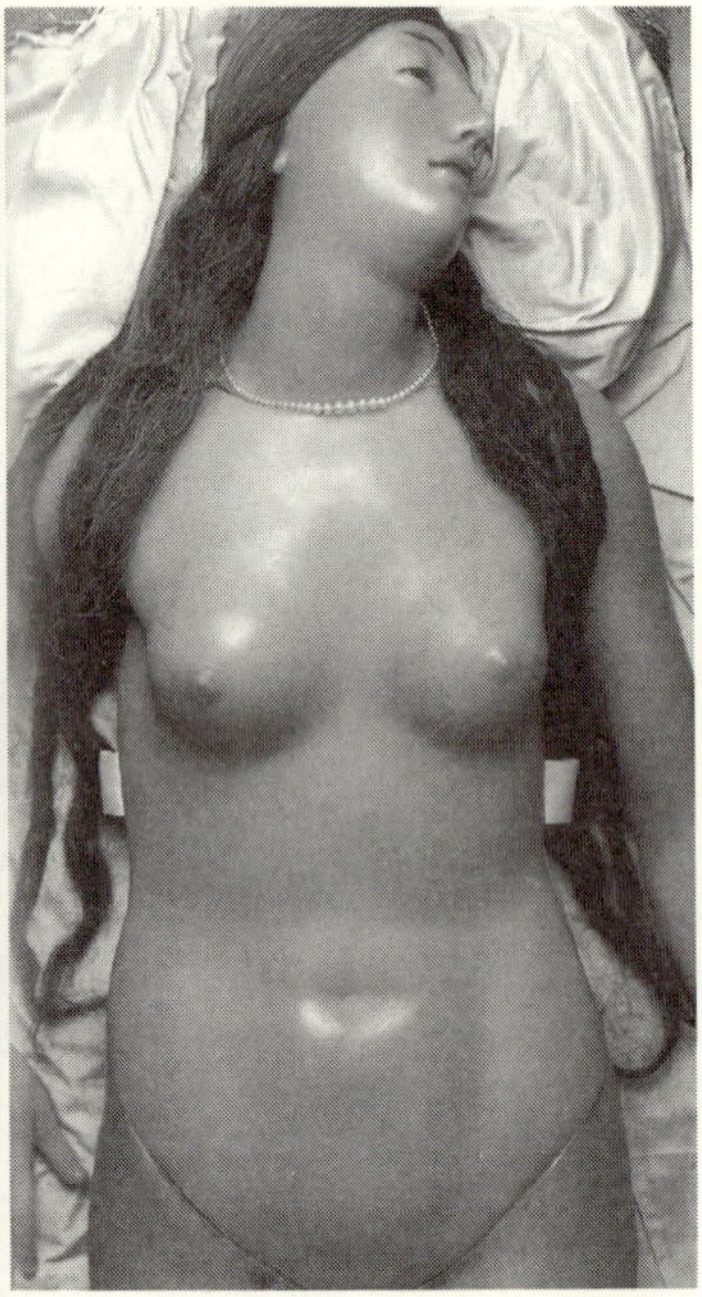

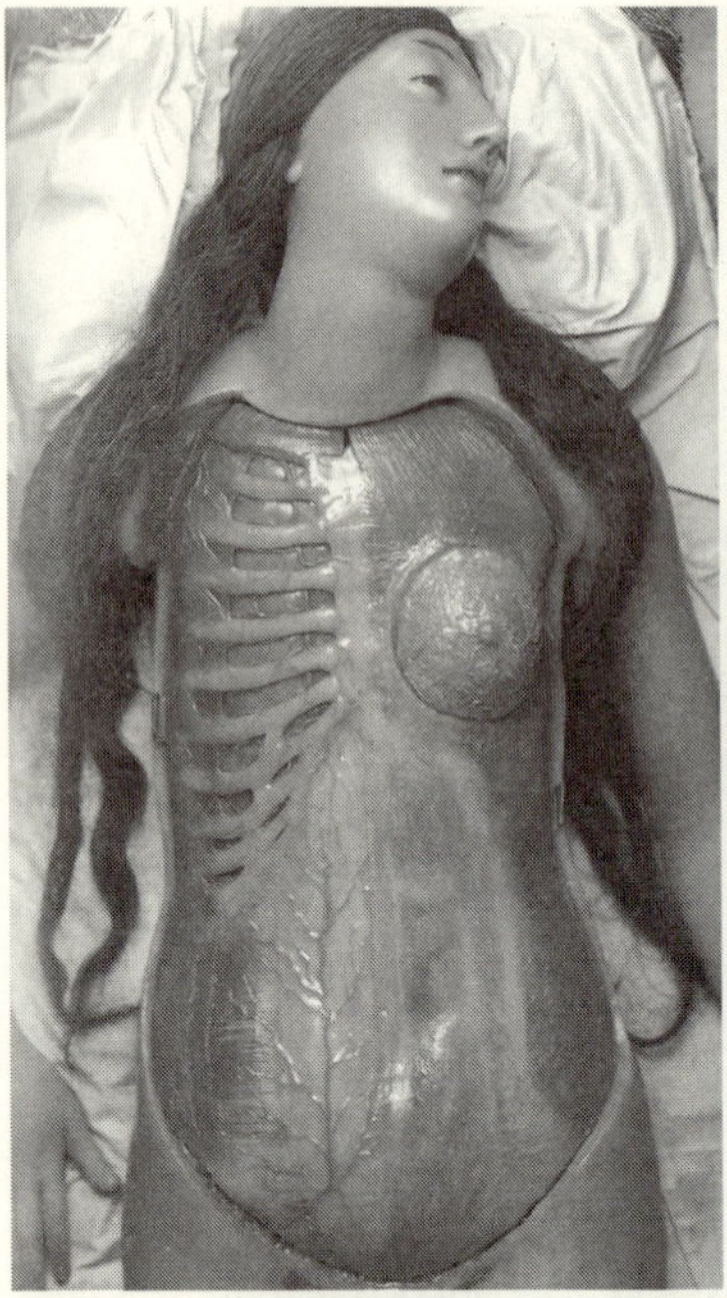

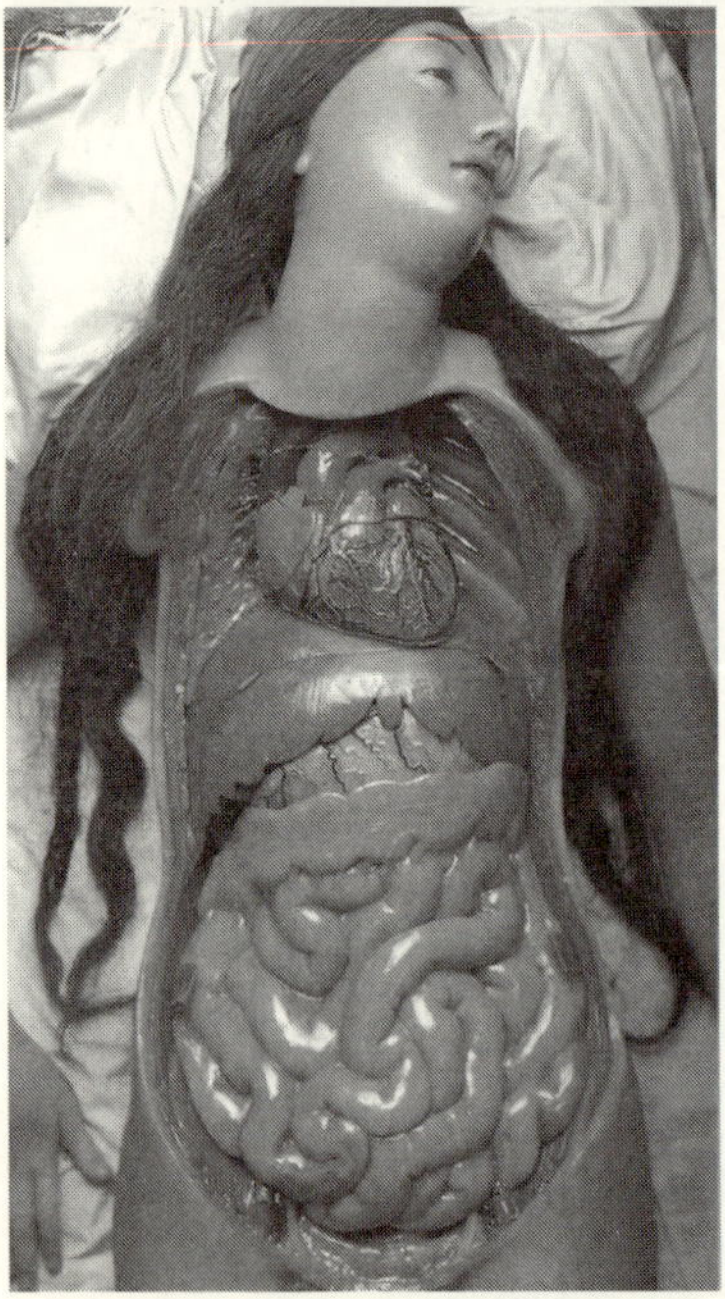

クレメンテ・スジーニ
図32——《医師たち［メディチ］のヴィーナス》身体を閉じられたウェヌス
図33～38——《医師たち［メディチ］のヴィーナス》身体を開かれるウェヌス
一七八一～八二年　フィレンツェ　ラ・スペコラ博物館

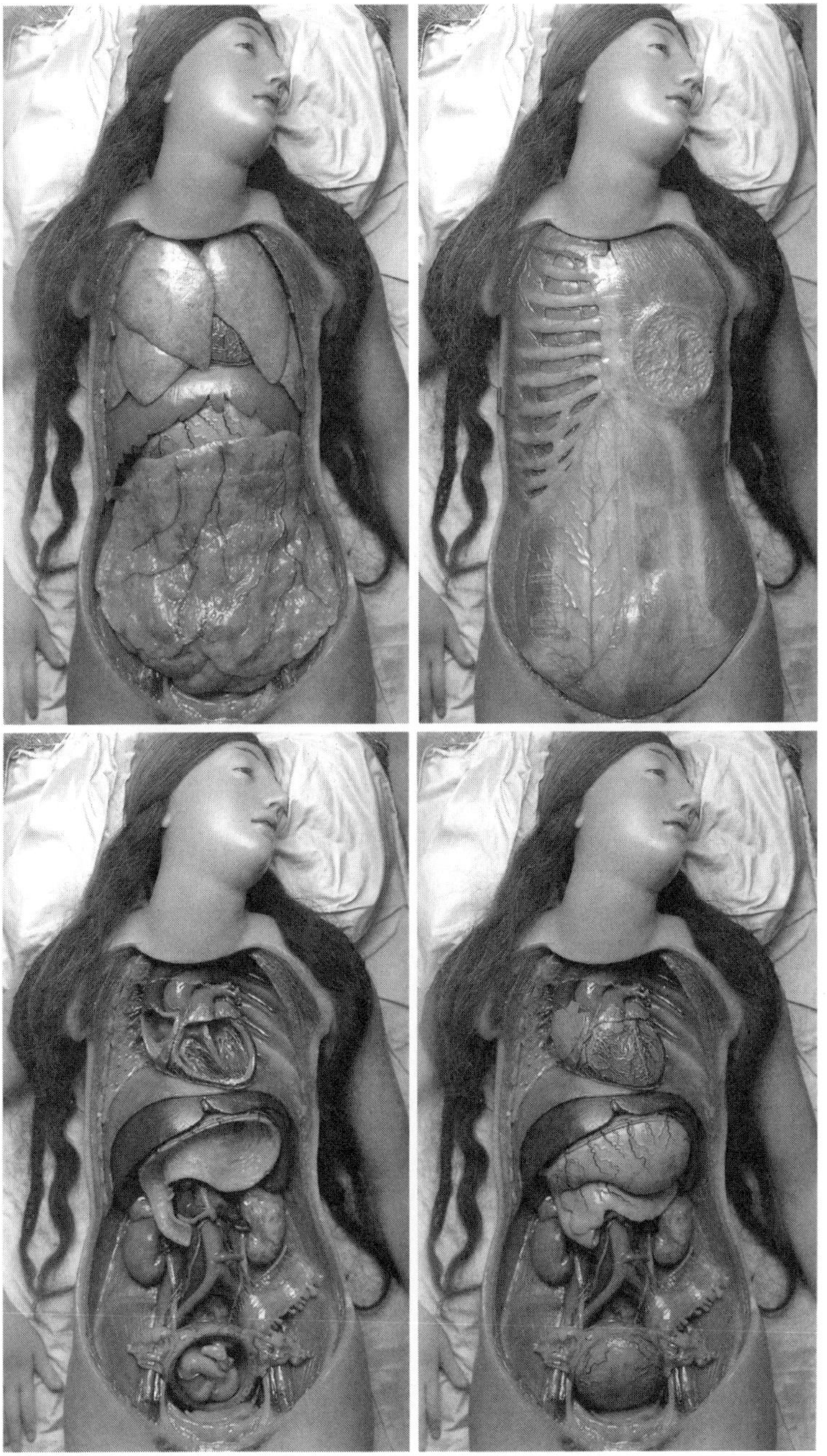

順に現われ、最後には子宮の中の胎児が暴かれる。表層部の下に存在するのは「内部」ないし「深部」であるが、それは容易に次の「表層」へと反転する。濡れたように艶やかな質感をもつウェヌスの蠟の内臓は、開かれたその瞬間に表面となり、それまで内部であったものがただちに外部となるのである。

解剖図の伝統は一六世紀（たとえばヴェサリウス）以来のものであるし、静物画の分野では、表皮を剥がれ、あるいは真二つに切断されてその内部を露わにする果物のモチーフが、すでに一七世紀のオランダ絵画においてしばしば描かれてきた。そして、廃墟画と奇想の紙上建築が隆盛をみた一八世紀こそは、建築の外皮の堅固さという、また外部空間と内部空間の厳密な峻別という自明性が崩れた時代、本来は内部に属していた空間が露出する表層の裂開への、そしていまだ見ぬ深奥へと穿たれた開口部への、偏愛と固執が明らかになった時代であった。

次章以降では、主に一八世紀の建築・都市表象における解剖学的視線の諸相を、時代を追いつつ辿ってゆく。第一章では、ジョヴァンニ・アントニオ・カナレットが描いた「想像上のヴェネツィア」を分析する。問題となるのは、いわば都市の「表皮」をめぐる「移植」手術の技法である。第二章で取り上げるのは、ピラネージによる古代ローマ都市の復元である。ここでは、地中に埋もれた都市への、忘却され埋没した古代の記憶への、そして腐蝕銅版画《エッチング》というメディア特有の dissection──表皮の切開、解体、解剖模型、詳細にわたる分析──の手法が考察される。第三章で問われるのは、建築の「顔貌」をめぐる一八世紀後期の言説史と、そこでの建築家クロード＝ニコラ・ルドゥーの特異な立場である。第四章では、フランス革命期の廃墟表象における「時間性」が、政治的暴力という契機の介入によって、それ以前とは決定的に異なるものとなっていることが明かされる。そして最終章では、一九世紀文学における「病理学者」の眼差しが、テオフィル・ゴーティエをはじめとする作家たちの想像力のなかに見出されることとなる。

本書では、西欧、とりわけイタリアとフランスにおいて、都市へと向けられた「解剖学」的な──対象の表皮を切り開き、剥がし、あるいは四肢を切断しようとする欲望を孕んだ──眼差しの諸相が呈示される。

第1章　都市の「語り」と「騙り」

――カナレットのヴェネツィア表象にみる都市改変の原理

時と、人類は、最初に破壊し、次に新たな享受の形態にわれわれの注意を向かわせる。かくして「歴史」は、無数の断片として、われわれのもとに到達する。
（チェーザレ・セグレ『聖バルトマイの皮』甲斐教行訳、ありな書房、二〇〇五年、一六〇ページ）

1　カナレットと「もうひとつの」ヴェネツィア

ジョヴァンニ・アントニオ・カナル、通称カナレットはヴェネツィアの都市景観画（Veduta）の旗手とされる。彼は生涯に渡って、ヴェネツィア、ローマ、イギリスといった都市の姿を描き続けた。なかでも、自らの故郷であるヴェネツィアを描いた作品群は、その数も絵画としての特異性も際立っている。本章では、カナレットによるヴェネツィア表象を中心に、そこで「語られ」ている都市の性質を読み解くことを試みたい。カナレットの描く都市は、実景の忠実な引き写しではない。その改変作業、ないし「歪み」の中にこそ、彼が生涯にわたって描き続けたヴェネツィアという都市が孕むものが、如実に映しだされている。

カナレットは「ヴェドゥータ・エザッタ（正確な景観）」（veduta esatta）と「ヴェドゥータ・イデアータ（想像上の景観）」（veduta ideata）ないし「カプリッチョ」（capriccio）[☆1]の二つのジャンルをともに手掛けた。前者については、イギリス貴族によるパトロネージと関連づける社会受容史研究[☆2]が、後者に関しては、画家の主観的想像力をめぐる当時の芸術理論との共振を指摘する文化史・思想史研究[☆3]が、すでになされている。しかし、「ヴェドゥータ・エザッタ」と「ヴェドゥータ・イデアータ」を区分する基準とされてきた都市実景への「忠実さ」は、実は程度の問題にすぎないのではないだろうか。カナレットにおいては、「ヴェドゥータ・エザッタ」の分野ですら、実景の忠実な引き写しではない。彼が描くのは潜在的な「もうひとつの」都市の姿であり、そこでは都市を構成する建築要素が、移動と置換の可能なものとして立ち現われてくる。そして、この「エザッタ」と「イデアータ」の共通項こそが、カナレットの特異性にほかならないのである。

2 「改変された」ヴェネツィア

《大運河——サンタ・ソフィア広場より南東にリアルト橋を望む》(図1)は、カナル・グランデ(大運河)沿いの光景を北側の視点から緻密な筆致で描きだした一枚である。ヴェローナ出身の画家アレッサンドロ・マルケジーニが礼賛するように、[☆4]大運河の水面には光線の反映までもが描きこまれる。両岸の建築物の配列も実景に忠実である。左岸には、手前からザグレド館、サンタ・ソフィア広場、フォスカリ館、ミキエル・ダッレ・コロンネ館、ドイツ人商館が並び、右岸にはペスケリア(魚河岸)、そして遠景にはファッブリケ・ヌオーヴェが描かれる。蛇行する運河上の消失点付近には、リアルト橋の袂が覗く。しかし、たとえばイギリスの芸術理論家ジョン・ラスキンのごとく、[☆5]一九世紀以降の人間の目には写真と見紛うばかりの迫真性を有するこの作品も、実のところは現実の光景をありのままに再現しているわけではない。左岸(運河東岸)の建築群と、右岸(西岸)のファッブリケ・ヌオーヴェ、そしてリアルト橋をこのように一望のもとに納める視点は、現実には存在しない。これは、離れた三視点(図1参考図におけるA、B、C)からの眺望を、ひとつの絵画空間のうちに接合し直したものである。[☆6]言い換えるならば、画中の建築物は実際よりも相互の距離が近くなるように、微妙にその位置を変更させられている。

他の「ヴェドゥータ・エザッタ」に分類される作品群にも、しばしば同種の作業が加えられている。この点はすでに多くの論者によって指摘されているが、多くは構図上の均衡への配慮という説明のみに収束している。[☆7]もちろん、画家の意図としてコンポジションへの配慮はあっただろうし、複数視点の接合は、風景や都市景観を描くさいに伝統的にとられてきた技法でもある(つまり、かかる画面構成法そのものは、カナレットの独創に拠るわけではない)。しかし、

図1——カナレット《大運河——サンタ・ソフィア広場より南東にリアルト橋を望む》一七五六年頃　ベルリン　ダーレム絵画ギャラリー

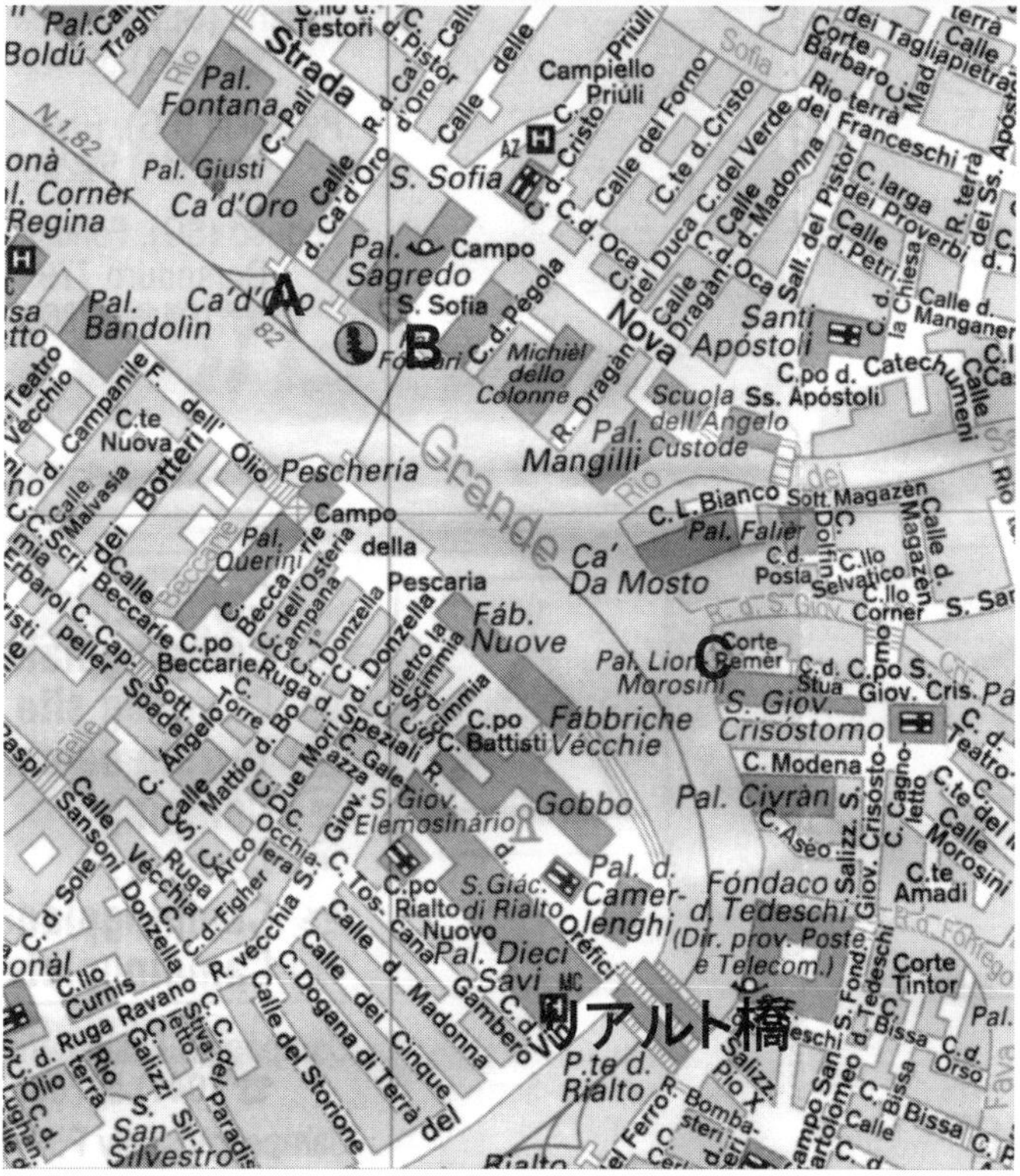

図1参考図——ヴェネツィアの1／15000地図（Geo Center, n.d.）の筆者による加工

景観を断片化し本来は連続しない複数の要素をつなぎあわせるという、いわば一種のコラージュ作業は、彼の「ヴェドゥータ・エザッタ」と「ヴェドゥータ・イデアータ（カプリッチョ）」の両者に共通する、都市改変の作法なのである。

このような既存の建築物の剥離と置換の作業は、「ヴェドゥータ・イデアータ（カプリッチョ）」の分野ではより明示的となる。顕著な例は、《カプリッチョ——パッラーディオによるリアルト橋の計画案とヴィチェンツァの建築群》（図3）であろう。《カプリッチョ——サン・ジョルジョ・マッジョーレ教会とリアルト橋》（図2）や、《サン・ジョルジョ・マッジョーレ聖堂とリアルト橋》では、ヴェネツィア本島の中心に位置するリアルト橋の傍らに、離島であるサン・ジョルジョ・マッジョーレ島上の聖堂が配されている。リアルト橋の南東の岸に実際に建つ建築物（おそらくサン・バルトロメオの建物が相当するだろう）はその位置を剥奪され、そこにサン・ジョルジョ・マッジョーレ聖堂（設計は後述のパッラーディオによる）が置き換えられる。ちなみに、リアルト橋を南側から見たときの景観をより実景に近いものとして描いた作品は、たとえば《大運河——リアルト橋を南から望む》（図4）がある。

《パッラーディオによるリアルト橋の計画案とヴィチェンツァの建築群》（図3）では、より大胆な改変工事が施されることとなる。画面中央のリアルト橋は、後期ルネサンスの建築家アンドレア・パッラーディオによる計画案（図5）にすり替わっている。パドヴァに生まれ、ヴィチェンツァやヴェネツィアなどヴェネト州を中心に活躍したこの建築家による設計案は、一六世紀におこなわれたコンペに落選し、建築として実現されることはなかった。当時のヴェネツィアにおけるこの建築家の位置づけには微妙なものがあり、彼の作品は主として本島ではなく離島上に建てられている。前述のサン・ジョルジョ・マッジョーレ聖堂然り、ジュデッカ島上のイル・レデントーレ聖堂然りである（比較的小品のサンタ・マリア・デッラ・カリタ修道院だけは、サン・マルコ湾への注ぎ口に近いカナル・グランデ沿いに建てられた）。カナレットが活躍した一八世紀は、まさにこのパッラーディオによる様式のリヴァイヴァルが、イギリスで華やかな開花をみた時期であった。[☆8] 現実のリアルト橋の代替物として、当時復刊が盛んであったパッラーディオの主著『建築四書』に図版の収められたプランが選定されたのも、この作品の注文主であるイギリス人、ジョセフ・スミスの意向に基づいている。ヴェネツィアで事業に成功し、のちには領事も務めることとなるスミスは、また一八世紀的な知識人・芸術愛好家の典型であり、パッラーディオの著書の復刻版刊行事業も手掛けていた。

話をカナレット作品に戻そう。前景の左右両岸の建築物にも、置き換えが生じている。画面右側では、パラッツォ・カメルレンギのかわりに、ヴィチェンツァに建つパラッツォ・デッラ・ラジョーネ（政督庁）が、左側ではドイツ人商館のかわりに同じくヴィチェンツァのパラッツォ・キエリカーティが描かれている。パラッツォ・デッラ・ラジョーネもパラッツォ・キエリカーティも、ともに設計を手掛けたのはパッラーディオである。これは、ヴェネツィアの現実の光景――カナル・グランデという、ヴェネツィアを象徴する場――に当時の建築規範とされたパッラーディオ建築を移築することで、理想のヴェネツィアを創成しようとした試み、換言するならば空想上の都市計画と位置づけることもできるだろう。しかしそれは、すでに現実に存在する要素を用いるという点で、ルネサンス期に盛んに描かれた「理想都市」の系譜とも異なっており、またもとより実現を志向しないという点で、紙上に描かれた（一般的な）都市計画や建築計画とも異なっている。

　画家の主観的想像力をめぐる当時の芸術理論の記述も、カナレットによる「ヴェドゥータ・イデアータ」の解釈根拠のひとつたりうるだろう。たとえば、当時の碩学フランチェスコ・アルガロッティ[☆9]はカナレットの「カプリッチョ」を、「自然と芸術を結合する」[☆10]（riunire la natura e l'arte）ものとして礼賛する。彼は「真実らしさとは、空想的な技巧の中の実在する真実である」[☆11]（verisimiglianza è la verità reale delle arti fantastische）と考えていた。カナレットの「ヴェドゥータ・イデアータ」が、かかる思潮や言説と共振する性質を有しているのは事実であるし、またそれゆえに、彼は同時代の名声を獲得することができたのだろう。しかし、これは理想的《イデアーレ》と形容される、あるいは空想《ファンタジーア》、奇想《カプリッチョ》、気紛れ《スケルツォ》と称される絵画ジャンル全般に通底する性質である。カナレットによる都市光景の改変には、同時代の芸術理論の言説から逃れ去るような特異性があるのではないだろうか。

　都市景観を対象としたカプリッチョ（ないしヴェドゥータ・イデアータ）は、ヴェネツィアにかぎれば、すでに一七

カナレット
図2――《カプリッチョ――サン・ジョルジョ・マッジョーレ教会とリアルト橋》イギリス滞在時代（一七四六～五五年？）
ノース・カロライナ州立美術館
図3――《カプリッチョ――パッラーディオによるリアルト橋の計画案とヴィチェンツァの建築群》一七四〇年代
パルマ　国立絵画館
図4――《大運河――リアルト橋を南から望む》一七二七年頃
イギリス　個人蔵

第1章　都市の「語り」と「騙り」――カナレットのヴェネツィア表象にみる都市改変の原理

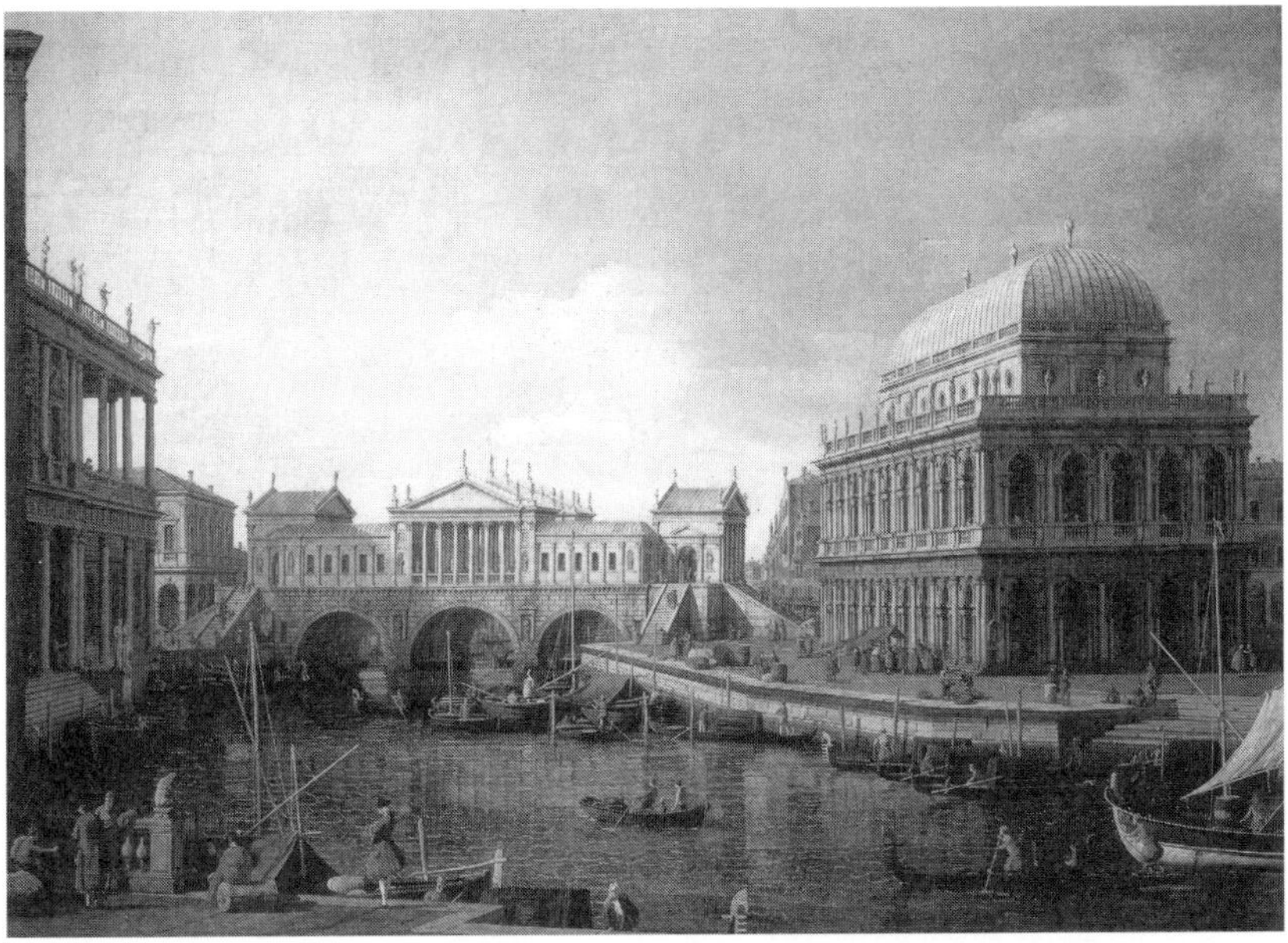

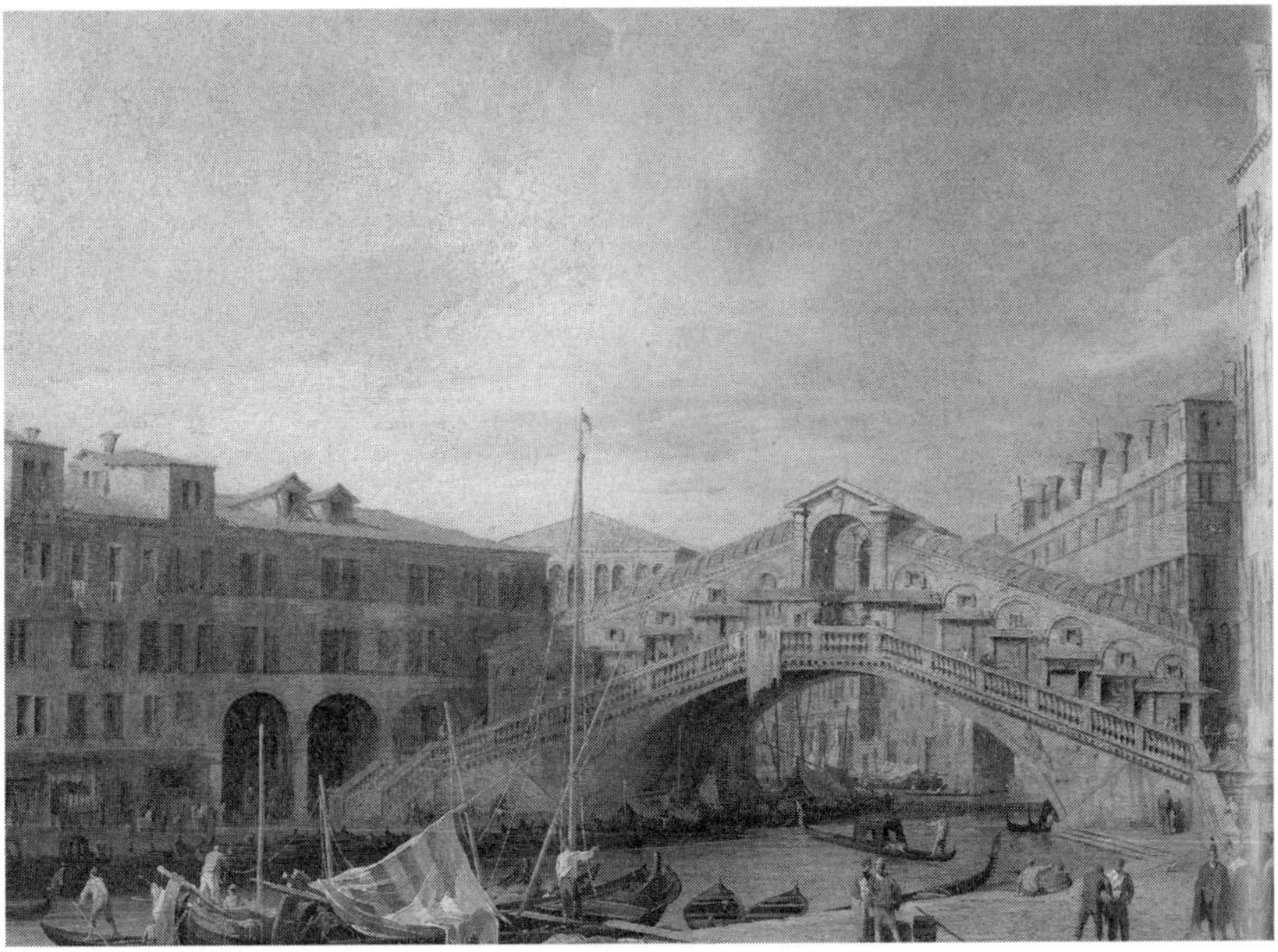

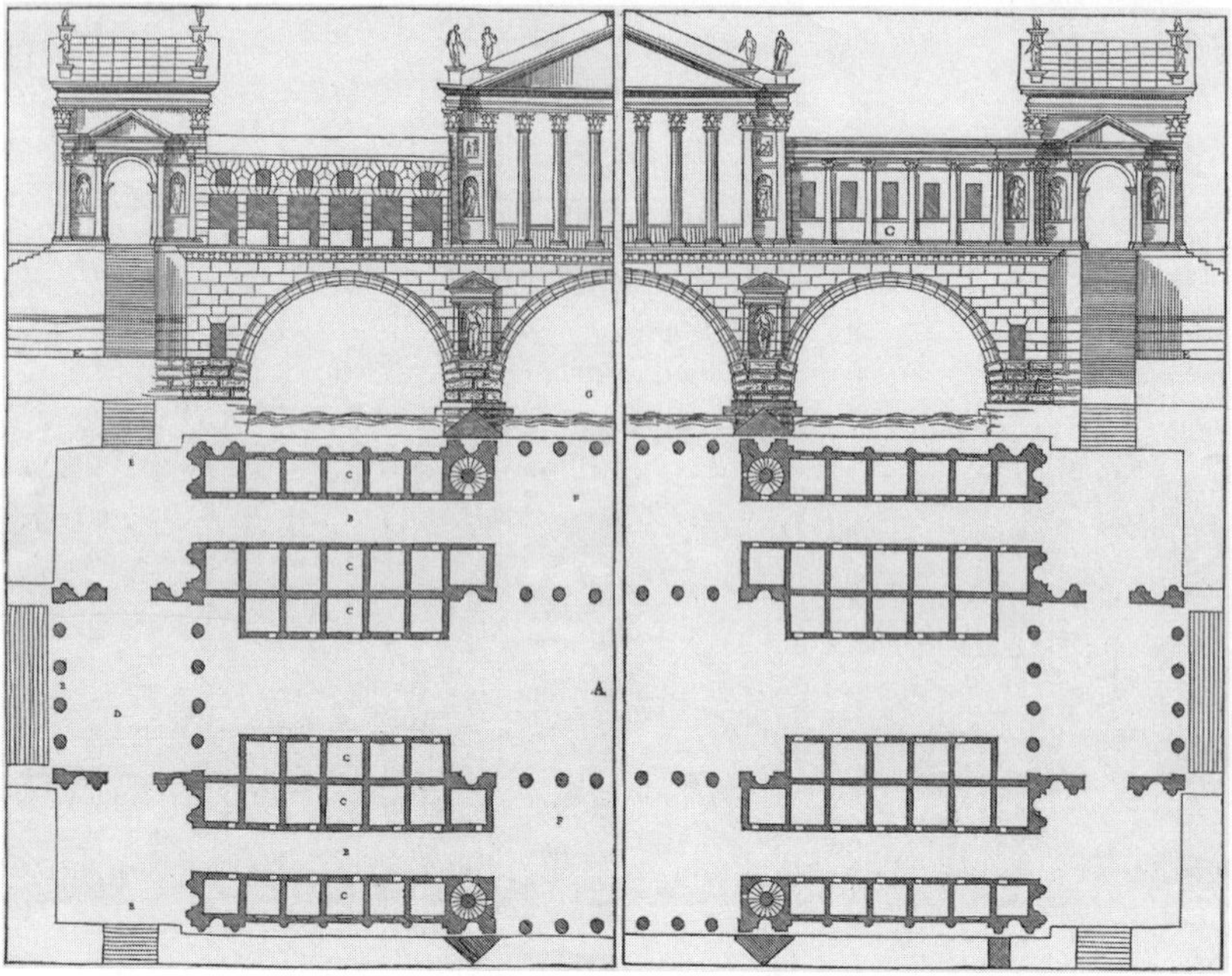

図5——パッラーディオ
《リアルト橋設計案第2案》一五六五年頃
『建築四書』第3書（一五七〇年刊）

図6——ヨゼフ・ハインツ（子）
《ヴェネツィアの建築物のある想像上の景観》一六七〇～七五年頃
ヴェネツィア　パラッツォ・アルブリッツィ

図7——ピラネージ
《古代アッピア街道とアルデアティーナ街道の交差点》
『ローマの古代遺跡』第2巻フロンティスピース　一七五六年

第1章　都市の「語り」と「騙り」──カナレットのヴェネツィア表象にみる都市改変の原理

43

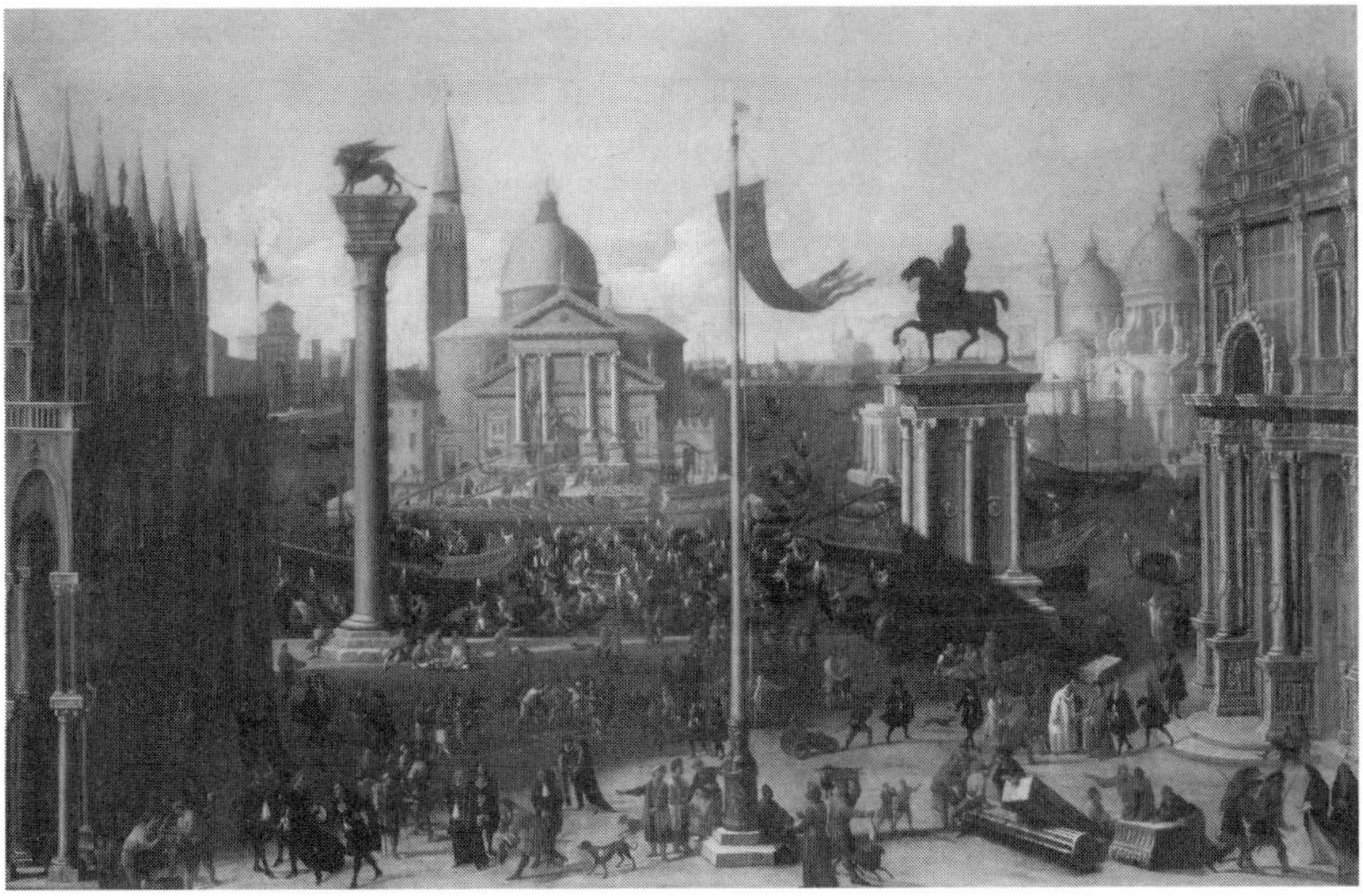

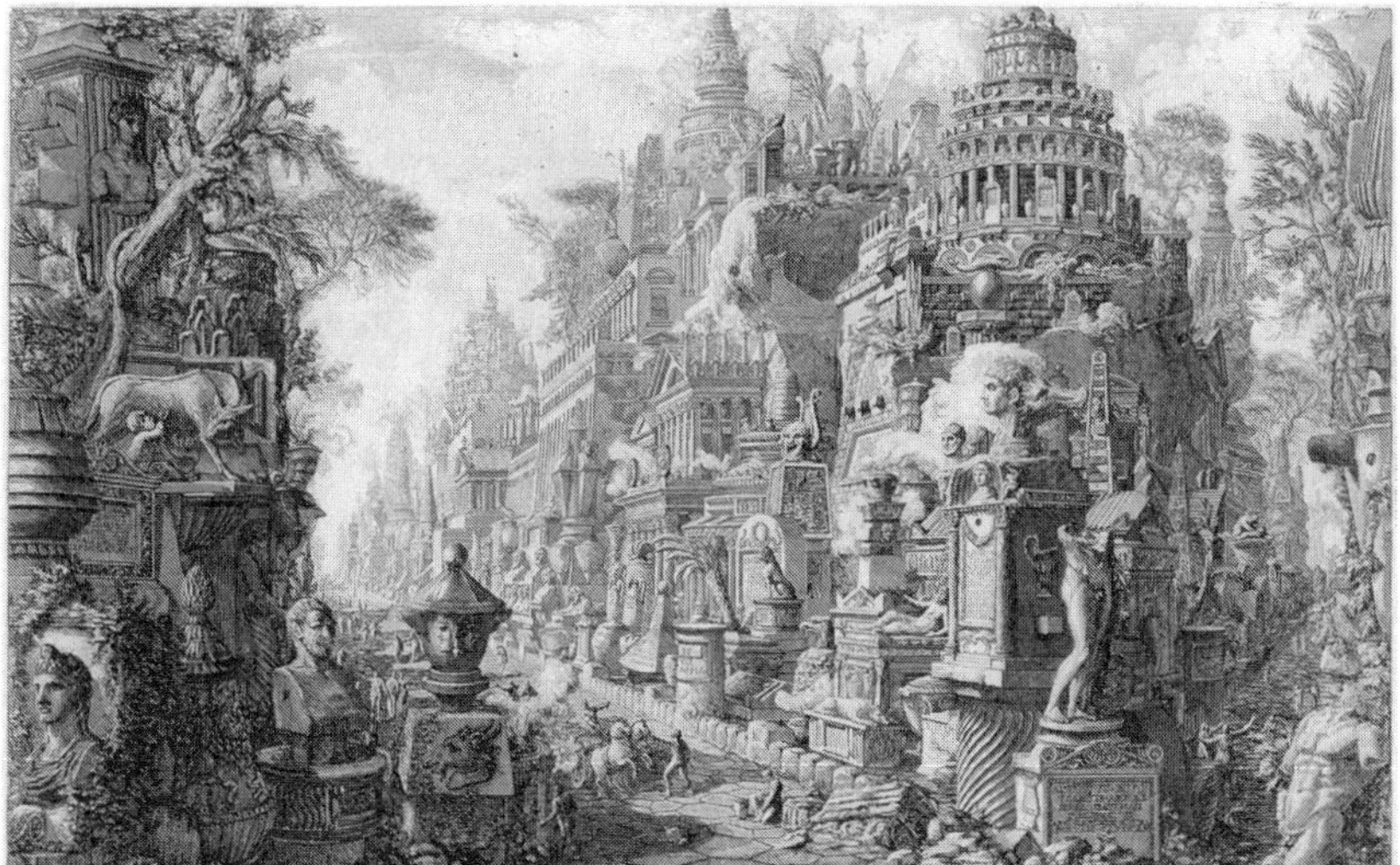

世紀には描かれていた。ドイツ人画家ヨゼフ・ハインツ（子）の《ヴェネツィアの建築物のある想像上の景観》（図6）は、その一例である。ここでは、ピアツェッタから望むサン・マルコ湾上に、ヴェネツィアの主要な建築物が寄せ集められている。この作品は、想像上のものではなく既存の建築要素を用い、それを本来の位置とは異なる場に再配置するという点で、カナレット作品と通底する。両者の最大の相違は、それを海上というなにも存在しない白紙の場所（本来は建築を拒む水の上）に集積させる（一七世紀ドイツ出身のハインツ）か、あるいはヴェネツィアの土地の上で、実在の建築物と置き換える（一八世紀ヴェネツィアのカナレット）か、という点に存するだろう。

カナレットよりも一世代後に同郷のヴェネツィアに生まれ、主にローマで活躍した画家・建築家のジョヴァンニ・バッティスタ・ピラネージもまた、空想上の都市景観を数多く描いた。その特質が顕著に現われでた一例が、一七五六年の銅版画集『ローマの古代遺跡』に収められた《古代アッピア街道とアルデアティーナ街道の交差点》（図7）であろう。彼はカナレットとは異なり、既存の建築要素の交換という方法を採らない。地面の上には、想像上の古代の建築物が、立錐の余地もなく並べられる。ここに、地下に重層的に埋没した古代の遺構を掘り起こし、そして断片から全体を想像的に復元するという、考古学的な作業を読みとることもできる。近接した時代に活躍したヴェネツィア出身の「カプリッチョ」画家として、カナレットとピラネージには共通項も多い。しかし、「都市を語る」態度において、カナレットは前述のハインツともピラネージとも異なっている。

3　都市の統辞法

建築物とは個人的あるいは集団的記憶が蓄積される場であり、その建築物が配列を施された集合体として、都市がある。古典古代以来の伝統をもつ「記憶術」の中にも、順序だった記憶をイメージに置換するための装置として、都市の中の建築物の配列を利用するものがあった。たとえば、ヨハン・ホースト・フォン・ロンベルヒの書『人工的記憶術提要』（一五二〇）に収められた、「町の場」（図8）である。「大量のデータを記憶しようと思うなら、数多くの場所を頭の中に設定しなければならない」[☆12]と、フランセス・イエイツは古典的記憶術を説明する。「これらの場所は一続きになっていて、その順序どおりに記憶されることが肝要である。一続きのなかの任意の場所（locus）から始めて、そこから前に進むことも後に戻ることも可能とするためである。……『これらの場所が順序よく配列されていれば、

図8――「町の場《ロンベルヒ》」
『人工的記憶術提要』（Congestorium artificiosae memoriae, 1520）

結果として、イメージによって記憶を呼び覚まし、さまざまな場所（loci）に託した事柄を、好きな場所から始めて任意の方向に進みつつ、くりかえし口述できるようになる』[☆13]」というのである。

記憶術とは基本的には弁論家のための手段であり、配列を施されたイメージに置き換えられる記憶とは、一続きのセンテンスの中の個々の概念であった。したがって、記憶の固着した建築物を恣意的に並べ替えるならば、そこには統辞法の崩壊したテクストが出現することとなる。ここで言う記憶とは、画家カナレットのものでもあり、一次的な鑑賞者であるイギリスのグランド・ツアリストたちのものでもあり、さらには都市ヴェネツィアをめぐる集合的な記憶でもある。この状態を、二〇世紀のヴェネツィア出身の建築理論家であるタフーリがフーコーを引いて言う「混在郷《エテロトピー》」と名指すことも可能だろう。ピラネージとカナレットの「カプリッチョ」を前にして、タフーリはこう述べる。

> ピラネージがこのような「自由」を、形態と引用と記憶との非連続的なモンタージュに見いだしたということは、示唆的である。……このようなアッサンブラージュのオブセッシヴな技法のために、フーコーによる「混在郷《エテロトピー》」の定義を援用することも可能だろう。非在郷《ユートピー》が――フーコーの指摘によれば――「広々とした並木道のある都市」を開くことで私たちを慰める一方で、混在郷《エテロトピー》は密かに言語機能を浸食し、「それ以前に統辞法を――単に文を構成するだけでなく、より明示的でない、『言葉と物とをともに支える（互いを隣接させ、向き合わせる）』統辞法をも――荒廃させる」ことで、私たちの不安を誘う。しかし、このような混在郷《エテロトピー》は、カナレットによる非在のヴェネツィアの再構成にも、また当てはまるのではないだろうか[☆14]。

もちろん、画家カナレットの「製作者の意図」として、記憶術への参照があったわけではない。ただ、ヴェネツィアを描くという作業を、記憶の中に存在するイメージを想起し「語る」（あるいは「語り直す」）こととととらえるならば、既存の建築物がその配置を変更されて並び建つ都市の姿には、記憶の順序の混乱、あるいはテクストの統辞法の崩壊の表現を見てとることができるのではないだろうか。

フーコーの言う混在郷《エテロトピー》では、言葉と物が並置される共通平面じたいが欠落する。[15] カナレットによる都市は、建築要素を「図」とし、ヴェネツィアの土地を「地」とするコラージュによって成立している。しかし、そこで支持体として機能しているヴェネツィアの土地は、後述のとおり、それ自体がモザイク状をなす断片の寄せ集めなのである。ここに、一七世紀のドイツ人ハインツによる奇想のヴェネツィア（図7）とカナレットとの、大きな断絶を見いだすことができるだろう。白紙の基底面（＝海面）上に建築物を集積させるハインツのカプリッチョは、いまだ「非在郷《ユートピー》」に分類されるべきものにとどまっているからである。

ここで、「コラージュ」と「モンタージュ」という用語について、厳密な概念規定が必要かもしれない。芸術史上のアヴァンギャルドを論じた前掲の論考でタフーリは、ピラネージをセルゲイ・エイゼンシュテインの直接の先駆者と位置づけたうえで、ピラネージ、そしてカナレットによる都市の改変作業を「モンタージュ」と名指している。モンタージュを「一続きのシークエンスに帰属する」[16] ようなアナクロニックな「不連続な断片の集合体」[17] とするならば、エイゼンシュテインのフィルム作品同様にピラネージの（そしてカナレットの）絵画も、「モンタージュ都市」と呼ぶことが可能だろう。しかしモンタージュと言えば、フィルムのショットの継ぎ接ぎを指すのがごく一般的な用法ではないだろうか。この場合、異種の断片の結合という契機は存在するにせよ、そこでは要素を接合するための基底面（支持体）は問題とならなくなってしまう。一方で、ベルリン・ダダ、たとえばハンナ・ヘッヒによるフォト・モンタージュは、写真（ひとつの統一的なイメージ）の上に切りとられた写真（断片化されたイメージ）を重ねるものである。そこでは一定の基底面が想定されることになるが、今度は断片同士の接合という契機が含まれなくなってしまう。

ここでは、異種の断片どうしの接合と同時に、それらが邂逅する規定面である支持体もが問題となる「コラージュ」の概念を援用することとしたい。カナレットであれハインツであれ、あるいはピラネージであれ、彼らの「奇想の都市景観」の特異性は支持体である「土地」の形状に存するからである。ちなみにコーリン・ロウとフレッド・コッターは、カナレットの描く「カプリッチョ」——図版として例示されているのは、まさに《カプリッチョ——パッラーディオによるリアルト橋の計画案とヴィチェンツァの建築群》（図3）である——を、彼らの言う「コラージュ・シティ」のいくつかの論点を内包したモデルとして挙げている。[☆18] ロウとコッターはコラージュについて、このように規定する。すなわち、「異質のオブジェクトが『物理的、視覚的、心理学的』といった多種多様な手段で結合され[☆19]」たものであると。ここで、オブジェとしての建築物がともに向きあう場（それが存在すると仮定して）、シュルレアリストたちが標榜したロートレアモンの言葉を借用するならば、ミシンと蝙蝠傘の出会う「解剖台」、すなわち支持体としての「土地」が論点として浮上するだろう。

4 ヴェネツィア、モザイクとしての都市

カナレットの作品には、部分や断片への明確な意識が見られる。都市はその総体でひとつの単位としてとらえられるのではなく、個々の建築物（それは「部分」であるがゆえに、「全体」から切り離し移動させられる可能性を秘めている）の集合として扱われている。もちろん、断片の集積によるカプリッチョには、プラハで活躍したミラノ出身の画家アルチンボルトという先例がある。また、カナレット式の「カプリッチョ」はイギリスで人気を博し、たとえばウィリアム・マーロウのようなほぼ同時代の追随者も生んだ（図9）。しかし、カナレットによる景観の改変作業には、描画対照たる都市ヴェネツィアの性質こそが、色濃く反映されているのではないだろうか。

実在する建築群を切り貼りするコラージュの作業では、建築物が「図」、土地が「地」となる。それでは、カナレットによるいわばコラージュ都市において、「地」もしくは支持体の役割を果たしているヴェネツィアの土地は、いかなる性質を有しているのだろうか。それは水と土、海と陸との境界上に位置し、いくつものラグーナ（潟）から成立する、不確定で不安定で不定形なものである。したがって、この都市での建築活動は、常にその脆弱な土地基盤との闘いであった。石造建築のために、木杭を打ち込み地盤強化する手法がルネサンス以降に採用されたが、それでも

地盤沈下により、建築物が歪み浮きあがるという事態が不断に生じている。建築とは本来サイト・スペシフィックなものであり、地盤と強固に結びついているはずである。しかしこの都市では、土地と建築物との結合関係は、本質的に脆弱で危ういものだった。カナレットによる、既存の建築物の根こぎと他所からの移築という作業は、このような土地の性質をも反映しているだろう。また、ヴェネツィアの土地の形状それ自体が、モザイク状の断片の寄せ集めでもある。つまり、都市の構成要素たる建築物の切り貼りという作業を支える基底面（＝土地）それ自体が、流動的な断片によって構成されているのであり、コラージュされた断片どうしの関係のみならず、支持体そのものも混在郷《エテロトピー》化する可能性へと開かれているのである。

古代の建築物が地中に重層的に眠るローマをその絵画の題材としたピラネージは、想像的な発掘と復元、そしてかぎられた土地への限界までの建築物の蝟集という手法によって、奇想のローマ景観を創作した。カナレット自身も、当時の「廃墟画」流行に則り、いくつかのローマ主題の「カプリッチョ」を制作している。これらの作品群は、ヴェネツィア主題のものとは対照的に、廃墟画一般に見られる「想像的復元」によるものであり、既存の建築物を移動させ別の要素に置換するという作業を含んでいない。ローマには、白紙状態の土地（その地下に過去の痕跡を埋没させているとしても）がふんだんに存在していたからである。

カナレットとピラネージは、ともに一八世紀のヴェネツィア出身であり、故国の政治的・経済的凋落の時代にあって、過去を志向する理想郷を断片化されたエレメントの再配列という手法で構築した。時系列の混乱した混在郷《エテロトピー》の創出や、断片性への固執という点では共通する二人であるが、記憶の中の都市の姿を表現する手法は対照的である。地中に埋没した遺跡を地上に再浮上させるピラネージの作業が、垂直方向の移動であるのに対し、カナレットによる建築物の置換操作は、水平方向のものである。二人の「奇想の景観」画家の相違は、地中に古代の遺跡を埋没させたローマと、小群島の上に隙間なく建築物が蝟集するヴェネツィアの、地理的性質の違いをも反映しているであろう。

図9——ウィリアム・マーロウ《カプリッチョ——セント・ポール寺院とヴェネツィアの運河》一七九五年頃　ロンドン　テイト・ギャラリー

図10——カナレット《カプリッチョ——サン・マルコ広場に並ぶ聖マルコの馬》一七四三年　イギリス王室コレクション

5　移入された都市

カナレットは《カプリッチョ——サン・マルコ広場に並ぶ聖マルコの馬》（図10）で、サン・マルコ聖堂ファサード上の馬像を、サン・マルコ小広場《ピアッツェッタ・サン・マルコ》上に置き直している。既存の建築要素のひとつを別の場所に移すことは、カナレット独特の手法である。彼はこの点で、画家の主観的な想像力のみに基づき仮想の都市空間を構成しようとする伝統、すなわち「理想都市図」やシェノグラフィア（舞台背景画）などの系譜から一線を画す。しかし、この断片の移入という手法は、ヴェネツィアの都市生成史とも共振性を有しているのではないだろうか。この都市は、他所からのエレメントの移入によって、絶えることのない生成と変化のもとに築かれてきたのである。

あらゆる都市にかかる契機が潜んでいるだろうが、ヴェネツィアはとりわけ、外部からもたらされた要素がアド・ホックに付加されていく中で生成してきた。言い換えれば、空間的・時間的コンテクストから切断された事物が、ヴェネツィアという場で再配置を施されたのである。アドリア海の北端に位置するこの都市は、ローマ帝国の崩壊後、ヨーロッパとオリエントの結節点としての機能を担う。経済や政治面のみならず文化面でも各地の要素が伝来し、土着のものの間に、いわばモザイク・タイルのように配されてきた。一一七の群島とその間をつなぐ海水から成るという地理的性質もあって、この地には統一的な都市計画が実行されたことはない。これは、たとえばフィレンツェのような都市とは対照的である。ヴェネツィアは、異なる場所からの要素の転移を受け入れつつ絶え間ない生成を続けてきた、決して閉ざされた完成形へといたることのない都市といえるだろう。

都市の守護聖人であるサン・マルコ自体、その遺体が北アフリカのアレキサンドリアからヴェネツィアへと「移されて」きたということも、この都市の生成史を象徴している。サン・マルコ広場を構成する事物も、多くは他の土地からの略奪品である。サン・マルコ寺院ファサード上の馬像は、十字軍時代にコンスタンティノープルからもたらされた戦利品である。紀元前四世紀のギリシア圏での制作とされるこのブロンズ像は、本来は太陽神アポロンの馬車を引く馬だったと言われている。四頭の馬は、（地理的にも意味的にも）元来のコンテクストを切断され、ヴェネツィアの聖堂の上に位置を移された。また、ピアツェッタ・サン・マルコの柱上の彫像にも同様の性質が存在する。柱頭に据えられたライオン像は、本来アッシリアないし中国製のもので、翼と福音書を後補しヴェネツィアの象徴たる「サン・マルコの獅子」に転用された。またサン・テオドロス像は、古代のミトリダテス像の転用とされる。他の土地からもたらされた要素によって多種混淆的な都市空間が形成されてきたことは、もちろん「アドリア海の女王」ヴェネツィアの海洋帝国としての性質を体現している。と同時に、この土地における事物が転地可能性を孕んでいることをも表わしているであろう。

異種の要素をとりこみつつ不断の生成を遂げる都市、閉じた完成形をもたなかった都市という点では、ヴェネツィアはまたローマと類似している。[☆20] しかし、ローマの生成は、その外縁の拡大をともなう、いわば無限の成長を続ける生きもののごときものだった。そこでは、異教徒や異民族を完全に同化することなく内部にとりこむという過程がくりかえされていた。対してヴェネツィアは、その土地を外部へと広げていく政策をとらず、その生成と変化はつねに地理的に限定された群島上でなされた。多種の断片が白紙としての土地の上に限界まで詰めこまれるピラネージのローマは、地中に過去の記憶痕跡を埋蔵させたこの土地の性質を反映すると同時に、ローマという「帝国」の歴史的生成過程をもなぞっている。そして、カナレットのヴェネツィアにおいて断片の奪取と移入の手法が用いられたのもまた、描画対象たる都市の生成史の反映でもある。

カナレットによる「空想上の景観」を、仮想の都市計画と名付けることはたやすい。しかしそれを、ルネサンスの理想都市から近年のCAD技術までを包括しうる「ペーパー・アーキテクチャー（紙上建築）」の系譜に位置づけるのみでは、重要な論点を見落としてしまうことになるだろう。カナレットが描いたのは、既存の要素の置換作業による「もうひとつの」「こうで在りえたかもしれない」ヴェネツィアの姿であり、彼の作業を支えたのが、この都市の地理的な特質であり、そして歴史的に内包された性質だったのである。

6　一八世紀、残照と凋落

カナレットによる都市への「破壊的な操作[☆21]」が、ヴェネツィアの地理的・生成史的な特性と共鳴するものであることは、すでに確認した。それではなぜ、一八世紀のこの画家の手によってはじめて、それが可視化するにいたったのだろうか。

カナレットが生きたのは、この共和国の衰退の兆候が露わになった時代であった。「ヴェネツィア神話」の解体は、政治的・経済的な「統一体」という擬制を動揺させた。都市における部分的要素の交換可能性が顕在化した背景には、このような「連合」の弛緩が存在するであろう。このような「連合弛緩」への意識をカナレットと共有しつつ、よりラディカルなかたちで描きだしたのが、前述のピラネージだった。彼による「古代ローマ」は、地中より発掘された断片化された過去の（想像的な）繋ぎあわせという点で、ネクロポリスの様相を帯びている。知的教養のための歴史的記念物として、そしてヨーロッパの規範的過去を想起させるための記念碑としてローマの廃墟を描いたロヴィニスタたち[☆22]の作品と、ピラネージの描くローマとの間には大きな断絶がある。そしてカナレットの描くヴェネツィアもまた、ある意味では「死せる都市」なのであるが、それはピラネージの破壊的なネクロフィリア――断片の再統合を目論みつつも、再びそれを断片へと粉砕してしまうような破壊衝動――とは異なっている。カナレット作品では、異時間・異空間に属するさまざまな過去の諸要素がコラージュとして集積しているものの、それらは一見すれば整合的、統一的な秩序の中に安らっている。フーコーの言う混在郷《エテロトピー》は、「中国の百科事典」から「失語症」のカオティックな世界へと帰着するが、カナレットによるヴェネツィアは、いまだ崩壊の手前で静止しているように思われる。

崩壊の兆候が次第に露わとなる一方でヴェネツィアは、対外的にはその過去の栄光を保ち続けてもいた。イギリスからのグランド・ツアーという慣習も、輝かしいヴェネツィアというイメージの残存を物語るだろう。グランド・ツアーの最終目的地は、自由主義政治（すなわち当時のイギリスの繁栄を支える政治制度）を発生させた地ローマだった。イギリス人貴族層は、自由主義はローマから中部イタリア（とりわけヴェネツィア）を経てイギリスに伝播した、と考えていた。つまりヴェネツィアは、規範としての古典古代から自国の現在へといたる、歴史的・空間的道程の中の一地点としてとらえられていたのである。ブルース・レッドフォードは、「グランド・ツアーは……過去の古典古代と現在のイギリスを接合させるための規範を……もたらすものだった[☆23]」と述べている。ヴェネツィアは、過去の姿において理想化された他者であり、そこにはイギリス人の自己イメージが重ねあわされた（島国であり海洋国であるという地理的類似性も、このインポーズに寄与したであろう）。旅の中でイギリス貴族たちが目にしたのは、ヴェネツィアという土地が喚起する、理想化された過去のイメージ群だったにちがいない。カナレットが描いたのは、凋落期を迎えた退嬰的な都市の、「今ここ」にある姿ではない[☆24]。しかしまた、ルネサンス以来の理想都市の系譜のごとき未来志向の都市計画でもない。彼が描いたのは一種の理想郷としての都市であるが、その個々のモチーフはむしろさまざまな過去に由来する。そして、このようなヴェネツィアのイメージには、パトロンとしてのイギリス貴族たちの欲望が反映している。カナレットによる「非在のヴェネツィア」は、画家自身による故郷のイメージであると同時に、旅行者であるイギリス人たちが見た、あるいは見ることを欲した理想的異郷のイメージでもある。

時代の危機は都市の統合性を弛緩させ、建築物の引き剥がしと置換という都市への「破壊的作業」をもたらすだろう。一方でカナレットが描いたのは、グランド・ツアリストらが見ることを望んだ、理想化されたヴェネツィアの姿でもあった。カナレットによるコラージュ都市には、この時代の相矛盾する二つのヴェクトルがもたらす緊張関係が映しだされている。カナレットはいわば境界線上に位置する画家である。単なる地誌情報をもたらすための都市図でもなく、しかしまたピラネージのごとき都市景観の瓦解にもいたらない。カナレットの特異な立ち位置、統辞法を混乱させつつも完全な倒壊にはいたらない都市表象は、このような葛藤がもたらしたものでもあるだろう。

7　水平的な複数性

カナレットはその生涯で、油彩画だけでも二〇〇点強のヴェネツィア主題の作品を残している[☆25]。複数の視点からの景観を継ぎ接ぎしたり、建築物を微妙に移動させたりして構築される「ヴェドゥータ・エザッタ」のジャンルであれ、既存の建築要素のコラージュによって創出される「ヴェドゥータ・イデアータ（カプリッチョ）」の分野であれ、そこでは「別様の」ヴェネツィアの姿が描かれた。つまりは、現実のヴェネツィアを参照項とするけれども、実景との間にさまざまな差異を孕んだ都市の景観である。そして逆説的ながらカナレットがヴェネツィアを「語る」ときに生じさせた歪みこそが、この特殊な都市を忠実に表象している。

カナレット以後において「語られたヴェネツィア」には、ある共通の性質が内在しているようである。それはたとえば、建築家アルド・ロッシによるコラージュ《類推的都市》[☆26]（図11）の、「アナロジー（類推）」による無限の増殖の可能性を孕んだアナクロニックな都市表象であり、作曲家ルイジ・ノーノのヘテロトピックなポリフォニー『イントレランツァ一九六〇』であり、また思想家マッシモ・カッチャーリがヨーロッパを語るさいに用いる、ヴェネツィアをモデルにした「群島」概念である[☆27]（奇しくも彼らは皆ヴェネツィアを中心に活動している）。彼らをカナレットの精神的末裔として位置づけることも十分に可能だろう。「最も晴朗な《セレニッシマ》」（Serenissima）と呼ばれた都市ヴェネツィアの本質的・内在的な脆弱性と混在郷性《エテロトピー》、そして一八世紀末のナポレオン侵攻によって顕在化する歴史的な危機の兆候をいち早く鋭敏に見抜きつつ、いまだ栄光の残照に包まれた黄昏時の逆光の中に描きだしたのが、ジョヴァンニ・アントニオ・カナルという画家だったのである。

カナレットによる「都市の歴史の記述」は、徹底して「水平性」に基づくものであった。それが彼の特徴である、透明な空気に満たされた「晴朗な」ヴェネツィアのイメージを担保している。彼に続く都市の改変者は、同郷出身の建築家・版画家、そして考古学者でもあった前述のピラネージである。ともに「建築物のコラージュ／モンタージュ」を特徴とする二人であるが、ピラネージはカナレットとは異なり、既存の建築物の「根」を削ぎ移植するという手法には訴えない。古代ローマ都市の紙上における再構築を目論むピラネージは、むしろ地中深くへと層をなして積み重なった「建築物の記憶」の発掘を試みた。この作業を支配するのは、ローマという土地の「垂直性」である。ボード

アルド・ロッシ
図11———《類推的都市》一九七六年
ミラノ　アルド・ロッシ・アーキテクト

レールの謳う「パランプセストス」[☆28]のごとき記憶痕跡の積層を、「建築家」ピラネージは一枚の紙面の上に並べ置こうとした。このとき、カナレットによるとは別様の、都市への――そして各々の場所や空間に固着した記憶への――暴力的な操作が要請されることとなる。

第2章　「起源」の病と形態の闘争
——ジョヴァンニ・バッティスタ・ピラネージによる古代ローマ表象

しかし、人はたちまち気づいたのだ。これらの表面的な層の下で、底なき底が、今度はそれが図像と化して、表面の背後にしりぞいてゆき、このように果てしなく続いてゆくのだということに。……「層」という単語の持つ意味の諸層は、或る一つの土地の体系的な統一性のうちに全体化されるがままにはならないのであり、そこに混乱なく整頓されて安らうことができるような最終的な支えは持たないのである。それらは一つの意味をかたちづくらない、ここから猛り狂いが生まれる。

（ジャック・デリダ『基底材を猛り狂わせる』松浦寿輝訳、みすず書房、一九九九年、一四九〜一五〇ページ）

1　モンタージュ都市——異時間の積層としての

ジョヴァンニ・バッティスタ・ピラネージは、古代ローマの景観を現実と想像を交えて描いた「紙上建築」で知られる。彼は当時のグランド・ツアー熱を受けた人気銅版画家だったが、自己規定上は常に「建築家」[☆1]であり、同時に古代ローマの姿を再建しようとした「考古学者」でもあった[☆2]。

都市景観画家《ヴェドゥータ》にして考古学者というピラネージの二重性は、当時ローマという都市が有していた二重性、さらにはピラネージ作品に投影された欲望の二重性の反映でもあるだろう。ローマは、ヴェドゥータの購買層たる旅行者たちにとっては規範的な「他者」である一方、考古学上の探求においては「われわれ」の起源でもあった。

ピラネージが活躍した時代は、芸術様式史上は新古典主義に分類される。彼の作品は、「高貴なる単純と静謐な気品」というテーゼに代表される、調和と均整のとれた新古典主義建築とは、外観上は対照的ですらある。しかし、「古典古代」を規範と目し、その模倣を目指したという点では、ピラネージもまた同時代の潮流に与していた。古代ローマの都市と建築を扱った数々の版画作品において、彼は建築の「起源」たる古代の姿を探索し、そしてその領有と再興を目指した。前者は黎明期の考古学として、後者は建築の範型を追求する一種の建築改革運動としてとらえることができる。

新古典主義時代の論者たちが想定していた建築の「起源」は、次の三分類に整理することが可能である。すなわち、歴史が開始する一時点としての「古代」、フランス啓蒙思想由来の概念である「原始」ないしは「自然」、そして観念的な純粋性としての「幾何学的形態」である。ピラネージが選んだのは、「古代」のローマという範型だった。対して、「原始」モデルに基づく建築論の著者としてはマルク゠アントワーヌ・ロージェ、「幾何学性」を志向した建築家としてはクロード゠ニコラ・ルドゥーやエティエンヌ゠ルイ・ブーレーらが、代表例として挙げられる。[☆3]「原始」や「幾何学的形態」が無場所的な観念であるのに対し、「古代」は常に特定の場所と結合した概念であった。古代ギリシア、古代ローマ、古代エトルリア、という具合にである。一七五〇年代に起きたギリシア・ローマ論争では、ピラネージはローマ派の主要論客として、ギリシアを規範的古代とみなす論者たちと対峙することとなった。つまりピラネージは、建築の歴史の起源であり、遡及すべき根源的規範としての「古代」のトポスとして、ローマという都市を選んだのである。

新古典主義という芸術様式も、考古学という新興の知的体系も、「国家」や「民族」、「郷土」なる概念と連関しあう、その意味で政治性を帯びたものである。[☆4]ピラネージ自身、一七五六年刊行の『ローマの古代遺跡』序文で、次のような宣言をおこなっている。

廃墟と化したローマ古代の壮麗を外観から観察するだけでも、蛮族の粗野で不当な様式の後に腐敗してしまった建築についての良き趣味を、近年において改革するに足るならば、また古代建築への賞賛が、ヨーロッパで最も教養ある民族（le Nazioni）においてますます盛んとなるならば、深遠な探究を放棄している今日の建築家たちの怠慢と愚行は、非難されて然るべきである。この探究こそ、今日の建築物にとっても今なお望ましいと思われる、

建築の真の価値をもつ威厳と様式の回復に資する。[☆5]

「蛮族」と「ヨーロッパで最も教養ある民族」の二項対立からも、彼のパトリオティックな情熱が伝わってくるだろう。古代ローマの建築を再興することが、すなわち自民族の称揚につながるのである。

自民族の正統性を保証するために、自らの歴史上の「起源」の純粋さと、「起源」から現時点にいたるまでの連続性が仮構される。「古代ローマ」の再演と言えば、今日直ちに想起されるのは、ロシア帝政やナチス・ドイツの「第三帝国」であろう。「起源」としての古代を再演することは、その権威性を領有することにほかならない。ピラネージによる「古代ローマの壮麗」の復興もまた、異なる形式と方向性においてではあるが、上記の二つと通底する側面を有していた。

ピラネージの描いたローマの「ヴェドゥータ」は、単なる名所絵にとどまるものではない。古代の「記憶」を視覚的イメージとして想起し、それに二次元上の配置を与えたものである。ここでは、古代についての記憶は、都市や建築物の遺構――「残存」、「痕跡」、「断片」としての視覚的情報――を媒介として再生される。それでは、想起された過去をイメージとして固定するという難問に対し、ピラネージはいかなる解法を導きだしたのであろうか。彼の造形手法は、美術史上の分類に従うならば、「カプリッチョ（奇想）」や「トロンプ・ルイユ（目騙し）」という視覚詐術の流れを汲んでいる。その巧妙でアクロバティックな描画手法は、同時代の受容者や一九世紀のロマン主義者らの心をとらえたのみならず、今日のわれわれをも瞠目させる。しかし、ピラネージの「奇想《カプリッチョ》」は、想像力の放逸で散漫な表出にとどまるものではない。

彼の「奇想《カプリッチョ》」のあり方を最も大胆に象徴的に表すのが、《カンプス・マルティウスの地勢図》（図1）である。最も大きな地勢図の上に、各々の時代のカンプス・マルティウスを描いた三枚の地図が配置されている。Fig.I と記された左の地図は、ローマの初代王ロムルス（紀元前七五三～一五年）から第七代王のタルクィニウス・スペルブス（紀

Tab. III.
TOPOGRAPHIA
VESTIGIORVM·VETERIS
VRBIS·ET·CAMPI·MARTII
ROMA
CAMPVS MARTIVS
CAMPVS VATICANVS
Fig. I.
Fig. II.
Campus Martius ab
Tarquiniis usurpatus
Fig. III
Campus Martius in pristinos usus
a primis Consulibus restitutus
Tiberis Fluvius

図1——ジョヴァンニ・バッティスタ・ピラネージ
《カンプス・マルティウスの地勢図》
『古代ローマのカンプス・マルティウス』一七六二年

図2——《アッピア街道とアルデアティーナ街道の交差点》
『ローマの古代遺跡』第2巻フロンティスピース 一七五六年

図3——アッピア街道の現況
(Jean-Pierre Adam, La construction romaine, Paris : Grands manuels Picard, 1984)

元前五三四〜〇九年）にいたるまでの時代、右上の Fig.II はタルクィニウス・スペルブス王の時代、そして右下の Fig. III は共和政時代にいたるまでの時代（紀元前五〇九年以降）を示す。基底面を成す最大の地勢図の下方には、ホルトゥロルム丘とテヴェレ河の間にあった練兵場の光景が、透視図法——三次元空間のイリュージョンを喚起する描画手法——によって描かれる。つまりここでは、異時間的・重層的な都市の記憶が、紙片の積層として現出している。

ピラネージは古代ローマの再興を標榜したが、結果として出来したのは、「古代ローマ的」な別の何かであった。過去の再現において生ずるこの落差、ないし歪みの分析からは、一八世紀のヨーロッパにおいて「古代ローマ」に投影されていた欲望と、その復元が有していた含意とが明らかになるであろう。ここでは、ピラネージによる記憶の復元技法を、「モンタージュ」と名付ける。このアナクロニックな語彙をあえて用いることで、古代ローマにまつわる「記憶」の存在形態やその想起の態様と、ピラネージの造形原理との間の反映関係が明らかになるだろう。彼が編みだしたモンタージュ都市としての古代ローマは、「起源」概念が内包する混淆性・複数性や、ローマという都市の構造、イメージによる記憶が有する性質などが、重なりあいつつ映しだされた鏡面なのである。

2　「復興」される古代ローマ

(1)　断片と記憶

ヴェネツィアに生まれ、この街で建築修業をおこなったピラネージは、やがて同時代の建築の脆弱さを打破する契機を、古代ローマの建築術と都市計画に求めるようになる。ローマに移住し、建築に対するパトロネージの枯渇を目の当たりにした彼が採用したのが、版画による建築図の刊行という、建てることの代理的手段であった。[☆6]

『ローマの古代遺跡』第二巻のフロンティスピース《アッピア街道とアルデアティナ街道の交差点》（以降《アッピア街道》と略記［図2］）は、諸々の建築断片からひとつの都市空間をつくりあげたものである。街道の両脇にぎっしりと立ち並ぶ建築物は、すべてこの場には実在していない（図3）。古代の景観が崩壊し消滅した跡に、彼は想像力の作用によってさまざまな人工物の諸要素を集め、アッピア街道の景観という「総体」を偽造した。いや、ここで「総体」という言葉を使うのは、適切ではないだろう。それは滑らかで均一の絵画空間（ないしは絵画平面）ではなく、散在していた諸要素の集積によって形成される、不均質で収まりの悪い混成物なのである。

ピラネージの独自性を浮かびあがらせるために、彼以前の「復元された古代ローマ」イメージの系譜をたどってみよう。一六世紀の建築家であり古遺物研究者でもあったピッロ・リゴーリオは、古代ローマは現代社会の陋習を正すための規矩であり、理想的完全型と考えていた。この価値観は、古代の残存物を「復元」する手法にも反映されている。すなわちリゴーリオによれば、古代遺物は欠落した状態のままに置かれてはならず、完全な状態を回復すべきである。古代彫像の欠けた鼻や手足は、それを補う必要があり、古代におけるオリジナルな姿こそが、芸術作品の唯一のあるべき姿だからである。[☆7] 一七世紀の古遺物研究者ジョヴァンニ・バッティスタ・モンターノにいたっては、古代ローマ遺跡復元にさいして、欠損部分はすべて左右対称になるよう補うという大胆な手法を採った（図4）。この奇妙な復元手法が目指していたのは、完全無欠な統一体としての建築の姿であった。

時の経過により完全性を喪失したものとしての「断片」が、一種の自律性を獲得するのは、一八世紀になってからのことである。それは芸術的趣向としての「未完成」という概念と、隣接しつつも決定的に相違している。アンドレ・シャステルに従えば、「断片」は「完成にいたることのできなかった形態ではなく、むしろ偶発的な形態のことである。それはかつて完全に実現され、その後に外因的な事故、おそらくは自然の力や時間の持続、すなわち歴史によって、変容させられ、粉砕され、一部とりこわされたもの[☆8]」なのである。ルネサンス期の人間は「作品の荒廃と不幸という観念」がつきまとう「断片」を好まなかったと、シャステルは指摘する。この時代に芸術の修復や復元が熱心におこなわれたのは、時間経過の痕跡を否定し、破壊の記憶を消し去るためであった。前述のリゴーリオやモンターノが過去の「復元」にさいして立脚したのもまた、このような発想にほかならない。

トルソや廃墟というモティーフへの愛好は、「断片」が自己完結した存在として認知され始めたことを告げる。こ

図4——ジョヴァンニ・バッティスタ・モンターノ（作画）
ジョヴァンニ・バッティスタ・ソリア（彫版）
『古代のさまざまな寺院選集』一六二四年

図6——ジョヴァンニ・バッティスタ・ピラネージ
《カフェ・デッリ・イングレージのためのエジプト風装飾》
『暖炉のさまざまな装飾法』一七六九年

図5――ジョヴァンニ・バッティスタ・ピラネージ
《イクノグラフィア》
『古代ローマのカンプス・マルティウス』一七六二年

の精神は一七世紀に芽生え、次の世紀には大流行を見せた。ヨハン・ヨアヒム・ヴィンケルマンがとりあげたベルヴェデーレのトルソや、ロヴィニスタ（廃墟画家）たちの描く古代遺跡、人造廃墟を配した庭園などは、その代表例だろう。エリザベス・ワニング゠ハリスは、未完成と断片を同一の範疇にくるという大雑把さはあるものの、「断片性」が一八世紀の文学と美術を貫くライトモティーフであったことを看破している。☆9

欠落部分を想像によって補填し、完全性を偽装するというルネサンス的手法を、一八世紀人ピラネージは採用しなかった。その端的な一例が、前述の《アッピア街道》である。彼は風化や欠落や粉砕を、そのままに描きだしている。つまりここで企図されているのは、過去の形姿の原状回復ではない。そこに描かれているのは、すでに崩壊の進んだ現在の姿であり、「古代」は時間経過の痕跡をとどめた諸要素から観想されるにすぎない。

ここで留意すべきは、ピラネージの作品においては、「断片」が全体へと完全に統合されてしまうことはないということである。個々の断片はその自律性を保持し続けており、その隣接関係には常に葛藤がともなう。たとえば《イクノグラフィア》（図5）では、異なる時代に属する建造物どうしが隣りあっている。セウェルス帝時代につくられた大理石地図、「フォルマ・ウルビス・ロマエ」の一部のみ残存する断片に基づきつつ、異時代の要素を繋ぎあわせることによって、彼は（見せかけの）「総体」としての《イクノグラフィア》を構成した。諸々の構造物が同一の基底面を共有しているかに見えるが、それは偽装されたものである。この隣接関係はかつて一度も実在したことはなく、暫定的な配列にすぎない。ここで想像力が介入しているのは、欠落部分の補填と断片の連結についてのみである。既存の断片は改変されることはなく、むしろ冷徹な観察に基づいて描かれる。晩年の『暖炉のさまざまな装飾法』（一七六九年［図6］）でも、そこで問われていたのは、独立した「部分」としての装飾モティーフの結合手法であった。

エミール・カウフマンに従えば、このような「部分の自立性」はモダニズムの徴表にほかならない。ピラネージの著作『建築に関する所感』（一七六五年、以下『所感』と省略）に挿入された図面について、カウフマンは次のように分析する。

全体は、ほとんど独立した各要素の凝集物である。……もうひとつのきわめて興味深い特色は、この意匠の中に見いだされる。すなわち、各部分が不均衡なのである。[☆10]

続いて彼はこれらの特徴を、「乖離とそれに続く再編成へと向かうこの時期」の動向の中に位置づけている。

ピラネージは断片を断片のまま組みあわせることで、失われた統一性が回復されたかのような外観を、絵画空間内に創出する。しかし、「総体」は完全には回復されることがない。彼の都市表象は、異時間に属する相互に独立した断片の集積であって、均質な統一体ではない。個々の要素の組みあわせはアドホックであり、その意味では常に別様の可能性も担保され続ける。[☆11]ピラネージの「想像力」は、ここでは既存の諸要素を繋ぎあわせるための糊、あるいはモザイクタイルの目地のような役割を果たしている。

(2) 異質な記憶の配置

別々の場所や時間に属する諸要素を、ひとつの場に集めること。現実に依拠したリアリズムが、想像力の作用によって驚くべき結合を見せること。ピラネージによる構成の「奇想《カプリッチョ》」は、上記の二点に集約できる。このような「モンタージュ」性自体は、一八世紀の他の画家に敷衍することも可能である。前章でとりあげたカナレットの描く奇想のヴェネツィアや、ジョヴァンニ・パオロ・パンニーニによる画廊画などは、その一例であろう。

カナレットは、ヴェネツィアの大運河周辺の実景に、近隣の市ヴィチェンツァにあるパッラーディオ設計の建築物と、同じ建築家によるリアルト橋の計画案(未実現に終わったもの)を合成し、非在の都市光景を創出した[☆12](図7)。この作業は、本来その場にあった建物を引き剥がし、別所から「あるべき」建築を移入することで成立している。建築物は重なりあうことなく、その適切な敷地関係を保持したままである。カナレットによるヴェネツィアは、都市が「モ

カナレット（ジョヴァンニ・アントニオ・カナル）
図7———《カプリッチョ——パッラーディオによるリアルト橋の計画案とヴィチェンツァの建築群》一七四〇年代
パルマ　国立絵画館

図10———ヨハン・ヨアヒム・ヴィンケルマン
『古代美術史』一七六四年
第1章挿図

図8———ジョヴァンニ・パオロ・パンニーニ
《現代ローマのギャラリー》一七五九年
図9———《古代ローマのギャラリー》一七五八年
パリ　ルーヴル美術館

第2章 「起源」の病と形態の闘争――ジョヴァンニ・バッティスタ・ピラネージによる古代ローマ表象

71

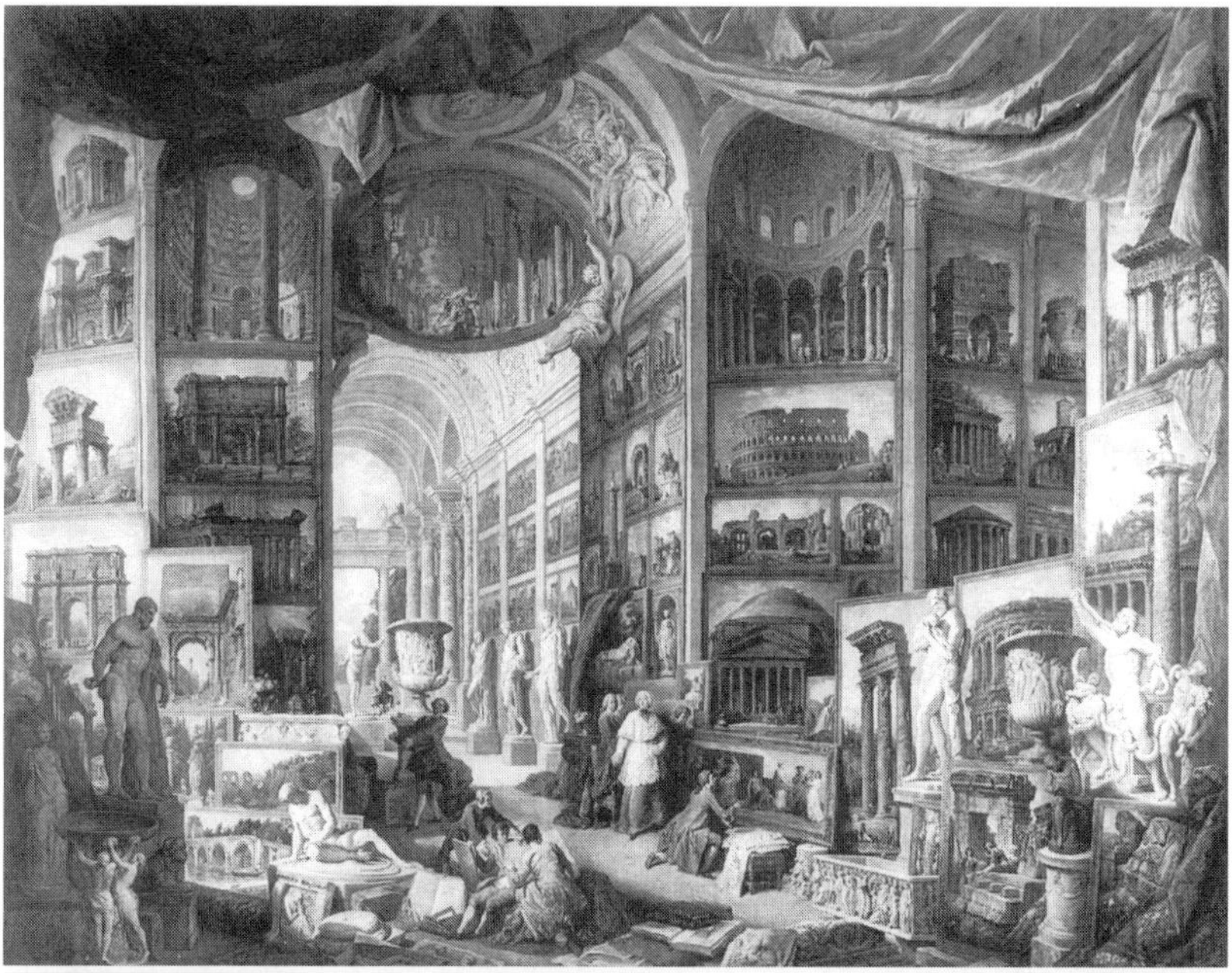

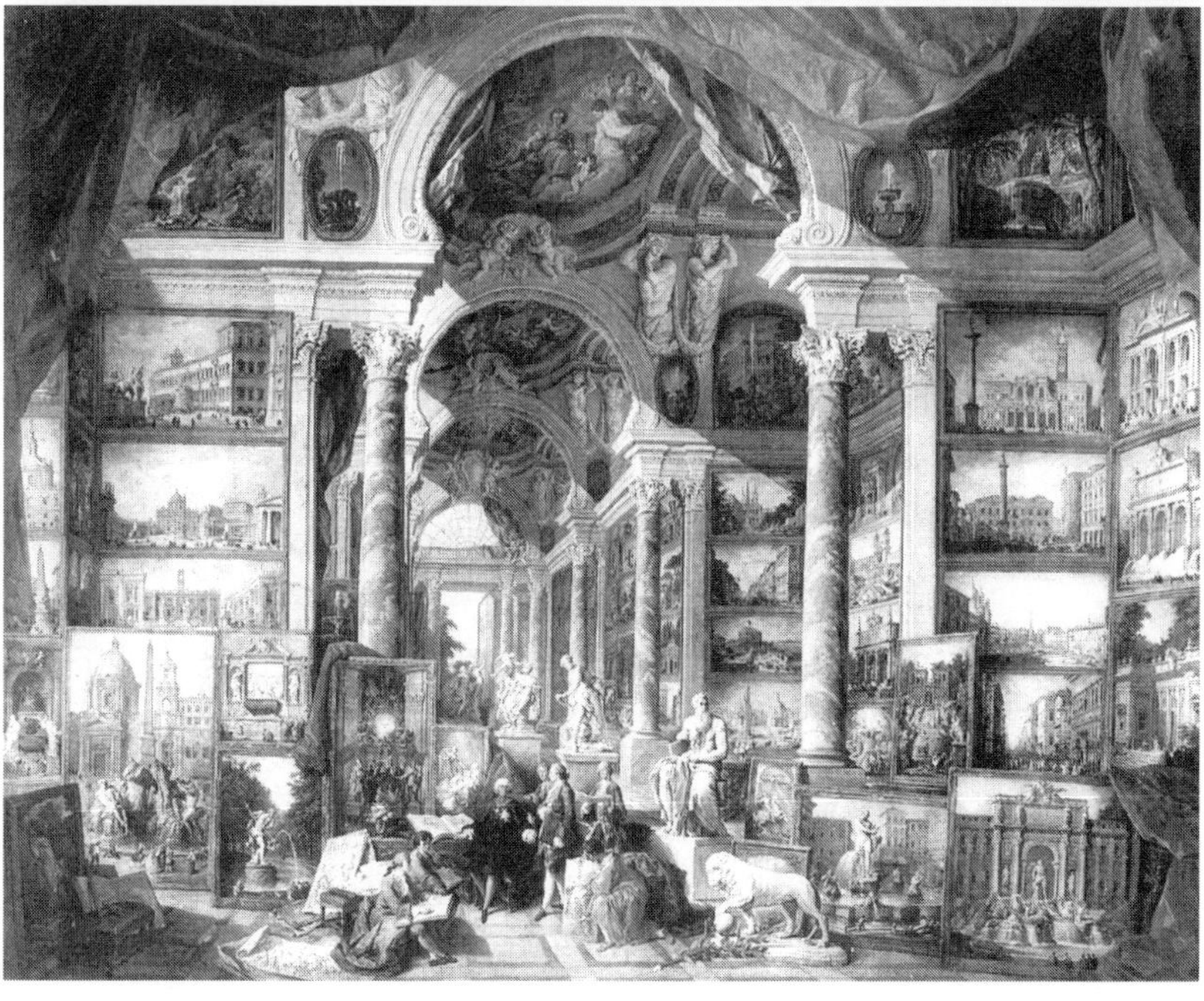

ンタージュ」の舞台となりうることを予告しつつも、未だロココ趣味の平穏な秩序の中に休らっている。

パンニーニは《現代ローマのギャラリー》（図8）と《古代ローマのギャラリー》（図9）の対作品において、ローマのさまざまなモニュメントを、メタ絵画とも言うべき手法によってひとつの空間内に集めている。この対作品の、成角透視図法《シェーナ・ペル・アンゴロ》の軸を成す通路の両側に、展示と配置の空間を現出させる構図は、ピラネージの《アッピア街道》（図2）を連想させる。また、場を異にする事物をメタ構造により集合させているという点は、《カンプス・マルティウスの地勢図》（図1）とも共通するだろう。しかしパンニーニの描くギャラリーでは、数々の絵画や彫像は、それらの並べ置かれる壁面や床面を共有している。方眼状に規則正しく掛けられたタブローが重なりあうことはなく、彫像は適度な間隔を保って配列される。新旧二つのギャラリーに共通する、陽光の注ぐ戸外へと開かれたヴィスタは、この対作品を支配する平明な秩序を象徴しているであろう。

ヴィンケルマンの主著『古代美術史』（一七六四年）の第一章冒頭にも、一種のモンタージュ作業によって合成された、奇妙なイメージ（図10）が掲げられている。この古代像に、著者は次のような説明を与える。

> 第一章の冒頭の銅版画は、古代のひとつの作品ではなく、いくつかの古代作品から合成したものである。というのは、この章［美術の始まりと諸民族の間での差異について］を説明するのに都合の好い主題を見つけることができなかったからである。此処には、彫刻と建築の最も古い作品が示されている。[☆13]

古典美を「単純」（Einfalt）という言葉で表現したヴィンケルマンだが、彼の理想とする古代イメージもまた、異なる場所と時間に属する断片の複合物としてのみ立ち現われうるものであった。むしろ彼は、現実にはありえなかった、観念的かつ完璧な「古代」イメージを創出するために、あえてアナクロニズムという侵犯をおこなったのであろう。彫刻と建築の最古と思われる作品が、更地（つまり、共通平面としての古代ギリシアの大地）の上に並べ置かれている。

しかし、ピラネージによる古代的要素のモンタージュには、パンニーニのギャラリーやカナレットのヴェネツィア、ヴィンケルマンの古代ギリシアにおけるような「間隙」や「余白」がない。《アッピア街道》（図2）では、立錐の余地がないほど、むしろ互いの敷地が重なりあっているのではないかと思われるくらいに建築物が蝟集し、《イクノグラフィア》（図5）や『暖炉のさまざまな装飾法』（図6）では、本来は独立の要素同士が、隙間も継ぎ目もなく埋めこまれている。平穏で平滑な平面に回収することのできない、形態同士のせめぎあいの場が出現している。そこでは、統一的な秩序による支配は不可能となり、均質で一様な絵画内空間という仮定が、明白に突き崩されている。タフーリは正当にも、「カンプス・マルティウス」[☆14]の形態論理を「断片の勝利」、すなわち「偽りの有機的組織体の不定形な堆積」による支配と規定した。

これ［「カンプス・マルティウス」内の地図］は、互いに衝突しあう断片の、不定形な寄せ集めとして構成されているということが即座に読みとれる。テヴェレ河とカンピドリオ、クィリナーレ、ピンチョの丘に囲まれた全域は、恣意的な連結という方法によって形成されており（たとえピラネージが「フォルマ・ウルビス」から影響を受けたにせよ）、その結合の原理はいかなる有機的統一をも排除している。[☆15]

このような「類型」の「見本帖」は、「都市の完成された形態的構造としての固体化を阻」み、「組織体が、形態的断片の海に浸りつつ衝突」するような、都市にまつわる整序的な記憶を瓦解させてしまう場として機能する。[☆16]ピラネージはその画業を通して、古代ローマという期間に属する時間を、仮設的な基底面上（つまり一枚の銅板上）に再現することを試みた。そこには、「部分」に対する偏執的なまでの精確さと、「総体」の組み立て方の恣意性とを見てとることができる。前者は、たとえば石碑に彫られた碑文を写しとるさいの精確さによって例証される。しかし、精確に写しとられた個々の断片は、《アッピア街道》や《イクノグラフィア》のような、異質な物同士が隣接し蝟集する空間を創出する。それはまさしく、フーコーが『言葉と物』で言うところの、異物同士が統合されないままに衝突しあう「混在郷」[☆17]（hétérotopie）なのである。

（3）イメージの複数の時間

ピラネージの描きだす都市空間は、複数の時間性を内包する。『ローマの古代遺跡』第一版第二刷（一七五六）のタイトルページの石碑（図11）に刻みこまれたラテン語の一文は、それを端的に物語るであろう。

VRBIS AETERNA VESTIGIAE E RVDERIBVS TEMPORVMQUE INIVRIIS VINDICATA
時による損傷と暴虐から救いだされた永遠の都市の遺跡

この一文には、複数の時間性が内包されている。「永遠」（aeterna）という形容詞が表わす一種の無時間性、損傷という作用にともなう進行形の時間、それから「遺跡」（vestigiae）の語が示す、痕跡として存在する過去である。さらにピラネージは、版画集というメディアにローマを描きとどめることで、永遠の都市は崩落から「救いだされた（完了）」と宣言する。[☆18]この完了形によって時間の進行が止められ、「永遠」という無時間状態が出来する。ピラネージによる都市表象が、異時代に属する建築要素の集積であることは、前述のとおりである。しかし、この異時間混淆性とはまた別に、彼においては対象を描くことそれ自体にも、複数の非連続的な時間性が混在している。

ピラネージは『ローマの古代遺跡』の序文で、この書物が版画による遺構保存の試みであることを言明していた。

ローマの古代遺跡の大半は、菜園や農耕地に散在しているが、私はこれらの遺跡が、日に日に減じられていくのを目の当たりにした。時の損傷（l'ingiuria de'tempi）によるものもあるし、貪欲な所有者が、新たな建造用の資材

図11――ジョヴァンニ・バッティスタ・ピラネージ
『ローマの古代遺跡』一七五六年
第１版フロンティスピース

として売ることを企て、野蛮な放縦さをもってとり壊したものもある。したがって私は、これらの遺跡を版画という媒体を以て保存することを目論んだ。[19]

この作業は、「きわめて精確な観察、発掘と調査[20]」をもっておこなわれた旨が主張されているが、ここには彼の「考古学者」としての自負が伺える。この画力に長けた考古学者は、腐食銅版画という手段を用いて、ローマという都市の墓碑銘を建立した。それは、すでに遠く過ぎ去ってしまった古代ローマの黄金時代を偲ぶものであると同時に、現在消え去りつつある廃墟の姿を、イメージという代理物によって永遠にとどめおこうとするものでもある。ピラネージの言う「永遠の都市」とは、完全な姿を保持していた盛期のローマではなく、不可逆的な時間経過にさらされた都市の残骸、もはや現実の生活空間としては機能していない遺物にすぎない。つまり『ローマの古代遺跡』に描きとどめられているのは、死して後（post-mortem）の都市の姿なのである。

一八世紀の廃墟観の代表例としてしばしばとりあ

げられるドニ・ディドロのサロン評では、廃墟とはそれを通して遠い「時間」を観想するものであった。[☆21] 粉砕された大理石の墓を前にディドロが思うのは、自己の死であり、諸民族の興隆と滅亡の循環史である。そこでは、古代廃墟は想起と観想のためのトークンにすぎない。対してピラネージにおいては、遺跡そのものが記念の対象となる。アライダ・アスマンは、『ローマの古代遺跡』では遺跡それ自体が想起の対象となったことを指摘している。そして、グラフィックという形態をとることで、「永遠の都」が生き残り（Nachleben）となりえたと説く。[☆22] この「生き残り」という言葉が示唆するのは、かつて一度生じた「死」にほかならない。

ピラネージの描く廃墟には二重の「死」のモメントが存在する。古代文明は凋落し、その建築物も都市も倒壊した。その痕跡である廃墟が、今度は完全な消滅の危機にさらされている。ピラネージが実践したのは、「イメージによる考古学」であり、また「イメージの考古学」であった。それは二重の死から都市の記憶を救出するための、記念碑建立の試みでもあった。

3　起源と記憶の多重性

(1) 感染した建築（un'architettura infetta）

新古典主義は、従来「古典古代」として一括されていた時代区分から、「古代ギリシア」が分離した時代でもある。ギリシア趣味が興隆した直接の契機は、パエストゥムやヘラクラネウムなどの遺跡発掘が開始されたことにある。やがて古代ギリシアのイメージは、建築改革運動の理念と目され、さらには永らく西欧の中心的権威であり続けたローマ教皇権から、（主としてドイツやフランスの）国家的・民族的アイデンティティを引き離すための装置として援用されるようになった。「ギリシア主義」の論者たちに共通する特徴は、古代ギリシアに単一で純粋な「起源」イメージを読みこんでいた点、そしてローマの芸術をギリシアの堕落形態として糾弾した点にある。

このような「ギリシア熱」の横行は、ピラネージの信条と相反するものであったが、とりわけドイツの歴史家ヴィンケルマンの活躍は脅威となった。ヴィンケルマンはアルバーニ枢機卿の図書館司書として、一七五五年からローマに滞在し、同年『ギリシア美術模倣論』を著わす。古代ギリシアの芸術と、その背景にある風土や文明に規範的価値を認めるこの書の影響は、ローマの知識人サークルにも及んだ。ヴィッラ・アルバーニに一七六〇年頃に増築された「ギリシア寺院」[☆23]は、ローマに芽吹いたギリシア讃美の精神を表わす一例である。さらに一七五五年には、イギリスの『ザ・インヴェスティゲイター』に無名子による論考「趣味に関する対話」が掲載される。[☆24]ギリシア建築を礼賛するこの記事は、さらにピラネージの危機感を煽った。フランスの建築史家ル・ロワによる『ギリシアの最も美しい記念碑的建築物の廃墟』（一七五八）の刊行も、それに拍車をかけた。

『古代ローマ人の壮麗と建築』は、このようなギリシア主義に対する、ピラネージからの応答であった。同郷人の新教皇クレメンス一三世[☆25]に捧げられたこの書では、起源の建築は石造であり、ローマ建築はギリシア（＝木造建築）ではなく、エトルリア、さらにはエジプトに端を発するものであるとの主張が展開される。

『古代ローマ人の壮麗と建築』に対しては、ただちにフランス人美術批評家ピエール＝ジャン・マリエットからの批判が寄せられた。[☆26]これに対する再反論が、『マリエット卿の手紙についての考察』を筆頭とする三編のテクスト（一七六五）である。その中のひとつである対話形式の論考『所感』では、ギリシア派の建築理論が標榜する厳格な機能主義に、次々と反証が加えられていく。古代ローマはギリシアから継受したものを堕落させた、という批判に対して、ピラネージは次のように答える。

厳格主義者たちはローマ人を、ギリシアの建築を退廃させたとして批判する。これに対してピラネージは［『古代ローマ人の壮麗と建築』で］、次のことを示さなければならなかった。すなわち、それはむしろ正反対で、ローマ人は根本から感化された建築がもつ複数の傷を、癒やすことができなかった。かわりに彼らは、それを受けとめ、和らげようと試みたのである。[☆27]

ここで「感化」と訳出した語は、ピラネージの原文では infetta（動詞 infettare の過去分詞由来の形容詞）となっている。この語は、「影響する」「病に感染させる」「堕落させる」という、複数のニュアンスを含みもつ。ローマにさらに先行する建築の「起源」がギリシアにあるとしても、それはいくつもの傷（原文 le piaghe は複数形）をもつ、根本から汚染されたものであった。[☆28] infetta という語は、この建築の抱える病理が生得的な本質ではなく、他所から遷移してくるものであることを暗示している。単一の純粋な起源を捕捉しようとしても、その「起源」は定まった位置にとどまることのない、際限なく遡行するような概念である。ピラネージもまた、建築の起源がローマにあることを立証するには、エトルリアやエジプトという、更に先行する起源をもちださなくてはならなかった。

ギリシア派の論客たちもまた、自説を補強する論拠として、「ずれた起源」としてのエトルリアを援用する。このような矛盾は、ギリシア・ローマ論争の焦点が歴史的事実の検証ではなく、むしろ理念的な「起源」の探求にあったことを物語るだろう。ピラネージは、トスカナ式（ローマ建築）とドーリア式（ギリシア建築）のオーダーを比較し、互いに「似て」いないと判断を下す。[☆29] ローマ建築がエトルリア直伝のものであり、ギリシアを経由していないという自説の根拠は、この視覚的類似性の有無のみに求められている。フォションも指摘するとおり、[☆30] これは歴史学の議論としては脆弱なものでしかない。

時系列や影響関係を問う以上、「起源」は後退ないしは横滑りを続けていく。「感染した建築」（un'architettura infetta）という規定は、この不確定で複数的な性質を、端的に指し示しているであろう。「起源」は異種混淆性かつ不純なものであり、その「想起」によってもたらされるイメージもまた、混在郷性《エテロトピー》を免れえないのである。

（2）都市の記憶の「根」

一八世紀のローマは、古典古代の遺跡と初期キリスト教時代の寺院廃墟がバロック式の都市景観の中に散在する、それ自体が混淆物であるような都市であった。もちろん、多様な時代の構造物の集積という性質は、あらゆる都市に共通している。ローマにおいて着目すべきは、その重層性ないし多層性である。古代の「記憶」は建築遺構として地中に積層し、各時代の記念碑的建築物が同一の場所に積み重なることすらあった。ピラネージによる《カンポ・ヴァッチーノの眺め》(図12)は、一八世紀当時のフォロ・ロマーノを描いたものである。近景の右側には、双児神(カストルとポロックス)神殿の柱列が聳え、遠景の中央(消失点付近)にティトゥス帝凱旋門、左にコロッセウムが見えている。柱列の右奥にある「2」と番号の振られた建物は、当時のサンタ・マリア・リベラトリーチェ教会である。かつてこの場所にあったウェスタ神殿は、崩壊して地中に埋もれ、姿が見えない(現在ではウェスタ神殿が再建されている)。古代神殿や劇場の上にキリスト教聖堂が建てられ、あるいはローマ時代の墓地の上にキリスト教徒の墓地が設けられるのは、決して珍しいことではなかった。またピラネージもたびたび画題としたパンテオンは、ローマ神話の神々に奉献された神殿を、聖母と殉教者のための教会に転用したものである。異教的古代からキリスト教文化への転換が起こっても、モニュメントは同一の場にとどまり続ける。[☆31] 場所の記憶は、ウェスタ神殿のように垂直に積層し、あるいはパンテオンのごとく同一の場に上書きされる。フロイトが「文化の中の居心地悪さ」において看破したように、[☆32] ローマとは各々の時代の記憶が垂直に積み重なる、積層的な都市であった。

古代ローマは、一八世紀には一種の地中都市として存在していた。前述《カンポ・ヴァッチーノの眺め》と現況(図13)を比較すれば容易にわかるとおり、当時フォロ・ロマーノの地上に現われでていた遺構は、ごく一部にすぎなかった。その大半は地中深く埋没し、その上では家畜市場が開かれ、ルネサンス期以降の建築物が並んで、日常的な生活空間を創出していた。このルネサンス期以来の景観が破壊され、埋もれた遺跡が暴かれたのは、主として一九世紀以降、とくにファシズム期に入ってからのことである。写真家フィリッポ・レアーレが一九二七年に写したアウグストゥス帝のフォロの写真(図14)は、「古代ローマ」に到達するためにいかに深く穿鑿する必要があったかを如実に表わしている。「考古学者」ピラネージにとって、ローマの壮麗の復元とは、この地中深い古層に眠る古代の記憶を

図12——ジョヴァンニ・バッティスタ・ピラネージ《カンポ・ヴァッチーノの眺め》『ローマ風景』一七四八〜七八年

図13——フォロ・ロマーノの現況（筆者撮影）

図14――フィリッポ・レアーレ《ボネッラ街道の撤去作業中に発見された建築断片》一九二七年
ローマ　国立美術館

ジョヴァンニ・バッティスタ・ピラネージ
図15――《アッピア旧街道の景観》
図16――《マルケルス劇場の基礎部分》
『ローマの古代遺跡』一七五六年

呼び戻すことであった。

ピラネージはまた、水道橋や橋梁・治水管・舗装道路といった都市の下部構造へと、緻密な観察の眼を注いでいる。このような関心は、ヴェネツィアでの建築修業時代、治水管理局に雇用されていたときに養われたものであろう。ローマ時代の敷石の構造を至近距離で仔細に観察した《アッピア旧街道の景観》（図15）や、巨大遺構の基礎構造を検分した《マルケルス劇場の基礎部分》（図16）などは、この「下部構造」への偏執的なまでの関心を端的に表わすものである。タフーリによれば、このような古代建築の「隠された部分」へと向けられた「考古学者」ピラネージの関心は、「モニュメントの《根》の探索と、主体の深所の探索とが出会う場所を探し求めることのメタファー」[☆33]にほかならない。

建築や都市の記憶は、時の経過とともに上書きされ、垂直に積みあがっていく。このような垂直性の一方で、絵画として空間を表象するにさいしては、水平の支持体を用いなければならないという物理的制約がある。フロイトは前述の論考の中で、地中に埋もれた遺構群を、土地の上に建て直すことの困難を語っている。「モンタージュ」という造形原理はまた、垂直性と水平性との間の葛藤を、かろうじて調停しようとした、その帰結でもあった。

4　都市の類似物

「ピラネージの建築は汚染されている」とジェニファー・ブルーマーは言う。「それは仮にアナクロニズムを許容するならキッチュであり、数々の漂積物、消化された物質と未消化の物質……によって冒されている」[☆34]。紛いものの寄せ集めとしてのモンタージュ都市を侵犯する「汚染」、つまり異種混淆性は、また起源の「感染」とも通底している。起源とは無限に後退しうる混濁した概念であり、ピラネージはそれを鋭敏に察知していた。

ピラネージによる古代の都市表象は、二重の意味でモンタージュ的である。すなわち、空間的にも時間的にも、統一体として同化されることのない、非連続な断片の接合によって成立している。それにもかかわらず、各々のイメージは、あたかも同一の空間、ないしは基底面を共有しているかのような外観を呈する。後世のダダイズムによるフ

図17――ポール・シトロエン
《メトロポリス》一九二〇／二三年
オーストリア　個人蔵

ォトモンタージュ都市、たとえばポール・シトロエンの《メトロポリス》（図17）との相違点のひとつはここにある。もうひとつの相違は、ピラネージがローマのモニュメンタルな要素を抽出したのに対し、シトロエンは都市の無名のエレメントを繋ぎあわせた点にあるだろう。これは一八世紀における「古代ローマ」表象と、アーバニズムの時代の都市イメージとの間に横臥する断絶である。ピラネージによる「モンタージュ」は、異物同士の突合によって、異化作用や新しい意味作用を発生させることを狙ったものではない。むしろ、ローマの廃墟に固着している古代の記憶を、能うかぎり忠実に「再建」しようとする意図がもたらした帰結である。

建築家・版画家であると同時に「考古学者」でもあったピラネージが、紙面上に「建てた」のは、異質な時間が混成的な——あるいは汚濁した——集積を成す、都市のようななにものかであった。

第3章　適合性と怪物性
――クロード＝ニコラ・ルドゥーの両極的性質

あるいはイメージは怪物《モンストル》の次元にある。ラテン語のmonstrumとは、神的な脅威を告げる驚嘆すべき記号である（moneo〈想い起こさせる〉、monstrum〈警告するもの〉）。……したがってイメージの怪物《モンストリュオジテ》性があるのだ。それは尋常ならざるものの顕現である。……こうした力において、あらゆる形態が、みずからの力を歪め、あるいは変形する。
（ジャン＝リュック・ナンシー『イメージの奥底で』西山達也・大道寺玲央訳、以文社、二〇〇六年、五二～五三ページ）

1　建築の顔貌

（1）建築の観相学

建築をその「表層」という側面からとらえてみたい。建築物の「被覆」としての機能に着目した上で、それを皮膚や衣服（第二の皮膚）に準える発想は、すでに一九世紀には存在していた。[☆1] 建築物をいわば擬人化してとらえ、その「表層」というテーマを中心軸として分析と思考を展開してみること――このようなアプローチには、モダニズム建築をめぐる問題にかぎらず、一定の有効性があるように思われる。「顔貌」は「皮膚」とは異なるもうひとつの表層を成すが、この「顔貌」こそ、一八世紀後半の特定の建築構想が内包する諸問題を貫くテマティックなのである。以下で展開するのは、クロード＝ニコラ・ルドゥーという、一面では特異な、他方では同時代の認識枠組を鋭敏に反映した建築家による建築構想を、「顔貌」というテマティスムから読み解く試みである。ここからは、この時代における「視」や「空間」をめぐるシステムの変化が、建築の表層というトポスにも、その徴候を刻みつけていたことが浮かびあがってくるであろう。

建築の「正面」を表わすファサード（façade）は、イタリア語で顔を意味するファッチャータ（facciata）に由来する。

ファサードの同義語として用いられるフロン（front）もまた、「顔」という意味を含みもっている（こちらには、世界と向きあう「正面」というニュアンスもあるだろう）。しかしとりわけ一八世紀に着目するならば、建築の顔貌性は、このような明らかな比喩表現の外にも求めることができる。それは「観相学」という体系との連関においてである。観相学とは、顔という表層に現われでた「徴候」を手掛かりに、その持ち主の性質や感情、あるいは類型を見抜こうとする営為であった。詳細な言説史は次節に譲ることにして、まずは建築と観相学という、一見奇妙な繋がりを手繰り寄せてみよう。

フランス革命前に宮廷建築家として活躍したルドゥー[☆2]は、その畢生の奇書『芸術・風俗・法制の下に考察された建築』（一八〇四［以下『建築論』と略称］）で、次のように述べている。

建造物の性格《カラクテール》が曖昧であってはならない。……性格《カラクテール》は、人間のもつ主要な情念と同一のものとみなしうる。すなわち顔／正面（front）には、良心の平静さ、慈悲深い美徳、高潔さ、勇気、熱狂、怒り、過度の快楽といったものを見てとることができる。[☆3]

「性格《カラクテール》」とはこの時代の建築理論における鍵概念である。後に詳述するが、建築物の用途や目的、あるいは居住者の社会的地位などを示す徴表の謂である。「建築物は明確に見てとれるような性格《カラクテール》を具えるべし」という主張は、新古典主義時代の建築論に共通するものであり、特段ルドゥーの独創ではない。しかしここでは、その「性格」は人間の「情念」に準えられ、情念の表出の場としての顔が、「性格」の顕現の場であるべき建築物の「正面《ファサード》」と重ねあわされている。列挙された諸々の情念のうち、「怒り」の語にルドゥーは註を付し、トルナトリー[☆4]（Tornatory）なる解剖学者についての長い挿話を展開している。トルナトリーは、この書の語り手である「私」に罪人たちの頭部を示し、その性格や犯した罪を推測するように促す。[☆5]ここでなされようとしているのは、頭部の外観からその持ち主が具えもつ特質を推理するという、観相学（ないしその発展形としての骨相学）的な営みである。

私はエクスの街に、正義に奉献された神殿を建てる予定だった。そのさいに、優れた解剖学者トルナトリーの陳列室を見学するように勧められた。トルナトリーは、死刑に付された幾人もの遺体を集め、解剖をおこなっていた。自己流の方法ということで、彼は非難され、狂人扱いされていた。その業績から遠く離れたこの称号は、はたして彼にふさわしいであろうか。私は是非とも、このトルナトリーについて知りたいと思った。私は彼の家へと案内を受けた。私が偏見をもっていないことを感じとった彼は、私のことを気に入ったらしい。彼は私を、選ばれた頭部のコレクションが順に並ぶ中に座らせて言った。「あなたは芸術家であり、人体構造とその脳や胃との関わりを学んできた。これら人間の威厳を辱める遺体から、その性格《カラクテール》や悪徳、罪状がいかなるものであったのかを判断してみなさい」。熟慮の後、私は策略をめぐらして答えた。「第一と第二の遺体は暗殺者であり、第三の者は憤死した」。……トルナトリーは急いで登録簿を手にとり、目を通してから言う。「ああ、だから私は狂人などではないのだ」。この博士には名声があり、数々の著作によって知られている。☆6

ここでトルナトリーが採用している、犯罪者の頭部からその性格や罪状を判断するという発想は、骨相学者として名を馳せたフランツ＝ヨーゼフ・ガルを先取りしているかのようである。しかし、この挿話に登場するトルナトリーは、世間からは癲狂の学者として敬遠される人物として描かれている。ここに、フランス革命のために国王の建築家としての地位を追われ、さらにはその建築案の「逸脱」を批判されることも多かったルドゥーの、自己投影を見てとることも十分に可能であろう。ともあれ、建築家という設定で登場する語り手（「私」）は即座に、頭部から罪状や死因を言いあててみせる。ルドゥーが先の引用部で述べる「怒り」の情念を表わす建築物の「正面／顔《フロン》」と、「憤死した者」の頭部の外観とが、この場面において重なり合う。ここで解読が目指されているのは、「情念」や「性格《カラクテール》」の中でもとりわけ、怒りという激烈な感情や、殺人という重罪を犯した者の徴候であった。つまり、秩序を崩落させるものや、悪と呼ぶべきものに——ここで築造を企図されているのは、「正義に奉献された神殿」であるにもかかわらず——焦点が当てられているのである。

（2）沈黙する表層

アンソニー・ヴィドラーは、上記のエピソードが登場する「エクスの監獄」の設計案（図1）そのものに、その性格《カラクテール》を表わすような「顔貌」を見いだしている。「ここで試みられているのは、建築物への顔貌（physiognomy）あるいは人格の付与である」とヴィドラーは言う。「個々の建築要素……は抽象的で純粋な幾何学的量塊の中に統合されており、内部のオーダーを明確に表現しているが、しかしその組みあわせは、不機嫌で陰鬱な顔を示唆している」[☆7]。しかし、ここでのヴィドラーの解釈は、この建物の用途が監獄であるという先入主に支配されてしまっているのではないだろうか。エクスの監獄設計案では、塔や入口の庇、列柱は直線的で過剰なほどに量塊《マッシヴ》的であり、平面的で余白の多い壁面には細く小さな窓が穿たれている[☆8]。ここでは、外観の装飾は禁欲的なまでに排除されている。装飾を剥がれた建築の顔／正面《フロン》に存在しているのは、「不機嫌で陰鬱な」顔つきではなく、むしろ無表情であり、沈黙であろう。

この無表情さは一世紀の時間を超えて、アドルフ・ロースによるプレーンな外壁をもった建築、通称「ロース・ハウス」（図2）を先取りしているようにも思われる。事実、ルドゥーの「再発見者」たるエミール・カウフマンは、その建築構想の幾何学的・非装飾的な側面に注目し、この建築家を後世のモダニズムの予告者と規定した。カウフマンによれば、ルドゥーの時代には「人々は、徐々に、一切の装飾を拒否する場に立ちあうことになる」[☆9]。ルドゥーが残した膨大な建築案の中でもとりわけ特徴的なのは、「装飾化のまったくおこなわれていない裸の壁をもったものである」[☆10]とカウフマンは主張し、その端的な一例としてこのエクスの監獄を挙げている。「装飾の欠如によって用途が説明される建造物」[☆11]こそが、この監獄だというのである。カウフマンの根底にあるのは、建築の歴史をモダニズムへ

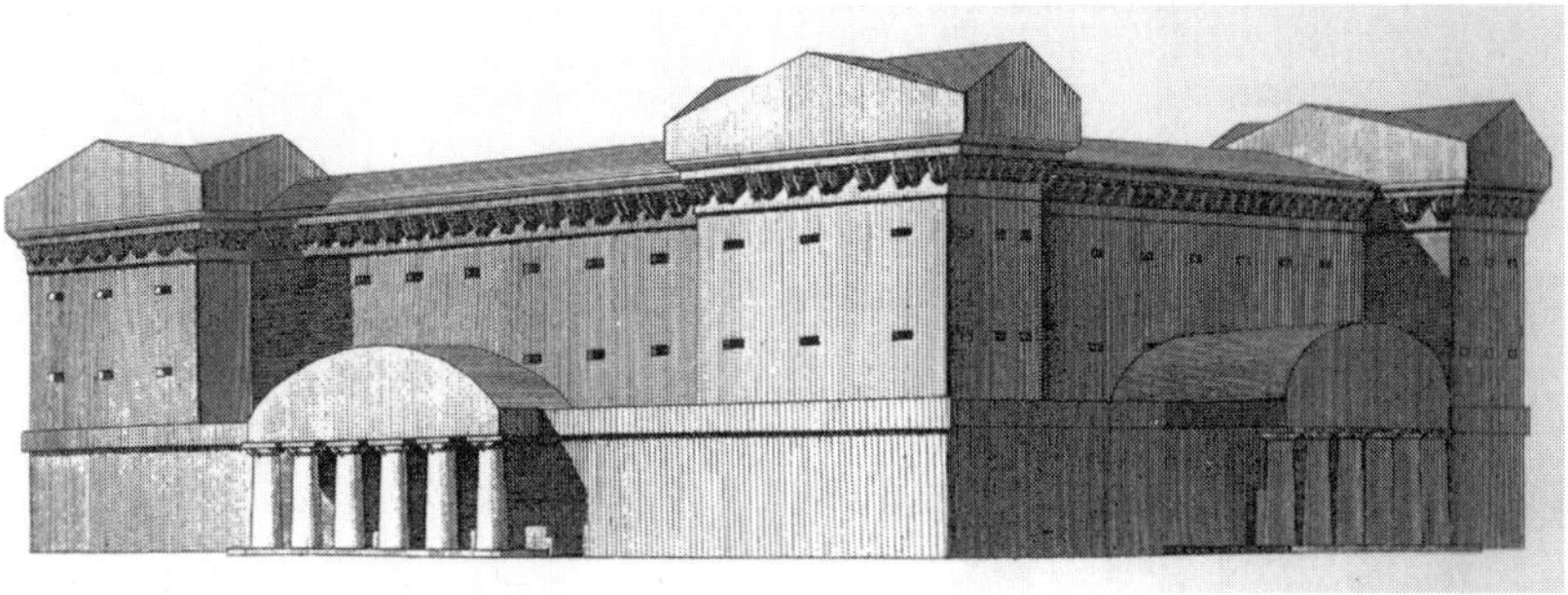

図1——クロード＝ニコラ・ルドゥー
《エクスの監獄案》一七八六年
『芸術・風俗・法制の下に考察された建築』パリ　一八〇四年

図2——アドルフ・ロース
〈ロース・ハウス〉一九一一年
ウィーン　ミヒャエル広場　筆者撮影

といたる発展史ととらえる価値観であり、そこでルドゥーに帰されたのが、ロースに代表されるような革新的モダニズムの先駆者としての地位であった。[☆12]カウフマンのこのような理解はたしかに、ルドゥーの一側面ばかりを強調した偏頗的なものである、という誹りを免れえないだろう。しかしルドゥーの建築構想に、同時代（新古典主義時代）の作品群と比べれば異様なほど非装飾的な建築物が現われることも、紛れもない事実である。

「沈黙」する表層という点において、ルドゥーによるエクスの監獄は、装飾の欠落ゆえにスキャンダルを巻き起こした「ロース・ハウス」と通底する。ロースは「被覆」という概念を媒介に、衣服と建築物の外壁をアナロジーでつなぐ。[☆13]そして、「現代人」にとっての衣服は、個別的な差異の表出を拒むような「仮面」であると説いた。[☆14]そして建築物の被覆たる外壁もまた、このような「仮面」でなくてはならない。ロースはこれを、「家屋は外に向かっては沈黙すべし」[☆15]ともパラフレーズしている。田中純によれば、この「仮面」としての建築の表層においては、装飾が去勢されている。[☆16]それは「剥き出しの裸の皮膚ではありえず、あくまで装飾の取り去られた表面」[☆17]なのである。装飾を削ぎ落とされた外壁は、表情をもたない仮面と化す。

しかしながらルドゥーは、『建築論』の序文では、装飾こそが建築物の顔《フ》／正面《ロン》に浮かぶ「表情」であり、建築物が具備する「性《カラクテール》格」を示すものにほかならないと宣言してもいる（この「装飾」に対する両義的な、あるいは矛盾する態度が、ルドゥーと後代のロースを分かつ点である）。

> 装飾（décoration）とは各々の建造物に付与された、表現的な性《カラクテール》格のことであり、[☆18]多少なりとも単純であったり複雑であったりする。装飾は永遠の祭壇と束の間の権力による宮殿を峻別し、建造物の表面に活気と不滅の生命を与え、あらゆる感覚、あらゆる情念を刻印する。……装飾は、ありとあらゆる役割を全うする。峻厳だったり磊落だったり、沈んでいたり陽気だったり、冷静だったり逆上しやすかったりといった具合に。[☆19]

このような「装飾」を欠き、沈黙におちいった「エクスの監獄」の外面は、いかなる表情も剥奪された仮面と化すであろう。先述したトルナトリーのエピソードでは、ルドゥーの分身と思しき建築家が、犯罪者の頭部から的確にその性格《カラクテール》を読みとっていく。ルドゥーはまた別の箇所でも、「外観の形態を基に人間を判断するという習慣」[☆20]に言及しており、彼が観相学に関心と造詣をもっていたことは明らかである。しかし、このエクスの監獄では、ルドゥーの「建築の観相学」は失効する。観相学への参照を示す挿話の付された「エクスの監獄案」こそが、ルドゥーが建築の「表面／顔《フロン》」に関して構築した理論を裏切り、崩壊させてしまうのである。

(3) 装飾のアンビヴァレンス

装飾を「犯罪」として糾弾するロースとは異なり、先述のとおりルドゥーは装飾に一定の価値と役割を認めていた。しかし、装飾に対する彼の見解は決して一様ではなく、ぶれや矛盾が見られる。たとえば、『建築論』中の「ある田舎の家(ブザンソン高等法院の元評定官の住居)」についての節では、簡素な外観の建物を礼讃し、当代の慣習である「付随的装飾物」を手厳しく批判している。

この建築物の外観には、今日の慣習が原理として扱っているような付随的装飾物(accessoires)が皆無である。……これで充分であり、余計なものはひとつとしてない。……細部の装飾(ornement de détails)は、習俗に益することなく、眼を疲れさせる。それは束の間の存在であり、その制作者より短命なことも往々にしてある。[☆21]全体を把握できない細部(détail)は、悉く失われる。あらゆる細部は無益であり、さらには有害である。それが卑俗な、あるいは偽りの付加物によって表面を分断してしまうときには。[☆22]

ルドゥーはここで、細部に付随する装飾物が「眼を疲れさせる」と言う。「眼を悦ばせるものとしての美」というトマス・

アクィナスやデカルトに代表される観念は、一八世紀においても共有されていた[☆23]。ルドゥーの表現は、この同時代的な価値観をそのまま反転させたものでもあるだろうが、ここで問題となっているのは、観る者が抱くネガティヴな生理的反応である。同一の表現は、別所でも用いられる。

悪徳はどこから出来するのだろうか。前者［凡庸な人間によるファサード］は、分断され、眼を疲れさせ、描線の純粋さを汚すような、流行りの装飾物を付与されている。他方［賢者の隠れ家］は統一性があり、主要な思想を弱めてしまうような、作品の外部にある装飾物（hors-d'œuvre）などひとつもない[☆24]。

このような生理的な嫌悪感はまた、「爬虫類のごとく」という直喩にも見いだすことができるだろう。

私は彼に思いださせた。だらだらと伸びた線、誤った趣味の重みに押し潰され、創造されたときから粉砕されている形態、砂漠の爬虫類のごとく這い回る、あらゆる悪徳をとりかこむコーニス……を[☆25]。

これらの装飾物を、ルドゥーは「無用のもの」と一刀両断にするのである。

ルドゥーが批判するのは、抽象的なレヴェルでの「装飾術」（la décoration）ではなく[☆26]、付随的（accessoire）な細部（détail）として、作品の外（hors-d'œuvre）に存在するような装飾物——まさしくカントの言う「付加物《パレルガ》」としての装飾[☆27]——である。それらは建築物の表層を分断し、「総体」を見えづらくしてしまうと言うのである。これらの付随物は、嘘、不純、悪徳といった倫理的な侵犯として糾弾され、さらには視覚の疲弊という生理的不快と結びつけられる。テクストに反映されたこの自家撞着は、また建築作品にも表出している。「エクスの監獄」や「田舎の家」（図3）のような非装飾的な——カウフマン流に言えばモダニズム建築を予見させるような——建築案がある一方で、たとえば「パリの徴税

クロード＝ニコラ・ルドゥー
図3———《田舎の家》
『建築論』

アントワーヌ＝ジョセフ・ゲット
図4———《パリの徴税市門》
『パリの風景画集』一八一六年頃
ルドゥー設計によるパリの徴税市門の外観

市門」には、装飾の組みあわせがアンバランスで、観る者をどこか不安にするような造形をもつものも存在する（図4）。観相学への関心に基づく、表に現われでた「徴候」への注視と、建築物の表面に付随する装飾物への嫌悪――ここには、建築物の「表層」をめぐるルドゥー自身の自家撞着を見てとることができるであろう。

2　外観・徴候・分類――性格《カラクテール》をめぐる視の諸技術

（1）観相学あるいは顔貌の探偵術

ルドゥーが建築物の外観を顔に準え、表情が人間の情念の体現であるように、建築物の正面からはその性格《カラクテール》が読みとれると説いたことは、前述のとおりである。このような発想の源泉は、古代以来の伝統をもち、一八世紀から一九世紀にかけて興隆をみた観相学にある。その先鞭をつけたのは、一七世紀のアカデミー画家、シャルル・ル・ブランであった。彼は「表情によって事物の真の性格《カラクテール》が画定される」と説いたのである。

事物の外観にその本質的な性格の発露を見いだすという発想は、美学史の流れに位置づけるならば、アリストテレス的な美の概念――外観は内部にある魂の働きを反映する――を継承したものである[☆28]。そこに「デコールム／コンヴナンス（適合性）」の概念――事物はその性格にふさわしい外観を具備すべし――が差し挟まれることによって、美学とモラルとが結合する[☆29]。しかし「顔貌」の読解術においては、このような審美的かつ道徳的な価値判断からは逸脱する要素が、さらに付加されることとなった。すなわち情念《パッシオン》である。ル・ブランによる表情《エクスプレシオン》／表出の議論を繙いてみよう。彼は王立絵画・彫刻アカデミーでの「一般と個別の表情に関する講義」（講義一六六九、第二版刊行一六九八）で、情念ないし感情の外部表出としての「表情」を類型化・定式化し、これを以て絵画表現の規範となすことを目指した（図5）。

表情《エクスプレシオン》／表出とは、表現しようとする事物の、素朴で自然な類似のことだと私は考える。それは必要不可欠のもの

図5――シャルル・ル・ブラン／B・ピカール彫版
《激しい恐怖》『一般と個別の表情に関する講義』一六九八年
パリ　フランス国立図書館

図6――ヨハン・カスパール・ラファーター
〈横顔のシルエット〉『観相学断章』一七八一年
パリ　フランス国立図書館

であり、絵画のあらゆる部分に存在している。表情／表出《エクスプレシオン》なしでは、タブローは完全たりえない。個々の事物の真の性格《カラクテール》を画定するのは、この表情／表出《エクスプレシオン》である。身体の性格《カラクテール》を判断する基となるのも、形態が動きと見せかけの真実らしさを帯びる所以も、この表情／表出《エクスプレシオン》である。……本日の講義では、表情／表出《エクスプレシオン》もまた、魂の動きを表わすものの一部であり、情念の効果を視覚化するものであることを示したいと思う。[☆30]

ここでは、情念や性格という不可視のものが、人体の表層である「顔」の一瞬の動き——現実には刻一刻と変化していく、とらえがたい対象であるが、絵画においては固定化される——によって表現され、また観者によって読みとられることが説かれている。

ル・ブランは顔の上に一瞬生起する「表情」を捕捉し定式化しようとしたが、他方でスイスの神学者ヨハン・カスパール・ラファーターは、対象の内部的性質を解読する鍵を求めた。彼は極限まで切り詰めた基礎的構成要素を、静止した顔面から抽出することを試み、横顔のシルエットという解にたどりついた（図6）。『観相学断章』（ドイツ語版・一七七五～七八、フランス語版・一七八一～一八〇三）の記述によれば、人間の顔貌とはすなわち「神の手による筆跡」であり、このような文字《カラクテール》の解読こそ、「知の新たな源泉」となるのである。[☆31] 観相学と文字の解読とのアナロジーは、一九世紀イタリアの生理学者パオロ・マンテガッツァにも引き継がれている。彼は観相学を、「身振りのアルファベット」を解読する術と規定した。[☆32]

ここでは「カラクテール」の語は、「書き付けられた刻印」というギリシア由来の語源を忠実に体現している。観相学とはすなわち、顔に表出されたものから対象に刻みつけられた性格《カラクテール》（＝表意文字《カラクテール》）を的確に「解読」するという、探偵術的ないしは卜占的な類推の手法にほかならなかった。レトル（lettre）が聴覚性を重視した「表音文字」であるのに対し、カラクテール（caractère）はもっぱら視覚的に、さらに言うならば図像的に意味を伝える文字記号を意味する点にも、留意しておく必要があるだろう。

観相学における眼差しのあり方は、表層を切開しその内部を露出させる解剖学——これもまた、一八世紀に特有の「視」と「知」のあり方を体現している[☆33]——とは、「視ること」の知という点で共振しつつも、その視線の向かう先においては対照的である。解剖学は皮膚という遮蔽物を切り開き、眼差しを内部へと貫通させることで、あるいは内部を外部へと引きずりだすことで、隠されていたものを可視化させる。他方で観相学は、「表面」になんらかの徴候を読みとろうとする営為である。そこでは視線は内奥へと貫入していくことはなく、事物の外観、あるいは表層に、徹底してとどまり続けることが要求されている。

(2) 性格《カラクテール》と適合性《コンヴナンス》

性格《カラクテール》は、ルドゥーにかぎらず、当時の建築論でしきりに議論された概念でもあった。その含意は論者によって振幅があるものの、概略するならば、「建築はその性格《カラクテール》によって形態が決定されるべきであり、また各々の建築物は自らの性格《カラクテール》を明示せねばならない」という主張である[☆34]。たとえば一八世紀の建築家ジェルマン・ボフランは、ホラティウスの『詩論』を引きつつ、「さまざまな建造物は、……自らの用途を見る者に告知しなければならない」と説いた[☆35]。この用語をもっとも明快に定義したのが、ルドゥーの師ジャック゠フランソワ・ブロンデルであろう。『建築講義』(一七七一～七七)で彼は、「建築術に属する諸々の産物はすべて、その建物固有の目的の刻印(empreinte)をもたなければならない。すなわち、全般的な形態を決定し、いずれの用途に資する建築であるかを告知する性格《カラクテール》をもたねばならない」と宣言している[☆36]。ルドゥーもまた例外ではなく、「建造物の性格《カラクテール》が曖昧であってはならない」と説いていたことはすでに述べたとおりである。

性格《カラクテール》はあらゆる種類の要請に基いて形成され、さらに適合性《コンヴナンス》にも合致するものである。それゆえに、建築の性格《カラクテール》はいっそう多種多様となる。この性格《カラクテール》を明らかにする真理は、最初の一瞥だけで眼を驚かせる[☆37]。

ここでは「コンヴナンス」（convenances）なる語が用いられているが、この語は芸術理論においては、「デコールム（適合性）」の概念[☆38]とほぼ同義であった。すなわち、芸術作品はその主題や置かれる場所に「ふさわしい」形式を備えるべしというカノンである。アンドレ・フェリビアンの簡潔な定義を引いておこう。彼は王立美術アカデミーの講義で、「絵画においてもっとも重要なもののひとつがデコールムである」[☆39]と述べ、この「デコールム」の遵守の結果、作品に付与されるものが性格《カラクテール》であると説いた。[☆40]

「適合性」と「性格《カラクテール》」をめぐるテマティックは、絶対王政下の身分制秩序とも関連している。コンヴナンスには、「礼儀作法」という意味も存する。つまり、アンシャン・レジーム期の宮廷文化における、「ふさわしさ」である。各人は自らの身分にふさわしい装いや振舞いを身につけるべきであり、その結果として、個人に適切な性格《カラクテール》が与えられるというわけだ。たとえばジャン・ド・ラ・ブリュイエールは、『カラクテール』（一六八八）と題した随筆をものし、絶対王政期の宮廷社会における、さまざまな人物像の類型的性格《カラクテール》を描きだしている。

一八世紀において「カラクテール」はまた、リンネやビュフォンらの自然史で用いられた分類概念でもあった。[☆41]ここでも、カラクテールは外観《フィジオノミー》／顔貌、つまり可視的なものとしての「表面」と連関している。「自然史とは」とフーコーは規定する。「可視的なものを命名する営為にほかならない」[☆42]と。

> 観察という営為は、一七世紀以降、体系的な除外という条件をともなう感覚的な認識となった。……観察がその力を発揮することとなる可視性の場とは、このような除外〔味覚・触覚・色彩の排除〕の残余にほかならない。……このような……可視性の場こそ、自然史の成立条件を、また選別された対象、すなわち線、表面、形態、凹凸が出現する条件を規定するのである。[☆43]

リンネは、植物同士の相互比較により一致しない特徴を排除していくことで、ビュフォンは要素の「詳述と捨象」（ともに déduire という動詞で表わされる）によって、種の「特徴《カラクテール》」が得られることを説く。ここで観察者の眼差しは、徹底して表層に、事物の外観の上にとどまっている。可視的な事物を、いやむしろ事物の可視的な部分のみを観察し記述し、そして分類するという営為は、ラファーターらによる観相学の系譜とも相通ずるであろう。

観相学と建築、それぞれの分野における性格《カラクテール》概念は、ル・カミュ・ド・メジエールにおいて結合されるにいたった。彼はル・ブラン流の「観相学」理論を、建築に応用しようと試みたのである。ル・カミュは言う。

事物のひとつひとつに、固有の性格《カラクテール》が存在する。そしてしばしば、ただ一本の線、単純な輪郭線のみでも、その性格《カラクテール》を表わすのに十分である。……生命をもたない事物においても、その形態には私たちを喜ばせるものがあり、また不快にさせるものもある。……建築物はその姿によって、私たちの視線を釘づけにする。つまり建物の総体が、私たちを惹きつけ、あるいは嫌悪感を抱かせるのである。建造物を仔細に眺めるとき、私たちは矛盾しあう異なった感覚を経験する。あちらには陽気さ、こちらには陰鬱さといった具合に。[☆44]

ル・カミュにおいては、事物における性格《カラクテール》の表出（expression）は、観る者が抱く印象（impression）と対になっている。建築物においてもまた、その形態によって、観る者にさまざまな「感覚」が喚起されるのである。「陽気さ」や「陰鬱さ」は、建築物の外観を場とする情念の表出であると同時に、観者の内部に惹起される感覚でもある。ボフランの規定によれば、建築物が体現すべき「性格《カラクテール》」とはその「用途」——つまり社会的な意味作用——とほぼ同義であった。しかし、ル・ブランの議論を援用するル・カミュは、より主観的かつ情動的な側面に焦点を当てている。[☆45] このいわば感覚主義的な発想[☆46]は、決してル・カミュ一人のものではない。ブロンデルは、建築物を眺める者の内面に惹起されるべき主観的印象の性質と、建築物の客観的な用途との一致によって「建築の性格《カラクテール》」が形成されると説いた。[☆47] またエティエンヌ＝ルイ・ブーレーにとって性格《カラクテール》とは、「事物から生じ、われわれになんらかの印象を引き起こすような効果[☆48]」の謂であった。

「カラクテール」は単なる多義語ではない。それはアンシャン・レジームと啓蒙思想と新古典主義の時代における、ひとつの視覚と認識のあり方を体現する語彙であった。事物の外貌に存する可視的な徴表に基づいてその内部もしくは背後に存在するもの——この「外部」と「内部」との関係をとりむすぶ概念である適合性《コンヴナンス》（ふさわしさ）——を看取し、そして類型学《タイポロジー》へと向かうような眼差しである。身分制社会、観相学、自然史、詩や絵画・演劇にまつわる諸議論、そして建築理論の全てに通底し、「表層」への「視」によって構成される分類学の根幹を成す概念、それが「カラクテール（＝性格・特徴・徴表……）」であった。

（3）「語る建築」という修辞法

ルドゥーにとって、建築の性格《カラクテール》を表現する手段は、ひとつだけではなかった。彼は装飾術が建築物の「表情」を成し性格を体現すると説く一方で、「語る建築」（l'architecture parlante）と称される奇想天外な視覚的言語を編みだし、これによって「性格」を表現しようとも試みた。「語る建築」との表現は、一八五二年の『ル・マガザン・ピトレスク』誌上で、建築家レオン・ヴォードワイエが用いたのが最初の用例とされている。

ルドゥーは爾後「語る建築」と呼ばれたものの唱道者であった。彼は樽を象ったワイン醸造者の住居を建造することで、ひとつの驚異《メルヴェイユ》を見つけだしたと考えていた。酒飲みの家ならば、おそらく酒瓶の形に造ったであろう。[☆49]

「語る建築」とはすなわち、形態がその用途を直截に指示する建築、「眼に語りかける[☆50]」ような建築の謂いである。その作例としてヴォードワイエは、「樽を象ったワイン醸造者の住居」――正確には「樽職人の仕事場」(図7)――をとりあげている。このほかにも、木材をピラミッド状に積みあげた「樵夫の家」(図8)、管状の構造体から水流が迸る「ルー川の水源の監視人の家」(図9)や、男根を象った娼館オイケマ(図10)などをその仲間に加えることができるだろう。ここで採られているのは、「シンボル」や「エンブレム」といった類の――たとえばアスクレピオスの杖というモティーフによって医学を「象徴」するような――迂回路ではない。「樽職人の仕事場」や「樵夫の家」、「ルー川の水源の監視人の家」では、住人の職業と直接的に結合した事物の形――樽のタガ、積みあげられた木材、迸る水源――がそのまま建築の外観となっており、「オイケマ」では性的結合のための場という用途を、平面図の形状があからさまに表現している。これらの建築物を支配するのは、明瞭で平易な可視性である。

しかし、建築の性格《カラクテール》を表現する手段としての「語る建築」には、本質的な矛盾が存在していた。観相学にせよ自然史にせよ、あるいは芸術理論にせよ、「性格」とはそもそも類型化を志向する概念である。しかしながら、「語る建築」は具体的な事物に準えて形づくられている以上、必然的に個別的なものとなってしまう。ここでは、カラクテール(性格/表意文字)はティプ(類型/活字)に収束することなく、無限に想定しうる個別的な形象として体現されることとなる。

「語る建築」においては、建築物の外形は何かに「似て」いる。ヴィドラーに倣って言うならば、「類推的な枠組」(analogical framework)によってとらえられる、「何か別のものの代理物」である。[☆51] たとえば、「樽職人の仕事場」(図7)は、ワイン樽に嵌めるタガにそっくりである。同時にこの形態は、住人の職業である樽製造業のメトニミーでもある。同様に、たとえばオイケマでは、そそり立つ男根がこの建築の用途である性的行為の換喩となっている。メトニミーという修辞は、近接関係内での移行によって成立する。そこにはまた、「全体」が「部分」によって代理されるという関係も生じている。建築の性格《カラクテール》とその外観との間に適合性《コンヴナンス》を確保するための方策として、ルドゥーは社会的規定(用途・身分)を形態へと移行させるメトニミーの手法を発明したのである。

クロード＝ニコラ・ルドゥー
図7——《樽職人の仕事場》
図8——《樵夫の家》
図9——《ルー川の水源の監視人の家》
『建築論』

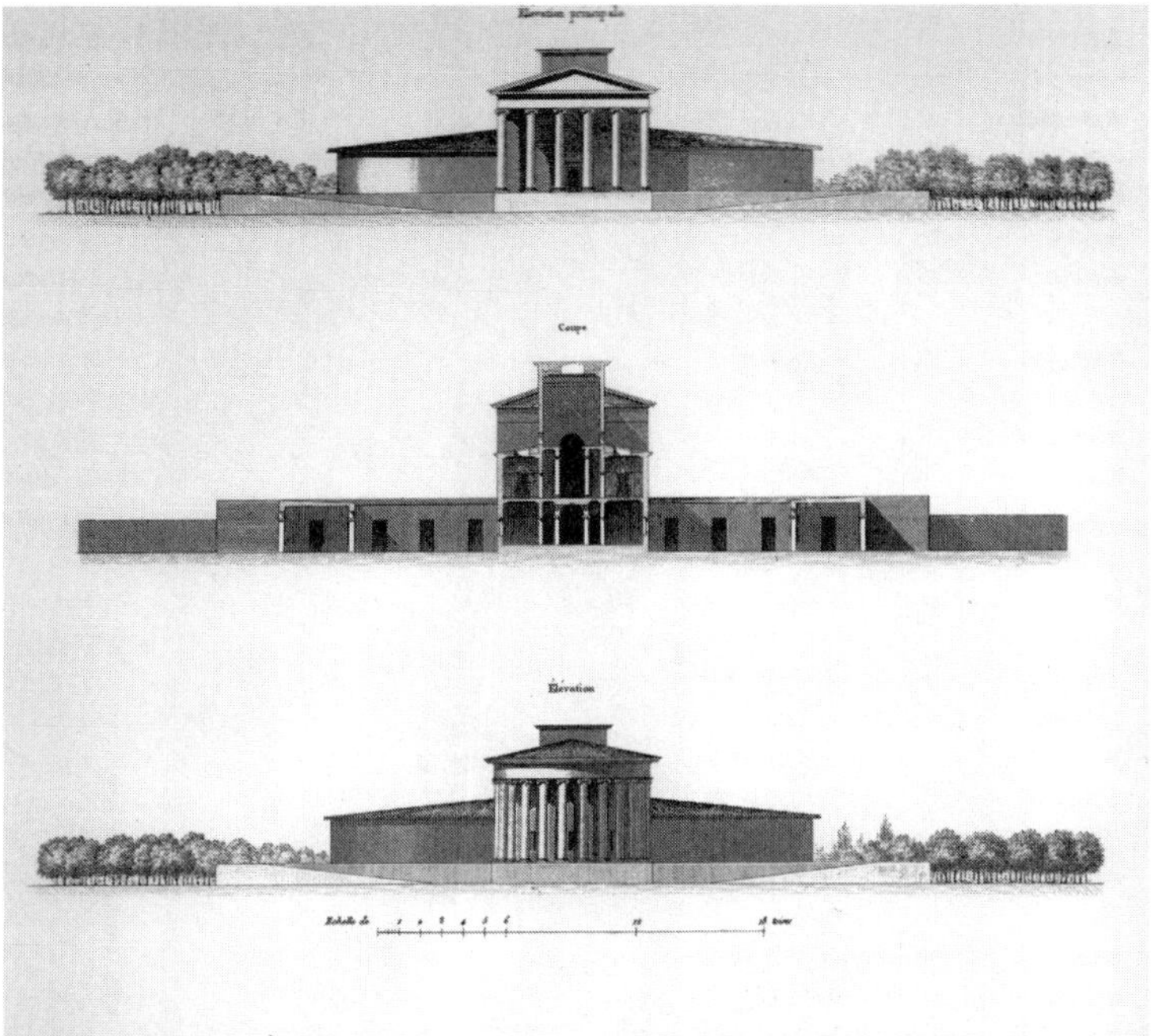

図10——クロード＝ニコラ・ルドゥー《オイケマ》『建築論』
上部は立面図、下部に平面図が配置されているルクーの露骨な男根（図16）とは異なり、ここでは睾丸は劇場的空間、陰茎は歩廊という機能を有し、抽象的な幾何学図形として構想されている。

図11——ジャン＝ジャック・ルクー
《牛小屋》 一七七七～一八一四年
パリ フランス国立図書館

しかし「樽職人の仕事場」や「樵夫の家」、「オイケマ」などは、個別具体的な「物」の模写であると同時に、単純な幾何学図形――ルドゥー自身の言によれば「建築のアルファベット」[☆52]――という抽象化された定型を、複数組みあわせることで成り立っている。この点でルドゥーの諸作例は、同様に「語る建築」の例と目されがちなジャン＝ジャック・ルクーによる、事物を即物的に模倣した建築物（図11）とは一線を画すであろう。幾何学的な純粋性への還元と、異なる要素の混成が、ルドゥーにおいては同時におこなわれているのである。

3　性的建築――明瞭な可視性という欺瞞

(1)　勃たない陽根

歴史学者ロベール・ミュッシャンブレによれば、啓蒙主義時代はまた性愛文学が最大の隆盛を迎えた世紀でもあった[☆53]。性的な情念の奔出は、ルドゥーによる男根型建築に、マルキ・ド・サドによる放蕩主義《リベルティナージュ》文学に、あるいはまたシャルル・フーリエによるユートピア構想の中に、それぞれ見てとることができるだろう。

「快楽の館」やオイケマを構想したルドゥーと同様に、サドもまた性的情念の解放の場としての建築空間を志向していた。この侯爵によれば、人間の性的情念は「自然の声」[☆54]に基づくものであり、自由に解放される必要があった。その抑圧は、時には国家転覆をも惹起するような、危険な力を生みだしてしまう。したがって、「性」は適切に管理され、無害化されなければならないのである。サドの礼讃するリベルタンの放蕩とは、制度の完全な外部にあるような逸脱ではなく、むしろその内部で馴致されたものであった。

われわれの義務は、この快楽に秩序を与え、自然の要求から淫蕩的な対象物に近づいていく市民たちをして、なにものによっても束縛を受けることなく、情欲の命ずるがままに心ゆくばかり、この対象と楽しみを分かちあうことができるようにしてやることでなければならない。……そこで、綺麗な家具つきの、どこからみても安全な、広くて衛生的な建物が、方々の町々に建てられる必要がある。そこでは、あらゆる年齢の、あらゆる性的傾向を具えた男女が、遊びにやってくる道楽者の気まぐれに応ずるべく控えている。[☆55]

サドは性愛の形式として、ポリガミー（多夫多妻制）を推奨する。婚姻や家族制度は自由の束縛であり、また女の性は万人の共有財産でなければならないというのである。性という資源について、ここでは一種の共産主義が採られている。実際にサドは、かような構想に基づいてパリに閨房を設けることを計画し、そのスケッチを三段階に渡って残した（図12・13・14）。この「聖侯爵」が企図したのは、単なる倒錯的なポルノグラフィではなく、性的な情念に基盤を置いた社会変革であり、その容器にふさわしい理想的建築であった。

啓蒙主義の標榜する諸価値を、その暗黒面から逆照射するサドに対して、ルドゥーは快楽と放蕩のための建築案を構想しつつも、未だに性における「美徳」に信頼を置いていた。後者の性的な建築案には二種類ある。パリ市のために一七八七年頃に計画した「快楽の館」（図15）と、前述のオイケマ（一七九〇年頃［図10］）である。オイケマの資するべき目的は、『建築論』の序文にも謳われていた。

仔細に見るならば、悪徳もまた同様に魂に強く影響を及ぼす。悪徳が刻印する恐怖によって、悪徳は魂を美徳へと向かわせる。オイケマは、激情的で気紛れな若者たちに、自身が性的倒錯を赤裸裸に呼び寄せることを示すだろう。人間の堕落への自覚は、眠りこけた美徳を覚醒させるものであり、人間を高徳な結婚の神ヒュメーンの祭壇へと導くであろう。そこでヒュメーンは人間に抱擁を与え、その頭に王冠を戴かせるであろう。建物の暗く深い洞窟の下にある堕落のアトリエ[☆56]は、道徳の力強さを劣化させ、その王座を蝕み、その帝国を転覆させてしまう汚染された源泉を、人間の前に曝けだす。このような暴露は必ずや、習俗を頽廃させるすべてのものへの憎悪をもたらすであろう。[☆57]

また、オイケマ計画案について詳述した箇所では、この建造物を建てることが、「美徳」や「善」の体現であることが宣言されている。ここで讃えられるのは、ギリシアの結婚の神ヒュメーン、そして彼が体現する結婚——モラルや社会制度に回収され、無毒化された男女の結合——である。

結婚の神ヒュメーン、この高潔な結婚の神が、その権利をとりもどす。懲らしめの窓ガラスは粉砕され、独房が転覆させられ、歩廊からは群集を苛むすべてがとりのぞかれる。建築物の正面（frontispice）のフリーズには、次の文字が刻まれる。「美徳を永遠のものとするために、ここに移ろいやすい優美を据える」[☆58]。そのあからさまな支配領域において、淫蕩が配下どもとはるか遠方のコロマンデル海岸についての伽話を語り、結婚の神を微睡へ、次いで心地よい目覚めへと導くならば、共用の聖所［オイケマ］に集めた儀式を、秘儀祭司たちに委ねることができるだろう。快楽はここに集まり、冷徹な理性を屈服させようと、その周囲で舞い踊る[☆59]。

オイケマは、青年たちを一時的な性的放蕩に向かわせることで、最終的には美徳に彩られた結婚へと導くための、性的な訓育の施設であった。ルドゥーはこの「オイケマ」の直後に、「教育の館」の計画案をもってくる。性的放蕩と、「教育」（Education）との併置には、サドとの——ひいては、学校や修道院という教育のための空間と性的な陶冶の場とを結びつける、一七世紀以来の性愛文学の伝統[☆60]との——通底性を見てとることもできる。しかしルドゥーは、ラディカルに啓蒙主義的な理性やモラルに反抗するサドのような蛮勇をもちあわせてはいなかった。

アンシャン・レジーム下における「性愛」というテーマは、キリスト教体系や身分制秩序（そしてこれを支える道徳や礼儀作法）の転覆という危険性を孕んだものであった。今日のポルノグラフィに相当する当時の用語は「リベルタン文学」であるが、そもそもリベルタンとは自由思想者（キリスト教不信仰者）の謂であった。事実、リベルタ

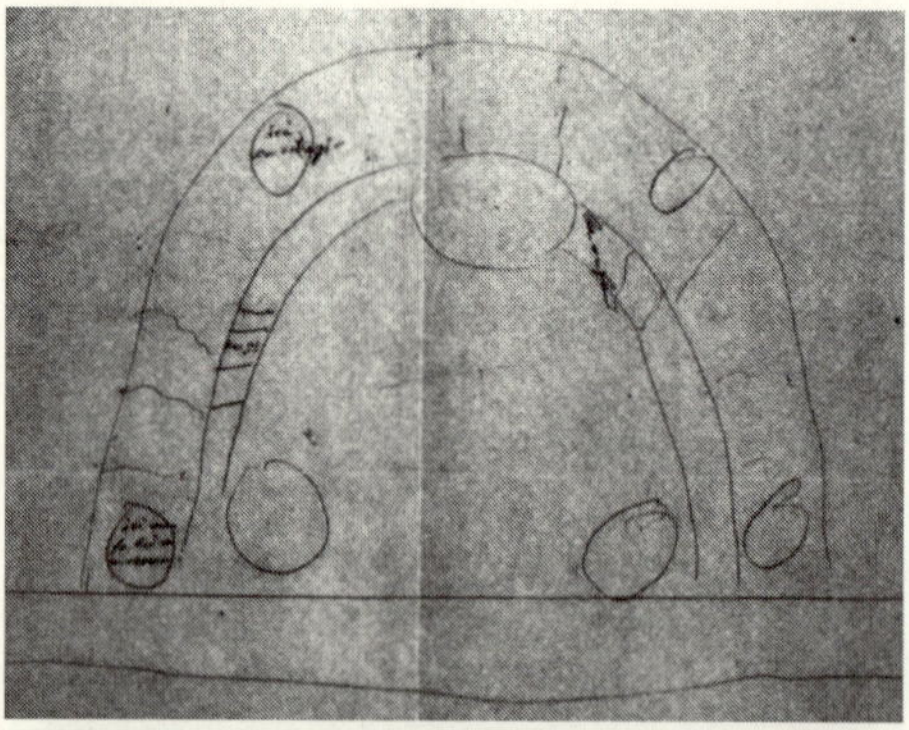

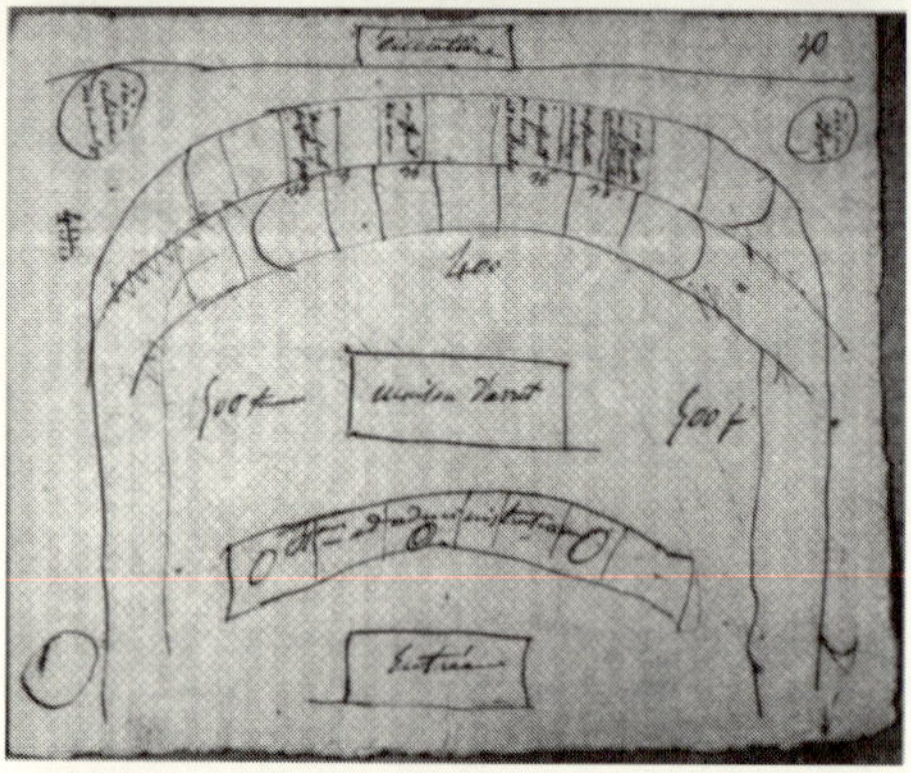

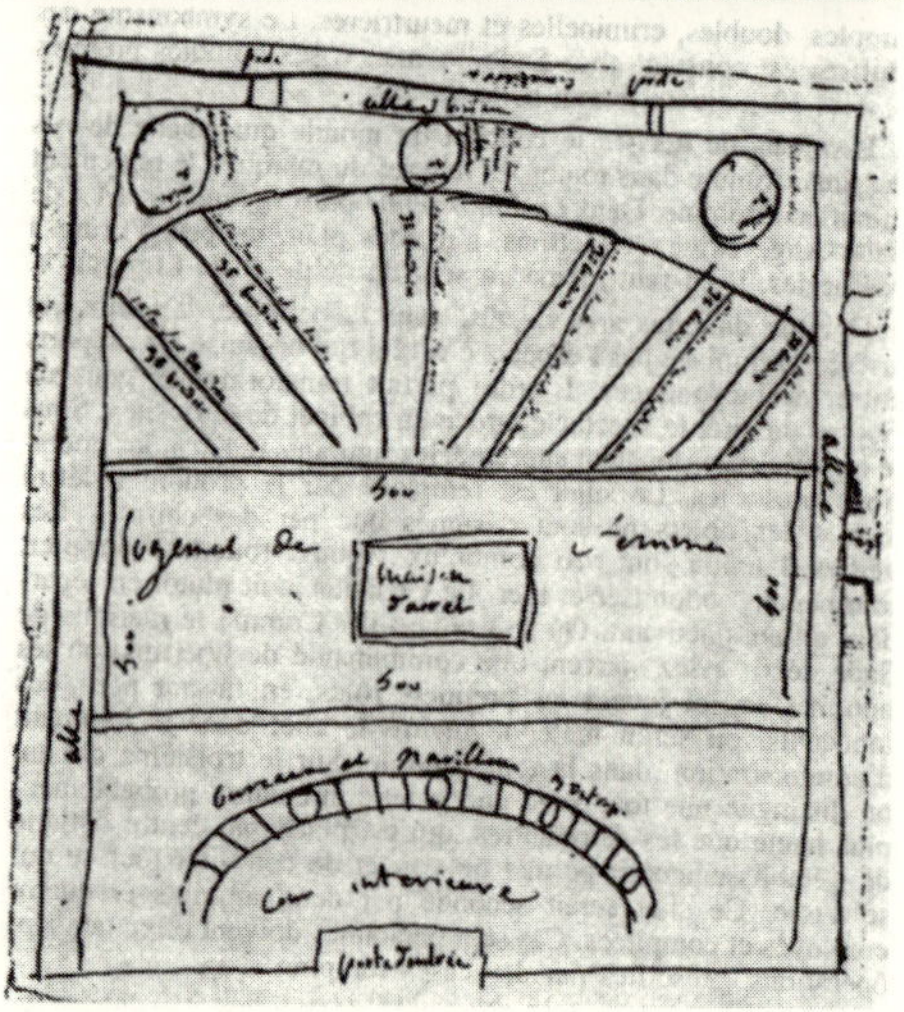

D・A・F・ド・サド

図12――《遊蕩の館第一案》　年代不詳　モスクワ　モスクワ国立歴史博物館
アレクサンドル・ストロフは、半円形の内側部分は先端部を接して向かい合う二本の陰茎を象っており、外側の半円はそれらが侵入する女性的部分を表すと指摘している
（Alexandre Stroev, «Des dessins inédits de Marquis de Sade», *Dix-huitième siècle : revue annuelle*, vol. 32, p. 326）。

図13――《遊蕩の館第二案》　年代不詳　モスクワ　モスクワ国立歴史博物館
より構造が複雑化し、ストロフの指摘する男根状の形態は消失している。

図14――《遊蕩の館最終案》　一八〇五年頃　クサヴィエ・ド・サド侯爵蔵

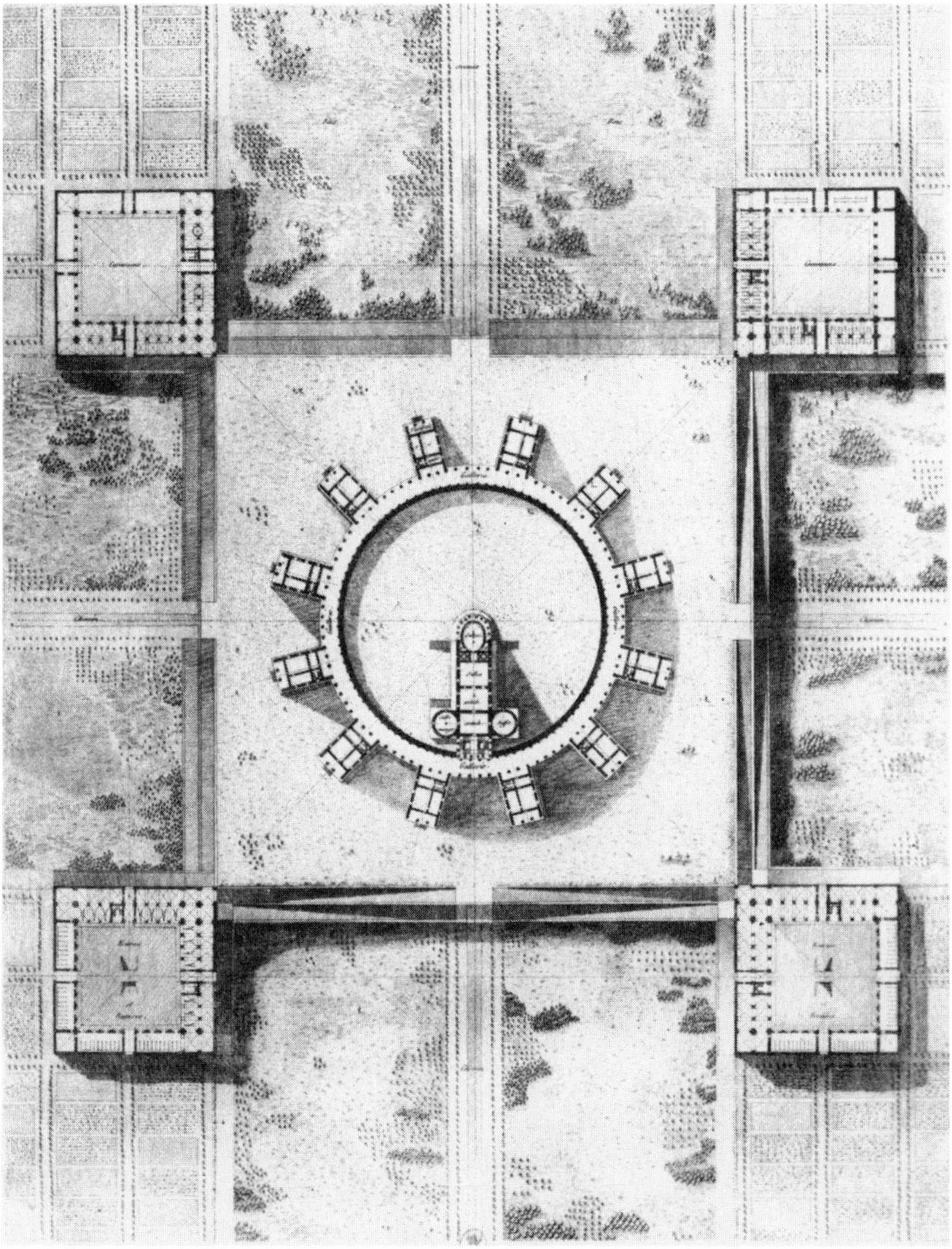

図15――ルドゥー《快楽の館》『建築論』

の開花期である一七世紀には、その作者が裁判所によって弾圧されるという事件も起きている。[☆61]サドにおいては、高貴な生まれの貞淑な夫人を、醜い下男が犯し、性的に支配・領有してしまうというパターンがしばしば登場する。そこでは性愛の快楽の前に社会的ヒエラルキーが消失し、男女の身体的性差に基づく性的な支配・被支配関係が、既存の身分制秩序を転倒させてしまうのである。

オイケマは性愛のための学校であり、また明らかに男性独身者による「結社」の系譜を引いているが[☆62]、その企図はサド的な放蕩とは正反対のところにある。肉体の情熱に従い一時的な放蕩に耽ることで、人間はむしろ悪徳を恐れ憎むようになるとルドゥーは言う。サド的な「自然の声」に従った肉体の解放が、美徳と道徳という秩序の側への回帰をもたらす。この点でルドゥーは、しばしば同時代人として引き合いに出されるサドよりもむしろ、「結婚」に固い法的保護を与える民法体系を編みだしたナポレオン・ボナパルトに近接しているかもしれない。

オイケマでは、陰茎の付け根が建物への入り口となっており、尿道に当たる中廊を通って——その左右に並ぶ小部屋は、媾合のために設えられた個別の寝室である[☆63]——最後は先端部の楕円形のサロンへとたどりつく構造になっている。つまり、動線が射精のプロセスに準えられているのである。しかしこの形態を見てとることができるのは、「平面図」によってのみである。オイケマは二階建ての低層建築であり、その立面図や透視図からは、この建物の「語るところのもの」を伺い知るのはむずかしい。つまり建築物が「実現」してしまえば、その男根としての形態は認識困難になる。そしてこの計画案は終に建立されることなく、平面上に横臥するのみにとどまった。つまり二重の意味で「立たなかった」のである。オイケマは、屹立する塔やモノリスのような、わかりやすいファリック・シンボルではない。この点は、一見似た趣向に思えるルクーの建築案《神に捧げられた場所》（図16）と比較すれば、いっそう明らかになるであろう。《神に捧げられた場所》では、ファリックな形態が身も蓋もない露骨さで表現されている。この直接性は、この画工が「性交」や「性器」に対して有していた、偏執的なまでの情熱の体現でもあるだろう。ルクーが直接的な類似性に訴えることで「語る建築」を成立させたのに対して、ルドゥーはより複雑で迂回的な、ときに慎み深

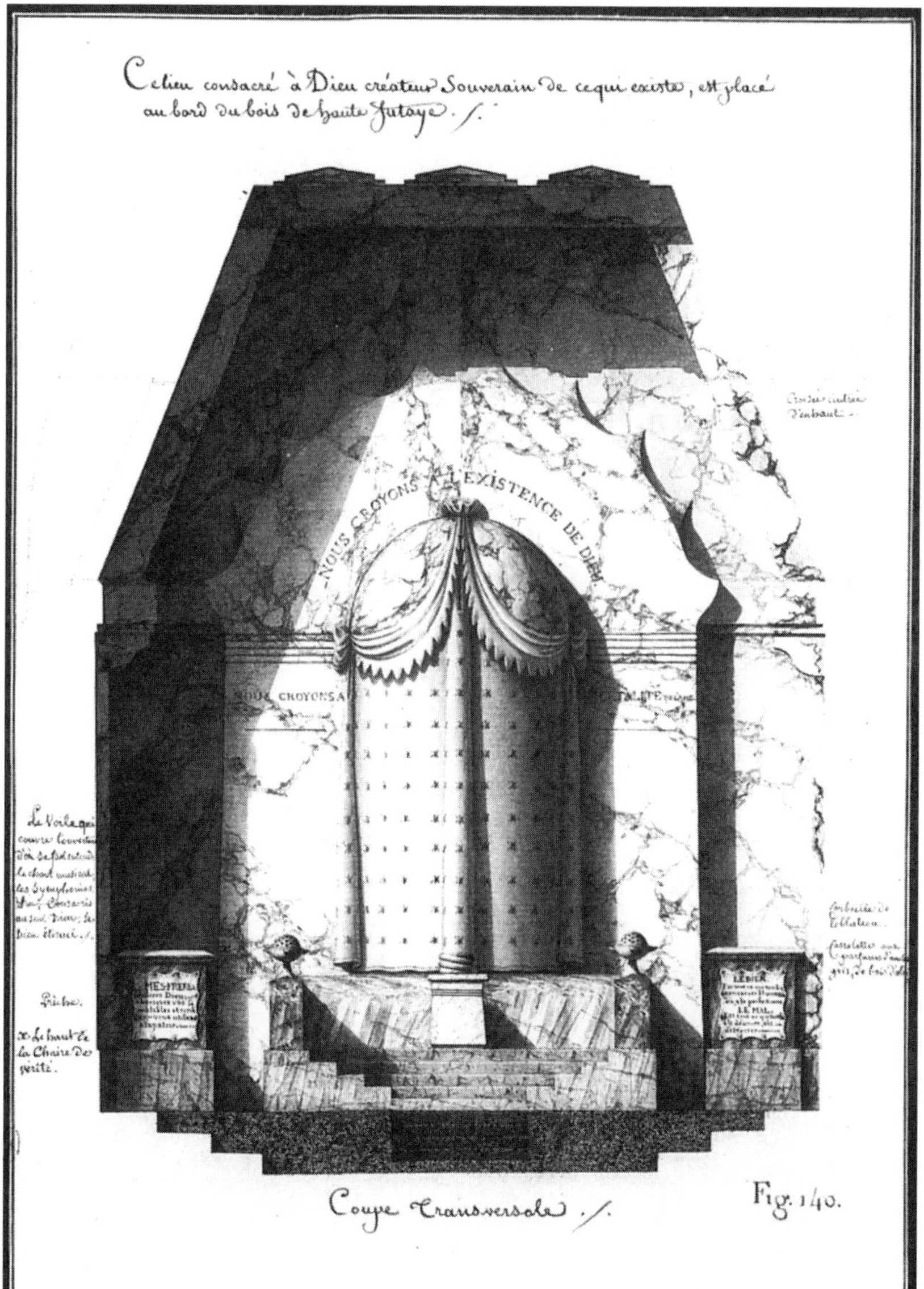

図16——ジャン＝ジャック・ルクー《神に捧げられた場所》一七七七年 パリ　フランス国立図書館

い手法を採る。平面図の中に秘匿された、「勃たないファロス」という矛盾する形態は、その端的な一例であった。

オイケマをテーマとした書の中で、ジャン＝クロード・レーベンシュテインは、この「勃たないファロス」に対し、「水平的勃起」「抽象的勃起」という表現を用いている。彼は窓すらもたない閉鎖的な外壁に保護されたこの建築物の外観に、「恥じらい」と「不可視性」という二つの性質を読みとる。オイケマは、ショーの理想都市にあってはその不可視性、あるいは盲目性ゆえにむしろ貞淑な組織（cadre）であり、都市の中心に位置する一望監視装置「監督官の館」が、性的に放逸な器官としての「眼」であるのと対照を成すとレーベンシュテインは言う。☆[64] 眼差しがもつ「浸透」の作用に着目するなら、図面の中に隠されたペニスよりも、対象に鋭く貫入していくような視線を放つ眼としての建築のほうが性的であるという指摘は、正鵠を射たものであるだろう。

(2) 情念の過剰は怪物を生む

エクスの監獄案の無表情な沈黙や、オイケマの秘匿された仄めかしとは対照的に、「過剰に語る建築」もルドゥーによる建築案には存在している。ルドゥーの代表的な実作品であるパリ徴税市門☆[65]を、厳格主義に立脚した新古典主義者カトルメール・ド・カンシーが「恥辱」と非難したのも、かような饒舌さ故のことであった。

> ギリシアの最古のオーダーと最新の創意☆[66]の混合が不調和を示し、拷問に掛けられたかのような円柱や、感覚のすべてに衝撃を与えるほどおどろおどろしいレリーフなど、……このうえなく不調和で無下の嫌悪感を惹起する原理の野蛮な結合によって、市門は怪物《モンストル》／畸形的な産物（produits monstrueux）となっている。☆[67]

カトルメールは各様式の不調和な混淆を「怪物的」と規定するが、この形容はすでに、ルドゥーの師でもあった百科全書派☆[68]の建築家ブロンデルによって用いられていた。

彼ら〔昨今の建築家たち〕は制作において、旧来の様式と古代の様式、ゴシックと当世風、重厚なものと繊細なものとをあえて組みあわせることで、新しいものを創出したと信じているが、皮肉にも怪物《モンストル》／畸形的な産物（productions monstrueuse）を生じさせている。[☆69]

同じ著作の別な部分では、ブロンデルはこの「怪物的／畸形的な産物」を「悪しく組みあわされた混淆物[☆70]」（un mélange mal assorti）とも言い換えている。

建築の外貌に関して用いられているこの怪物《モンストル》／畸形という語は、当時の自然史における「キマイラとしての畸形《モンストル》」（図17）の概念と一致していた（「カラクテール」と同様に、ここでも建築理論上の鍵概念は自然史の術語と共振している）。フーコーが『異常者たち』で規定したとおり、当時の怪物《モンストル》／畸形という概念の根幹には、異なるジャンルに属する存在の融合という含意があった。「われわれの中世から一八世紀にかけて、怪物とはなによりも『混成物』（mixte）であった[☆71]」とフーコーは言う。彼いわく、怪物《モンストル》／畸形とは二つの領域の混成なのである。[☆72]ディドロとダランベールの『百科全書』の記述によれば、このような混成がもたらす怪物《モンストル》／畸形性は、該当種の特　徴《カラクテール》からの逸脱にほかならなかった。

怪物《モンストル》／畸形（動物学）とは、生得的に自然の秩序に反した形態をともなう動物のことである。すなわち、その個体が属する種を特徴づける（caractérisent）諸部分とは、完全に異なった部分の構造を有するものである。[☆73]

これら怪物《モンストル》／畸形を規定する言説によれば、それらは「異常なもの」であり「悪」であり、したがって排除されるべき存在である。「悪しき」混淆物や「野蛮な結合」という、道徳的価値判断をも含んだブロンデルやカトルメールによる論難は、まさにこのような怪物《モンストル》／畸形概念に対応していたと言えよう。

図17・1——ハインリヒ・クノブロフツナー
『メリュジーヌ』挿図　一五〇〇年頃　ストラスブール大学図書館
異種婚姻譚に登場する、女の上半身と水蛇の下半身、蝙蝠のような羽根（ドラゴンの翼）をもつハイブリッド的存在

図17・2——ラヴィニア・フォンタナ
《アントニエッタ・ゴンザルスの肖像》一五九四〜九五年
ブロワ城美術館（フランス）　獣と人間の混成物としてのモンストル／畸形

図17・3——〈シャム双生児の姉妹〉一八世紀の版画

カトルメールによる手厳しい糾弾はしかし、ルドゥーによる言述と、逆向きの対応関係を結んでいる。先述のとおりルドゥーは、情動や情念の外部表出（expression）の場を「装飾術」に求めていた。なかでも彼がこだわったのが、「怒り」に代表される激烈な情念だった。そのルドゥーによる市門の「装飾」によって、観る者はいたく感覚を傷つけられ、嫌悪感を呼び覚まされるとカトルメールは言う。ここでは、観者が建築物から受けとる印象（impression）が問題となっている。カトルメールの批判は、道徳の侵犯――これを糾弾した表現が「恥辱」である――と同時に、観者の「感覚」に対する暴力性にも向けられていた。この、建築物の可視的表層が観者の内面に与える作用――つまりは建築の外貌における感覚主義――を問題とする態度において、ルドゥーとカトルメールは底を通じあっている。

驚くべきことには、ルドゥー自身もまたカトルメールらと同様に、「悪しき趣味」による装飾を怪物／畸形《モンストル》という語彙を用いて批判しているのである。「最も当世風の観客席は、擦り切れた襤褸布を手にした人々に装飾を施されたことで、悪しき趣味の妄想が生む怪物／畸形《モンストル》を蝟集させており、視界が汚染される」と彼は説く[☆74]。パリの徴税市門に代表される「怪物的産物」とは、ルドゥーが犯した行為遂行的矛盾の結果でもあった。

建築における性格《カラクテール》とは、内部と外部との間に適合性《コンヴナンス》が確立されることによってもたらされるものであった。カトルメールの糾弾する「不調和」は、この適合性原則を侵犯するものである。適合性《コンヴナンス》とは、別個の二者をつなぎ、その間に生ずる関係を「ふさわしい」ものであるべく統制する概念である。人間とその振舞い、芸術作品とその置かれる場所、建築物の用途とその外観と言った具合に。そしてブロンデルのような啓蒙主義の理性を体現する建築家にとっては、この照応関係は単一かつ純粋なものでなくてはならなかった。『百科全書』に収められた建築の「適合性《コンヴナンス》」についての項目で、彼は次のように記している。

> 適合性《コンヴナンス》は建築術における第一の原則である。この適合性によって、個々の建物にふさわしい性格《カラクテール》が割り当てられる。……同一の設計の内に、二つの相矛盾するものが結合されることがあってはならない[☆75]。

ここでは、建築物は相異なる要素同士の混成物——つまり怪物／畸形《モンストル》——であってはならないこと、それが「適合性」の原則を侵犯するものであることが強調されている。

ルドゥーの「語る建築」におけるメトニミカルな転移もまた、適合性《コンヴナンス》の原則と同様に、二者間関係の問題であった。樽製造業の一部分を切りとり移行させたものが「樽のタガ」であるという具合である。カトルメールやブロンデルの言う怪物／畸形《モンストル》は、可視的な「徴候」から、それが表わす指示内容を読みとることが不可能となったときに姿を現わす。このとき、外観に基づいて性格《カラクテール》を看取するという「建築の観相学」は、機能不全におちいる。建築物の外皮を這う装飾は、もはや「性格」も「情念」も表わさない。それは、「沈黙する仮面」としてのエクスの監獄とはまた別の意味で、適切な「語る言葉」を失った建築物の姿なのである。

「怪物」もまた、可視的な表層というテマティックと共振する概念であることを、ここに追記しておくべきかもしれない。そもそもラテン語の monstrum（怪物）は、monstro（顕示する）、moneo（想起させる、警告する）と同一の語源から派生したものであった。「怪物」とは、潜在していた暴力的な力の、表層への現出なのである。

4　建築の観相学が失効するとき

百科全書派ブロンデルの教えを受け、革命によって地位を追われた後も「国王の建築家」（l'architecte du Roi）の肩書きを署名に添え続けたルドゥーであるが、新古典主義者としての側面をもちあわせていたこともたしかである。意識的・明示的な言説（つまり『建築論』のテクスト）においては、彼は同時代人の例に漏れず、適合性《コンヴナンス》と性格《カラクテール》の対応関係を肯定していた。しかしその生みだす造型は、ときに彼自身が信奉していたはずの規矩を容易く裏切り、崩壊させてしまう。

沈黙する仮面としてのエクスの監獄と、怪物／畸形《モンストル》たる徴税市門においては、二者間の照応関係を担保する概念である「適合性《コンヴナンス》」が破壊され、この言わば「中間的媒介物」が可能ならしめていた観相学が失効する。「語る建築」における換喩的な修辞学は崩れ、建築はそのカラクテール（性格／表意文字）を解読することの不可能な形象へと転落する。適合性《コンヴナンス》という媒介項——くりかえすが、この語は「適切な礼儀作法」の意味も有する——の消滅はまた、革命がもたらした身分制秩序崩壊の反映でもあっただろう。主に革命後に活躍することとなるカトルメールは、旧来的な身分制秩序にかわり、国家《ナシオン》／国民の威信に適合的《コンヴナーブル》であるような「建築の性格《カラクテール》」を標榜することで、時代の変化に適応しようとした。しかしルドゥーは、後進のカトルメールよりもさらに革新的であった。監獄（国家権力による懲罰のための施設）と徴税市門（絶対王政による財源収奪のための機構）という、それ自体は伝統的な権力の体現であるような建築物において、適合性《コンヴナンス》なる概念を圧殺してしまったのである。

　ルドゥーが建築様式の「混淆」によって生じさせてしまう怪物《モンストル》／畸形は、事物の表層の統一性や純粋性を撹乱する。相矛盾する複数物が単一の場に共存することを禁じていた「適合性」原則の失効により、建築物の表層＝顔面に浮かぶ表情は、キマイラの混淆性へと分裂してしまう。建築の情念表出と観相学について語るにさいし、ルドゥーはとりわけ「怒り」の感情に執着していたことを思いだそう。この「観相学」すら不可能となるような怪物《モンストル》／畸形的な建築は、観る者の内にも苦悶や不安や嫌悪の感覚を惹起せしめる。ルドゥーにおいては、建築の表層を惑乱させ引き裂くのは、単一性に還元しえない爆発的な——怪物《モンストル》／畸形的な装飾としての——情念であった。

　ルドゥーの「常軌を逸した構想」[☆76]の数々に現われでたのは、エピステーメーの移行期に現われでた怪物——バロックと新古典主義との、過剰な装飾と幾何学的純粋性との、あるいは爆発的な情念と理性との間に生じた混成的畸形——にほかならなかったのである。

第4章　建築の斬首

――フランス革命期の廃墟表象における瞬間性と暴力性

斬首は、社会的な分裂や、歴史的分裂の象徴となるのだろうか？　あるいは、さまざまな動揺だけでなく、発作をも引きおこすようなわれわれの内面の断層、あの内奥の不安定さの臆面のない告白となるのだろうか？

（ジュリア・クリステヴァ『斬首の光景』星埜守之・塚本昌則訳、みすず書房、二〇〇五年、一七九ページ）

1　一七八九年七月一四日、パリ

一七八九年七月一四日、フランス革命の幕が切って落とされた瞬間のパリの情景を、文筆家レティフ・ド・ラ・ブルトンヌは克明に書き綴っている。

破壊の妖精がこの町の上空を徘徊していた。私は恐怖の的となっていたバスチーユを眺める。三年前、毎晩ヌーヴ＝サン＝ジル通りへでかけるとき、ちらっと見るだけの勇気すらなかったバスチーユである。塔がその最後の司令官とともに崩れるのが見えた。[☆1]

この「崩落」の情景を劇的に描きだしたのが、ユベール・ロベールであった（図1）。ロベールは当時流行した「廃墟画」の担い手として、「廃墟のロベール」と綽名されるほど人気を博していた画家である。ディドロもそのサロン評（『一七六七年のサロン』、後述）の中でロベールを礼讃していることは、よく知られた事実であろう。しかし、火の手の上がるバスティーユを描いたこの作品に体現されている「時間性」は、当時の一般的な廃墟表象とは一線を画す。それは、遠い古代への観想を誘う歴史的遺跡――悠久の時間に休らいつつ、ゆるやかに崩落へと向かっていく、いわば持続的な廃墟——ではなく、現在起きつつある、あるいは直近の過去において起きた破壊の結果として、瞬時に出現した「廃墟」——いわば瞬間的に死を迎えた建築物——なのである。そして、このような暴力的な「瞬間性」への意識こそ、この時代のある種の廃墟画に現われでた革新性にほかならなかった。

2　崩落の光景

(1)　革命の象徴としての破壊

「バスティーユの崩落」というイメージは、フランス革命による旧制度の破壊を象徴するものとして、当時のメディアを席巻した。ロベールのほかにも、さまざまな画家がこの情景を描いている。ミシェル・ヴォヴェルの編纂による『フランス革命——そのイメージとナラティヴ』には、この破壊の瞬間を描いた図像が、数多く収められている（図2〜5）。

これらはエッチング、ないし彩色版画という、当時主流を占めた複製メディアによるものであり、その主目的は、民衆の間に時事情報を伝達することにあった。ここでは、前景に配置された人間たちの展開する「物語」に焦点が当てられている。他方でロベールによる《取り壊し初日のバスティーユ牢獄》（図1）では、人物は添景に退き、ドラマティックに強調された光線と陰影が、この牢獄そのものが描画主題であることを示唆する。都市景観《ヴェドゥータ》と廃墟の画家であったロベールの主眼は、あくまでも建築物の形姿にあったのだろう。結論を先取するならば、彼の革新性は、同時代の事件によって破壊されていく建築物の姿を、悠久の時間の中で安らぐ古代遺跡と同様の手法で描きだした点に存在した。

災厄や人為によって崩落した建築物（「取り壊し」［démolition］や「火災」［incendie］によるもの）を「廃墟画」として描く試みは、その実フランス革命前から存在していた。ロベール自身、一七八六年の《ノートル・ダム橋界隈の住宅の取り壊し》（図6）では解体中の建築物群を、また一七八一年頃の作と思われる《オペラ座の火災》（図7）では火

図1——ユベール・ロベール《取り壊し初日のバスティーユ牢獄》一七八九年七月二〇日　油彩
パリ　カルナヴァレ美術館

図2――作者不詳《バスティーユへの最初の一撃》エッチング
パリ　カルナヴァレ美術館

図5――テスタール作画／カンピオン彫版
《バスティーユの取り壊し》彩色版画　一七八九年
パリ　カルナヴァレ美術館

図3――《バスティーユの奪取》エッチング　一七八九年
プリウール作画／ベルトー彫版
図4――《バスティーユ牢獄司令官ド・ローネーの逮捕》エッチング　一七八九年
パリ　革命史研究所付属図書館

図6――ユベール・ロベール
図7――《ノートル・ダム橋界隈の住宅の取り壊し》油彩　一七八六年
《一七八一年六月八日オペラ座の火災》油彩　制作年不詳
パリ　カルナヴァレ美術館
図8――ピエール＝アントワーヌ・ドマシー
《サン・ジャン・アン・グレーヴ教会の取り壊し》油彩
一七九七〜一八〇〇年頃
パリ　カルナヴァレ美術館
図9――《廃墟の寺院》油彩　一八世紀半ば
パリ　ルーヴル美術館

の手が回り黒煙を吐きだす劇場の姿を描きだしている。ちなみにこの火災は、当時のパリ住民の耳目を集める大事件であった。ルイ＝セバスティアン・メルシエの『タブロー・ド・パリ』でも、「最近の火災」と題した一節でとりあげられたほどである。この焼失の後、オペラ座は旧来のパレ・ロワイヤルから現在のサン・マルタン通りに移転することとなった。

現在となってはロベールより知名度は劣るものの、ピエール＝アントワーヌ・ドマシーもまた、建築物の瞬間的な死を効果的に描出した画家であった。絵画アカデミーの「透視図法」（perspective）部門の教授だったドマシーは、舞台背景画や都市景観画を主に手掛けており、廃墟画の名手でもあった。ドマシーもロベール同様、火災で焼け落ちた建築物や、解体工事中の建物を、前世紀からの伝統をもつ廃墟画と同種の技法で描きだす。《サン・ジャン・アン・グレーヴ教会の取り壊し》（図8）では、革命下の施策として破壊される途中の教会が、ピラネージ風の古代遺跡を思わせる廃墟として描かれる。ロベールと同様にドマシーもまた、同時代の「瞬間的廃墟」を、古代の「持続的廃墟」と同一の手法と構図によってとらえようとした。描画対象の置かれた歴史的文脈を等閑に付すならば、上述の《サン・ジャン・アン・グレーヴ教会の取り壊し》と《廃墟の寺院》（図9）との間には、形式的な差異はほとんど見受けられないであろう。

(2) 天災と廃墟——リスボンの大地震

暴力的な破壊によって出来した「瞬間的廃墟」を描く試みは、革命という画期的な事件の起きたフランスにかぎらず、一八世紀後半の西欧に広く見られた現象である。まず記銘されるべきは、一七五五年に発生したリスボン大地震であろう。推定マグニチュード八・七五とされるこの地震は[☆2]、ポルトガルを中心に西ヨーロッパの広範囲に被害を及ぼした。この街の中心部には巨大な地割れが生じ、次いで大規模な津波が港湾を襲い、高台の市街地で発生した火事はリスボンを焼き尽くした。地震や津波、火災による死者数は、リスボンだけでも一万人とも一〇万人にのぼるとも言われている。[☆3]折しも「諸聖人の日」に起きた大災厄は、ヨーロッパ世界にラディカルな思想的転換をもたらすこととなった。ヴォルテールは従来信じられてきた「神の善性」を疑い、小説『カンディード』を著わしてライプニッツ流の「弁神論」にサティリスティックな批判を浴びせた。ルソーは都市の生活から自然への回帰を謳い、カントもまた「崇高」概念を展開させる契機をこの大地震に見いだしている。

この大震災の視覚的な「証言」となるのが、ミゲル＝ティベリオ・ペデガシェが下絵を手掛けたエッチング連作である。当時ペデガシェは、フランスの新聞『ジュルナル・エトランジェ』（*Journal étranger*）の特派員としてリスボンに滞在していた。彼とパリ（Paris）なる人物の共作による下絵は、ルイ一五世お抱えの版画師ジャック＝フィリップ・ル・バによって彫版され、六枚組のエッチングとして刊行された。タイトルページ（図10）は、ポルトガル語とフランス語の二カ国語で表記がなされている。ポルトガル語の題名は「一七五五年一一月一日の地震と大火によって生じたリスボンのいくつかの廃墟」であるが、仏語タイトルでは「いくつかの廃墟」（algumas ruinas）が「最美の廃墟」[☆4]（plus belles ruines）に置き換えられている。この「最美の廃墟」という仏語の表現は、廃墟への愛好や古遺物への好奇心を背景に、当時定型化していたフレーズであった。たとえば、ピラネージの論敵でもあったフランスの建築家ジュリアン＝ダヴィッド・ル・ロワは、『ギリシア最美の建築物の廃墟』（*Les ruines des plus beaux monuments de la Grèce*, 1758）と題された書籍を刊行している。ともかく、わずか二年前に起きた災害による破壊の痕跡が、この版画集の仏語タイトルにおいては、ギリシアの古代遺跡などと等価の美的な鑑賞の対象へと、いわば無害化されてしまうのである。[☆5]

六枚の連作中で描かれるのは、オペラ劇場やパトリアルカル広場、大聖堂や聖パウル教会など、いずれものリスボンの「名所」たる建築物の廃墟である。天井も外壁も崩れ去った劇場を描いた《リスボンのオペラハウスの廃墟》（図11）などは、むしろ時間の経過とともに出来した廃墟と、ほとんど見分けがつかない。自然災害が人間の営みに及ぼした暴力的破壊の爪痕は、ここでもまた仏語タイトルと同様に、ノスタルジックな感傷と悠久の時間経過への観想を誘う美的な「廃墟」へと粉飾されている。瞬間的なカタストロフィは、「目撃者／証言者」による視覚的表象へ昇華

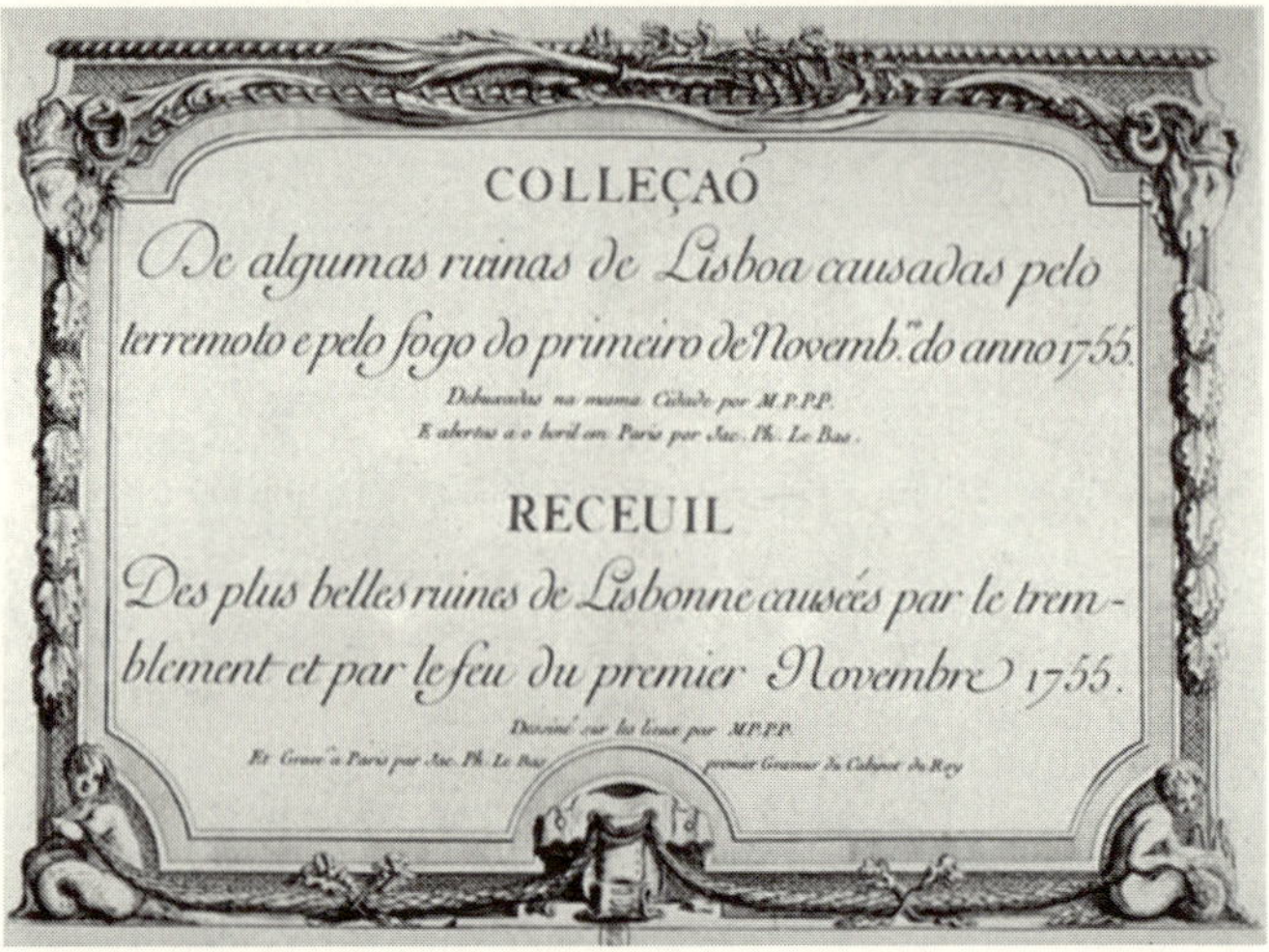

図10――ミゲル＝ティベリオ・ペデガシェ著
パリ作画／ジャック＝フィリップ・ル・バ彫版
《一七五五年一一月一日の地震と大火によって生じた
リスボンのいくつかの／最美の廃墟》一七五七年
タイトルページ　エングレーヴィング

図11――《リスボンのオペラハウスの廃墟》一七五七年
タイトルページ　エングレーヴィング

されるとき、その時間性に偽装を施され、審美的な対象へと馴致されていくのである。

（3）戦争の惨禍——屍としての建築物

ベロットによる《ドレスデン——クロイツキルヒェの廃墟》（図12）は、一七六〇年のプロイセン軍の砲撃によって崩壊した建築物の、いわば屍を描きだしたものである。戦争の惨禍がもたらす廃墟のイメージは、建造物を破壊するための大砲の技術的進化もあってか、一八世紀後半以降しきりに描かれるようになる。たとえば、イタリア出身の画家フェルディナンド・ブランビーラは一八〇八年にフランス軍による砲撃で崩壊したスペイン、サラゴザの廃墟を描き、『サラゴザの廃墟』と題された版画集を刊行した。《グラシア施療院の中庭》（図13）や、《カルメン聖堂の内部》（図14）には、戦争の惨禍がもたらした廃墟の姿が克明に写しとられている。この作例もまた、一見すると伝統的なロヴィニスモ（廃墟趣味）の画風に則り、当時流行の概念であった「ピクチャレスク」趣味を満たすべく描かれているかのようだ。しかし、かような「飼い馴らされた」趣味を裏切るようなモティーフを、ブランビーラは作中に描きこんでいる。たとえば、《カルメン聖堂の内部》の、聖堂内部に累々と折り重なる死体である。

一方で、ブランビーラの同行者であり、同じ光景を同時に経験したはずのゴヤは、「廃墟」すなわち建築の死を描いていない。サラゴザでの景観を、ゴヤは後にエッチング集『戦争の惨禍』にまとめた。そこで描かれるのは、たとえば《葬って後は口を噤め》（図15）に見られるように、死せる身体そのものであった。ゴヤにおいてはむしろ人体こそが、暴力による瞬間的な破壊の痕跡であるような「廃墟」だったのだろう。

災厄によって崩壊する建築物を描いた絵画自体は、マニエリスムの時代より存在していた。そこで体現されていたのは、神の怒りや黙示録的な終末といった、キリスト教的世界観に立脚したナラティヴである。一七世紀に活躍した画家モンス・デジデリオの描く《聖堂を破壊するユダ王国のアサ王》（図16）などは、このような「物語」に基づく廃墟表象の、端的な例である。対してロベールら一八世紀の画家たちによる「崩落する建築物」は、この種の予定調

Enterrar y callar

図12――ベルナルド・ベロット《ドレスデン――クロイツキルヒェの廃墟》一七六五年
ドレスデン　国立古典絵画館

図15――フランシスコ・ゴヤ《葬って後は口を噤め》『戦争の惨禍』一八一〇～一一年所収
東京　国立西洋美術館

図13――フェルナンド・ブランビラ／ホアン・ガルベス《グラシア施療院の中庭》『サラゴザの廃墟』一八一二～一三年所収
ラザロ・ガルディアーノ財団美術館

図14――《カルメン聖堂の内部》『サラゴザの廃墟』一八一二～一三年所収
マドリード市役所

図16——モンス・デジデリオ
《聖堂を破壊するユダ王国のアサ王》一七世紀前半
ケンブリッジ　フィッツウィリアム美術館

図17——作者不詳
《フランス人民が貴族の家具をとりはらう効率的な方法
——オテル・ド・カストリーの略奪、一七九〇年一一月一三日》
『フランスとブラバント地方の革命』所収　パリ　フランス国立図書館

図18——作者未詳〈地下の採石場のために陥没・倒壊するパリの住宅〉一八世紀
ユベール・ロベール

図19——《建設途中の外科医学校》一七七三年
パリ　カルナヴァレ美術館

第4章　建築の斬首――フランス革命期の廃墟表象における瞬間性と暴力性

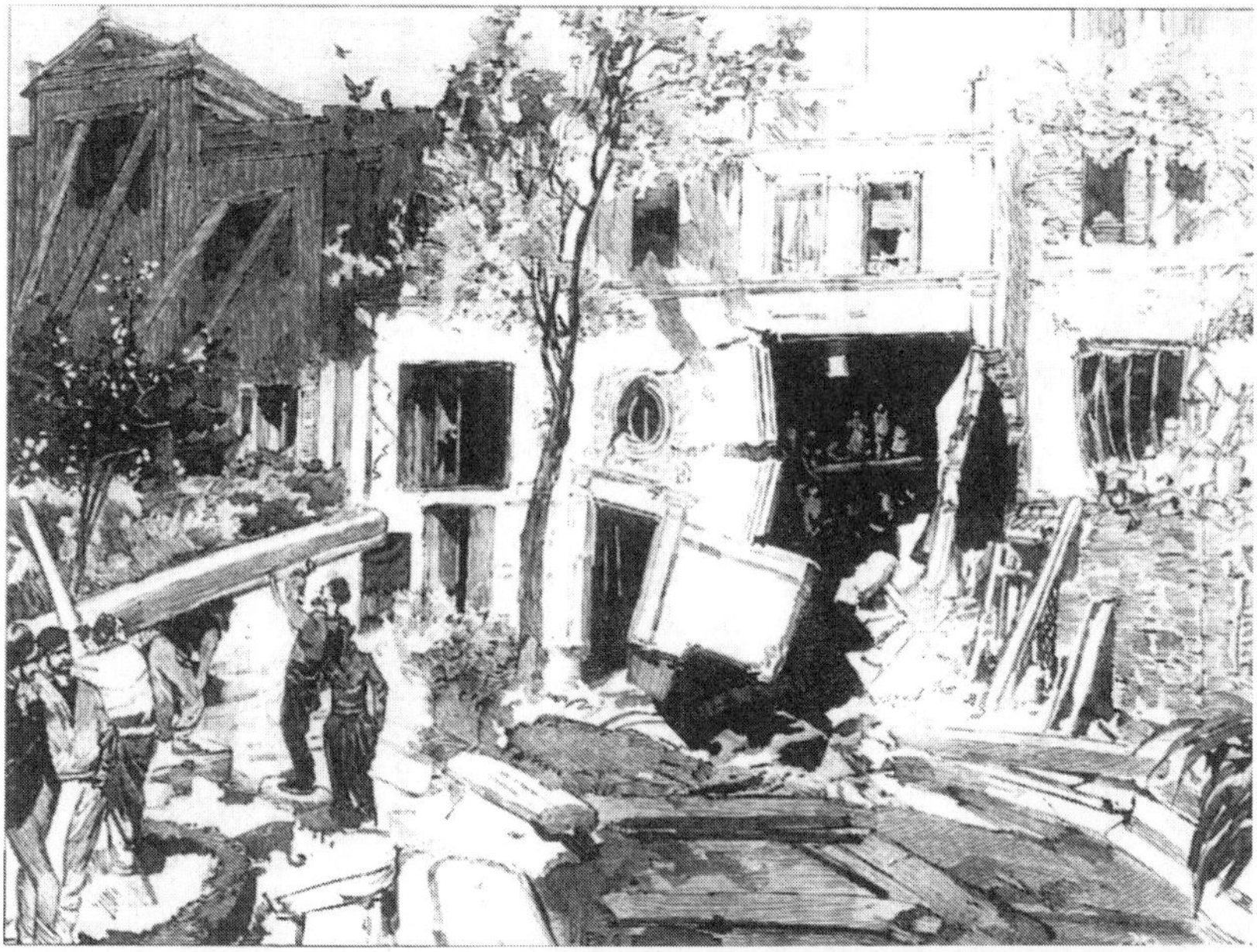

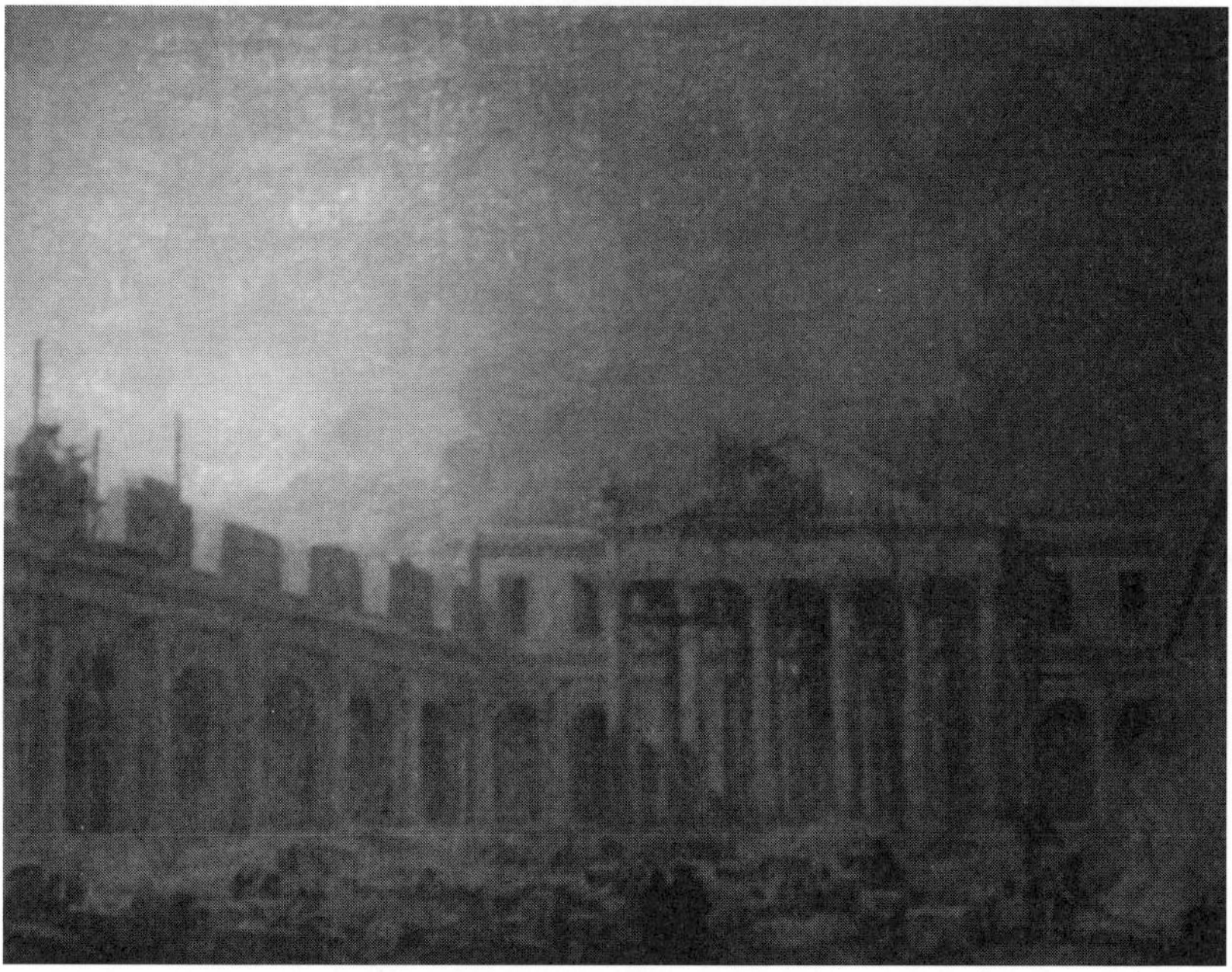

和的な「物語」を背景として必要としない。描画の主題は、「現在眼前で起きている、一回性の出来事」へと移行している。ここに、「崩壊」や「死」をめぐる時間感覚の変化を見てとることも、充分に可能であろう。マニエリスム期にいたるまでを支配した、トランジ（移ろいゆく時間）とやがて到来する終末への観想という持続的な時間性から、瞬間的で物理的な破壊へと、ラディカルな転換が起こっている。

崩壊へと向かう建築物の姿を、「ピクチャレスク」な美をたたえたものとして鑑賞の対象とすることは、ウィリアム・ギルピンらを筆頭に、当時の美術思想の趨勢であった。しかし、ペデガシェやロベール、ベロット、ブランビーラらにより描かれた廃墟は、単なる美的対象にとどまらず、当時の政治的な文脈を映しだす鏡でもある。たとえば「瞬間的な廃墟」表象には、キリスト教会というモティーフがしばしば登場する。たとえば、リスボン大震災は「神の善性」へと疑義が差し挟まれる契機であった。また、破壊される教会や崩壊するバスティーユ牢獄を主題とする絵画は、アンシャン・レジーム（旧来的な体制）が崩壊していく時代背景を、如実に反映しているであろう。「フランス人民が貴族の家具をとりはらう効率的な方法——オテル・ド・カストリーの略奪、一七九〇年一一月一三日」との説明文が付された版画（図17）は、「旧秩序崩壊の体現としての廃墟」の、最もわかりやすい例である。ここでは、「フランス人民」によって略奪・破壊がなされた貴族の邸館の姿が、カリカチュア的な誇張を施されつつ描きだされている。このような態度は、従来の古代ローマの遺跡をテーマとする廃墟画が、悠久の時間の中を廃墟として生き永らえた姿を描くことで、古代の栄光を讃えようとしていたことと対照をなす。

「破壊される建築物のイメージ」はまた、旧来的な権威崩壊の象徴や比喩であると同時に、一八世紀後半の動的な社会的状況を体現してもいた。たとえばパリでは、ルイ一四世の治世から大規模な都市計画が実行され、それにともない、地下の石切り場の拡張も無計画なままに進行していた。それゆえ、解体・築造工事中の建築物や、地下の空洞化が原因で地盤とともに陥没する建物の姿は、パリ市民にとっては身近な光景となっていた。[☆6] 図18は、地下の石灰石採掘場《カリエール》のために陥没した住宅群を描いたイラストレーションである。しかし奇妙なことに、建設工事中の——

未来へと向けて生成途上の——建築物もまた、これらの廃墟表象と酷似した形姿で描かれた。ロベールによる《建設途中の外科医学校》（図19）は、その端的な一例である。

3　永続と瞬間——廃墟をめぐる二つの時間性

（1）未来の廃墟

工事中の建築物をあたかも廃墟のように描く潮流は、やはり一八世紀後半に登場した、「未来を先取した」廃墟表象と連続的である。[☆7]後者は、完全な形で現存する建築物、あるいは未だ実現されていない計画案段階の建築物を、廃墟として描くという趣向である。その嚆矢は、やはりロベールであった。彼は《ルーヴル宮グランド・ギャラリーの想像上の景観》（図20）で、国立美術ギャラリーの建築計画案を毀損された廃墟として示してみせた。この作品は、竣工時の姿を予見した《ルーヴル宮グランド・ギャラリーの設計案》（図21）と同時期に、対作品として描かれている。同種の趣向は、イギリスの建築家ジョン・ソーンの下で製図工であったジョセフ・マイケル・ガンディによっても採られた。ソーンが設計を手掛けたイングランド銀行の図解として、《廃墟としてのイングランド銀行のロトンダ》（図22）や《イングランド銀行の鳥瞰図》（図23）などの、想像的未来廃墟を描いたのである。図22ではソーンの設計案が、人気の枯れた荒野に佇む廃墟として描かれている。図23は銀行の竣工四五周年を記念したものである。くりかえされる増築により、ひとつの都市のように成長を遂げたイングランド銀行はしかし、屋根も外壁も無惨に毀損されている。一九二五年の解体工事の折には奇しくも、ガンディによる一二〇年前の予言に酷似した風景が現われることとなった（図24）。

このような「未来の予告としての廃墟」はすでに、一七七一年にメルシエによって書かれた未来小説『紀元二四四〇年』のエピローグにも登場していた。そこで描写されるのは、廃墟と化したヴェルサイユ宮殿である。

ユベール・ロベール
図20——《ルーヴル宮グランド・ギャラリーの想像上の景観》一七九六年
図21——《ルーヴル宮グランド・ギャラリーの設計案》一七九六年
パリ　ルーヴル美術館

図22――ジョセフ・マイケル・ガンディ《廃墟としてのイングランド銀行のロトンダ》一七九八年
図23――《イングランド銀行の鳥瞰図》一八三〇年
ロンドン　ジョン・ソーン美術館
図24――一九二五年五月一日付の『タイムズ』紙に掲載された〈解体されるイングランド銀行〉の写真

なんという驚きだ！　私の目に見えるものといったら、残骸と崩れた壁と壊された彫像ばかりだった。半ば破壊されたいくつかの柱廊が、古の栄華を漠然としのばせた。☆8

語り手は、崩落した柱頭に腰掛けた老人を認め、宮殿に何が起きたのかを尋ねる。老人――かつてこの宏壮な宮殿を建てたルイ一四世の、老いさらばえた姿である――は答えて言う。「自然に倒壊したのだ」と。これは驕慢な栄華に対する神罰としての破壊であり、人類が思いを馳せるべき（絶望的な）未来という性質を色濃く有する「廃墟」である。フランス革命の勃発は、この小説から約二〇年後のことであり、ヴェルサイユ宮殿そのものではないが、バスティーユや徴税市門、教会などの旧体制による抑圧を象徴する構築物が、神ではなく民衆たちの手で破壊されることとなる。ロベールやガンディの廃墟は、長い時の経過が刻まれたり、過去における破壊や惨禍が痕跡をとどめたりする空間ではもはやない。未来の来たるべき廃墟であり、ここでは過去と未来の時間軸が転倒している。これらはまた、一七世紀から一八世紀にかけて、「カプリッチョ（奇想画）」や「ヴェドゥータ・イデアータ（理想的な都市景観画）」の分野でしばしば描かれた、空想上の産物としての廃墟――たとえばモンス・デジデリオの描いた廃墟のヴィジョン（図16）――とも異なる。描かれている建築物――たとえばルーヴル宮やイングランド銀行――はあくまでも、現実に参照項をもっている。崩壊や滅亡や惨禍や死といった、過去の記憶が不可避的につきまとうはずの廃墟が、なぜ時間軸を反転した形で描かれるようになったのか。「ピクチャレスク」などの馴致された美的規範には収束しないものが、この「未来における廃墟」には存在している。それは、戦争の惨禍や革命によるヴァンダリズム――たとえばロベールは、革命時には王政側の立場とみなされ、一時投獄されたこともある――を目の当たりにした画家たちが見据えた、いずれ到来する未来における、破壊と死の予告であった。いわば未来時制の墓であり、そこでは本来失われた過去に向けられるべきメランコリーが、未来へと投射される。

（2）持続と瞬間——廃墟の時制

ロベールによる「未来の廃墟」（図20）を目の当たりにしたディドロは、まず過ぎ去った時間の流れを観想し、次にやがて自らを襲うであろう生の終わりに思いを馳せる。

廃墟が私の内に呼び起こす思考は雄大である。すべてが無に還り、すべてが滅び、すべてが過ぎ去る。世界だけが残る。時間だけが続く。この世界はなんと古いのであろうか。私は二つの永遠の間を歩む。……私という儚い存在は、いったいなんなのであろうか。この崩落した岩、この穿たれた谷底、この不安定に揺れる森、私の頭上で揺れる塊などの存在に比べるならば。私は墓の大理石が崩落し、塵芥と化すのを目にする。[☆9]

一七六七年のサロン評として書かれたこのテクストは、当時の廃墟熱の背景、つまり廃墟が「時間への観想」を喚起するという認識と鑑賞のあり方を、端的に体現している。佐々木健一によれば、この時代に廃墟というモティーフが特権化された所以は、当時生まれた新しい時間認識と、それに裏打ちされた自己内省の意識とに存する。

十八世紀の人びとの廃墟体験にあって、かれら［詩人のグレヴァンに代表される一六世紀人］にはないものがある。それは、この時間の破壊力を自らの存在の条件として投射することである。この反省的な意識のゆえに、十八世紀の廃墟体験は主観的かつ情感的な彩りを帯びたのである。それはまさしく、主観の成立という思想史的な事実と照応する体験様式である。廃墟に現象する時間は、帝国の記念碑を破壊してきた力というよりも、むしろわたしの存在を蝕む力として、私を捉える。この時間意識は、……対象における意味の次元としての主題概念の確立と、対象との融合状態を解消して距離をとり、反省の意識の動きを身につけた主体の状況と、正確に照応している。[☆10]

ここで前提されているのは、時間経過の中で歴史的（記憶的）価値を付与され、未来にも存続していくことを期待された「遺跡」としての廃墟であり、表面に刻まれた痕跡もまた、その経年的価値を保証するような類のものである。アロイス・リーグルの言う「記憶の価値」や「経年価値」をたたえた歴史的建築物[☆11]、あるいはシャトーブリアンの言う「時の仕業」による甘美な廃墟である[☆12]。一八世紀は廃墟趣味と並んで、考古学や「歴史的遺産」の発掘・保存の萌芽が見られた時代であるが、これらの思潮に通底するのが、このような「持続性」と「現在からの距離」を前提とする時間感覚であったと言えるだろう[☆13]。

しかし震災や革命によって出来した「瞬間的な廃墟」の表象はまた、上述のような、過去と未来の両方向において持続的な時間概念とは、対照的な時間性をも孕んでいる。それは「微分的時間性」ともいうべきものである。廃墟を美的対象として鑑賞するさいに要請されるはずの時間的な「遠さ」は、ここでは無化され、むしろ点的時間に還元されるような「近接性」のみが存在する。

4　人体廃墟

（1）薄片化した時間

ロベールらが描く廃墟は、古代ローマ遺跡などとは異なり、歴史的記念物・美術品としての永続化や未来への記憶の伝達を期待された存在ではない。遠い過去への回想（廃墟を眺めるディドロ）でも、黙示録的な物語（モンス・デジデリオ）でもなく、そこに存在しているのは、「瞬間」へと薄切りにされた時間性である。とりわけフランス革命においては、王権の象徴である建築物の崩落の瞬間性は、王権を保持する身体を断絶・破壊するギロチンの瞬間性と通底しあう（図25・26）。この処刑具が含みもつ新たな時間性を、ダニエル・アラスはセディヨ医師[☆14]の言を引きつつ、次のように規定している。

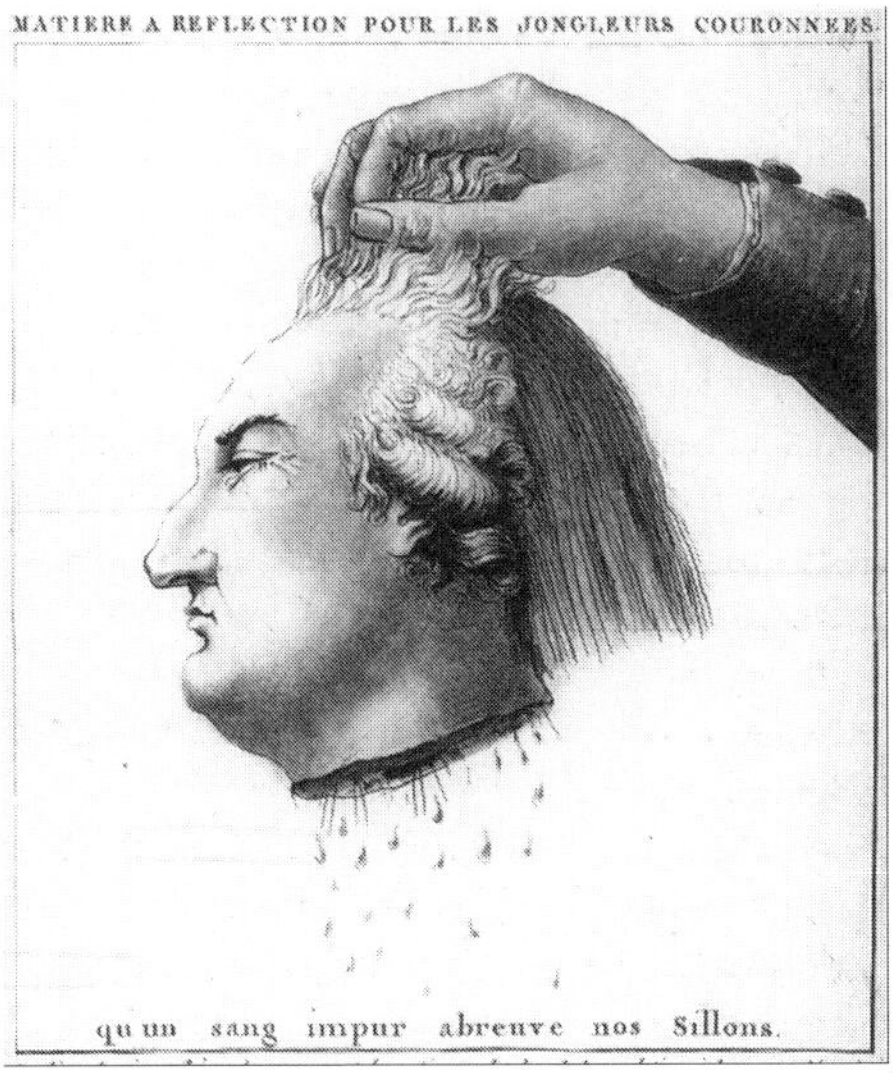

図25——作者未詳《マリー・アントワネットの悲劇的最期》一七八九年　パリ　フランス国立図書館

図26——ヴィルヌーヴ《王冠を戴いた詐欺師たちへの思考の糧》一七九三年　パリ　フランス国立図書館

『ギロチン刑についての歴史的、生理学的考察』の末尾で、セディヨ医師は、恐怖政治のもとで犯された《驚くべき犯罪の痛ましい素描》を行っている。その描写の核心部分、その頂点、刃が落下するまさに絶頂において、セディヨは、見えるものとしては空白、読むべきものとしては点《・》――活字として最小限の記号――しか描いていない。簡潔表現の極致であり、落下の時点（Punctum temporis）と正確に対応し、《ギロチンの悲劇》全体がそれを中心に組みたてられる《ギロチンの瞬間性》の描出できない特徴を表わしている、文章の言葉にならない断絶である。☆15

ギロチンの「瞬間性」は、「視ること」と「視ることの不可能性」というアンビヴァレンスをもたらす。公開の場での処刑は長らく民衆にとってのスペクタクルとして機能しており、ギロチンによる斬首もまた例外ではなかった。しかし、かつての車裂きや火炙りといった方法――緩慢な死の到来がもたらす身体的苦痛や恐怖もまた、懲罰そして見世物としての重要な要素である――や、直近まで主な死刑執行手段であった絞首刑――死にいたるまでの身体的変化は、目視可能な速度で進行する――とは異なり、ギロチンの刃が落ち首を刎ねる瞬間は、はっきりと捕捉しがたいものである。再びアラスの言葉を借りるならば、「ギロチンの行為は《瞬《また》きの間》に還元されてしまう。ギロチンは、《視線の速さで首を斬る》、しかし、いったい《視線の速さ》が見えるのだろうか？　ギロチンの芝居は、不可視の瞬間に一番盛りあがる」☆16のである。

死の到来をかぎりなく点的な瞬間に還元し、その視覚的把握を困難とするギロチンはまた、逆説的な「可視性」を潜在させてもいる。ここで言うギロチンの「可視性」には、相異なる二種が存在するだろう。ひとつは、前述のとおり、観衆に祝祭的な興奮と恐怖、カタルシスをもたらす「スペクタクル」としての可視性である。もうひとつは、「斬られた首」のもつ象徴性から出来するものであり、「肖像画」という表象形式に帰結する。すでに多くの論者が、斬首と肖像画とを関連づけてきた。ジュリア・クリステヴァはフロイト流の精神分析理論に立脚しつつ、メドゥーサ、アルゴス、ゴリアテ、ホロフェルネス、洗礼者ヨハネ、また転写された首としてのキリスト・イコンといったモティーフを縦断し、「斬られた首」が必然的にイメージとしての性質を獲得することを提示してみせる。[☆17] 再び、ギロチンを論ずるアラスに戻るならば、それは「肖像機械」にほかならない。[☆18] キリストの顔が転写されたヴェロニカの手巾（図27）——それは象徴的な斬首であり、そしてポートレイトのプロトタイプである——は、その「裏側」にキリストの真の顔《ヴェラ・イコナ》が、人間の手を媒介することなく焼きつけられたヴェールである、とアラスは言う。そして、イーゼルとよく似た形態をもつギロチンにおいて、首は首穴を通して「裏側から」出現し、胴体から切断されることで「機械の外枠が縁どる透明の画布から浮きあがる」[☆19]。ここでは最期の表情の刻みこまれた受刑者の顔が、「ヴェールをはがされた、究極の真の姿で出現」[☆20] することとなる。

ギロチンの登場した一八世紀はまた、戦闘で使用される兵器の殺傷力が増大した時代でもある。ポール・ヴィリリオの指摘によれば、戦闘による不具の問題の重要性は、とりわけ一八世紀以降に認識されるようになった。[☆21] 種々のテクノロジーにおける発明や進展は、「毀損された身体」のイメージが変化する、決定的な契機でもあった。テオドール・ジェリコーの描く、ナポレオン戦争で深手を負った騎兵の姿（図28［一八一四年サロン出品作］）は、いまだパセティックで英雄的である。そこでは身体の完全性が保たれており、この兵士がどこに傷を負っているのか、作品を眺めただけでは見当がつかない。ヴィリリオは一八世紀の戦傷の代表例として、義足が必要となるような脚の怪我を挙げている。この兵士も、もしかしたらぎこちなく伸ばした脚部を負傷したのかもしれない。銃撃戦の登場と普及は、「傷痍軍人」の形姿を劇的に変化させるであろう。ナポレオン戦争からおよそ一世紀後の第一次世界大戦時、デッサンの名手でもあった外科医ヘンリー・トンクス[☆22]は、戦闘で下顎や鼻を失った兵士の顔を、パステル画特有の柔和なトーンで描いている（図29）。戦闘技術の発展により、顔の半分以上が瞬間的に、しかし生命維持には支障のない範囲で損壊されるようになった。しかし、傷ついた人体を描きとる技法は、油絵よりは「速度」を要求されるとはいえ、一定の持続的時間経過を前提とするものであった。

図27――一五世紀フィレンツェ派
《聖ヴェロニカ》一五世紀後半
東京　国立西洋美術館

図28――テオドール・ジェリコー
《傷ついた胸甲騎兵》一八一二年
パリ　ルーヴル美術館

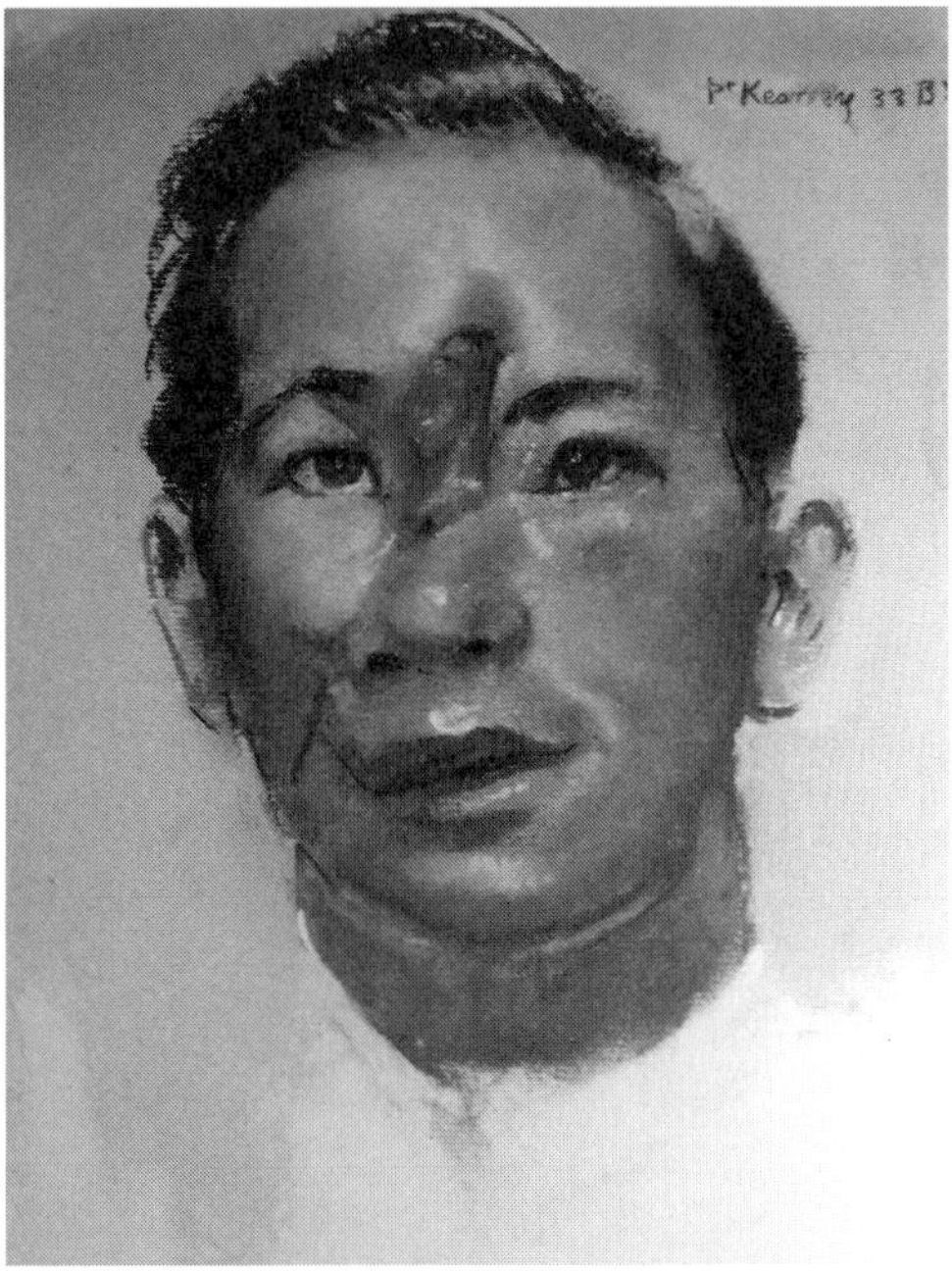

図29――ヘンリー・トンクス《ウィリアム・キアジー兵卒の肖像》一九一七／一八年
ロンドン イギリス王立外科医学校

図30――アンディ・ウォーホル《自動車事故》一九七八年頃
シルクスクリーン

カメラという新しい機械は、より冷酷な表象装置となるであろう。アラスはシャッターをギロチンの刃に、[☆23]スーザン・ソンタグは銃のショットに喩える。[☆24]ここでは、人為的暴力による破壊の瞬間性と、損傷を受けた身体を写しとるさいの瞬間性が共振する。第一次世界大戦期はまた、傷痍軍人を被写体とする医療用写真の全盛期でもあった。[☆25]テクノロジーがさらに速度を増すにつれて、写真はやがて交通事故の被害者の身体と結びつくであろう。ポップ・アートの旗手アンディ・ウォーホルによる「惨劇」をテーマとした一九六三年以降の連作には、現代の「死」を暗示するアイコンのひとつとして、交通事故の写真が含まれている（図30）。またJ・G・バラードの『クラッシュ』には、交通事故そのもの以上に、その様相を写真に収めることに偏執的な快楽を見いだす男ヴォーンが登場する。

ヴァルター・ベンヤミンは「写真小史」で、写真が観者に対して有する「ショック効果」に言及している。「カメラはますます小型になり、秘められた一瞬の映像を定着する能力はますます向上している。こうした映像が与えるショックは、見る人の連想メカニズムを停止させる」。[☆26]写真や映画がもたらすこの「ショック体験」は、「遠さの現われ」としてのアウラを崩壊させてしまう。[☆27]交通事故写真の系譜においては、映像の微分的な時間性が生むショック効果は、身体損壊や死の瞬間性と共振して、強い精神的外傷をもたらすであろう。そしてこの近代的な表象のテクノロジーが暴きだした外傷性は、実のところ一八世紀後半の大震災と大革命の時代に、廃墟のイメージにおいて——それらはアカデミックで伝統的な画法により描かれているにもかかわらず——すでに徴候として現われでていたのではないだろうか。

(2) 断片化された身体

ギロチンによって切断された首は、その形姿をエッチングに刻まれ新聞に掲載されることで、一種の死後肖像（あるいはデスマスク）として流通した。「斬られた首」という絵画的伝統が、専ら神話や聖書の登場人物を主題としていたのに対して、ここでは現実の身体、卑近な屍体が眼差しの対象となっている。このような潮流をさらに押し進めたのが、ジェリコーであった。ポスト仏革命期ともいうべき時代に活躍した彼は、「切断された四肢」(図31)や「切断された首」(図32)をテーマとした連作タブローを手掛けている。ジェリコーは、バラバラに分断された身体部分を、人体の本来の構造とはまったく異なるシンタックスによって再構成してみせる。ここで企図されているのは、失われた全体性の回復ではない。画家によるアッサンブラージュは、むしろ屍体の損壊をさらに押し進め、断片化された身体部位を単なるオブジェへと格下げする作業なのである。

ギロチンとは別様の手法で、しかしギロチンとほぼ同時代に、やはり暴力によって切断され、オブジェ的断片と化した身体を描きだしたのが、マルキ・ド・サドである。リベルタンたちが欲望充足するための対象となるのは、総体としての身体ではなく、単独の「部位」にほかならない。

そこでは身体は、あたかも食用の家畜をただフィレ、ロース、肩などの区分するのとまったく同じやりかたで、いつも同じように区分けされています。……そして、そのような分節の網目にそっていわばあらかじめ切取線を書き込まれたかのような身体は、その諸部分を享楽され、あるいは虐待された後、しばしばじっさいにこの線にそって切り込まれてしまいます。……リベルタンが、こうした身体部位だけでなく、より微細な諸「部分」に執着することもたしかです。しかし、それはあくまでもばらばらとなった文字通りの「部分」でしかありません。☆28

ジャック・ラカンによる「分断された身体」という概念の源泉もまた、ここにあった。サドにおいては、「享楽の接近にさいして隣人の身体は分断される」☆29とラカンは言う。ここでの「分断された身体」は、もちろん物理的に切断-分解(dis-member)されているわけではない。即物的な欲望によって、眼前の他者の身体は「解剖」を施される。このような「欲望による解剖学」はまた、幾人かのシュルレアリスム期の作家たちに受け継がれていくであろう。ヴィクトール・ブローネルは、女性の、あるいは恋人たちの身体を、その部位ごとに解体して繋ぎ直す(図33)。肩か

テオドール・ジェリコー
図31——《解剖学的断片》一八一八〜二〇年
モンペリエ　ファーブル美術館
図32——《切断された頭部》一八一八年
ストックホルム国立美術館

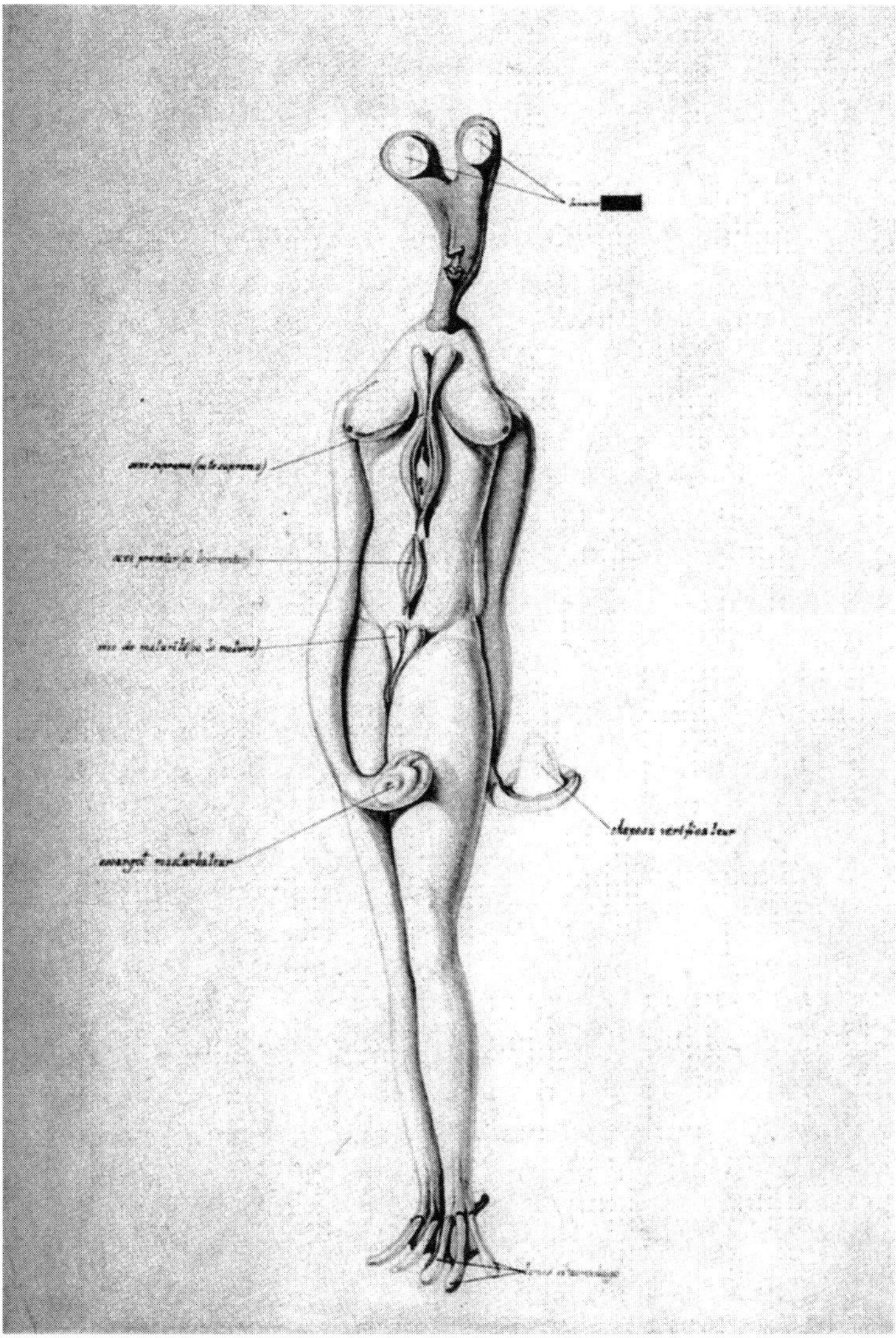

図33——ヴィクトール・ブローネル《欲望の解剖学》一九三五年
パリ　ポンピドゥー・センター

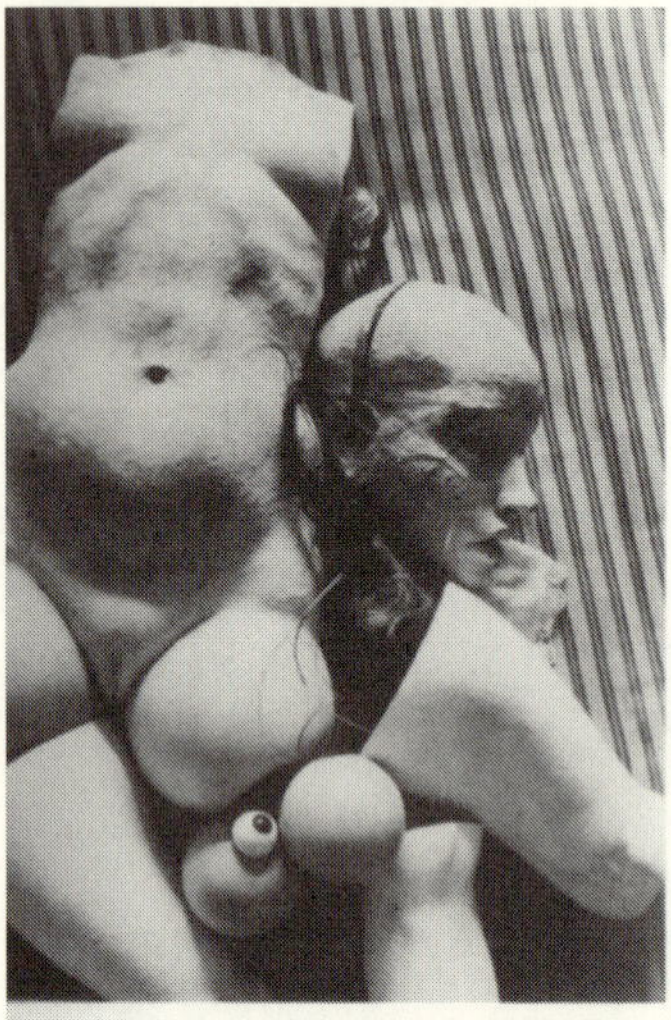

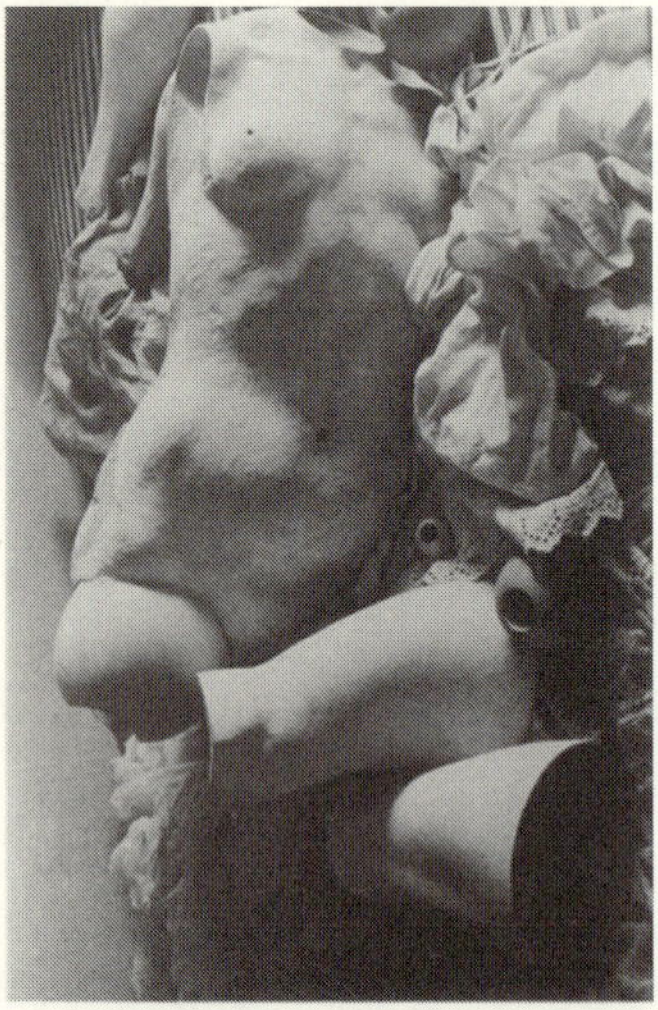

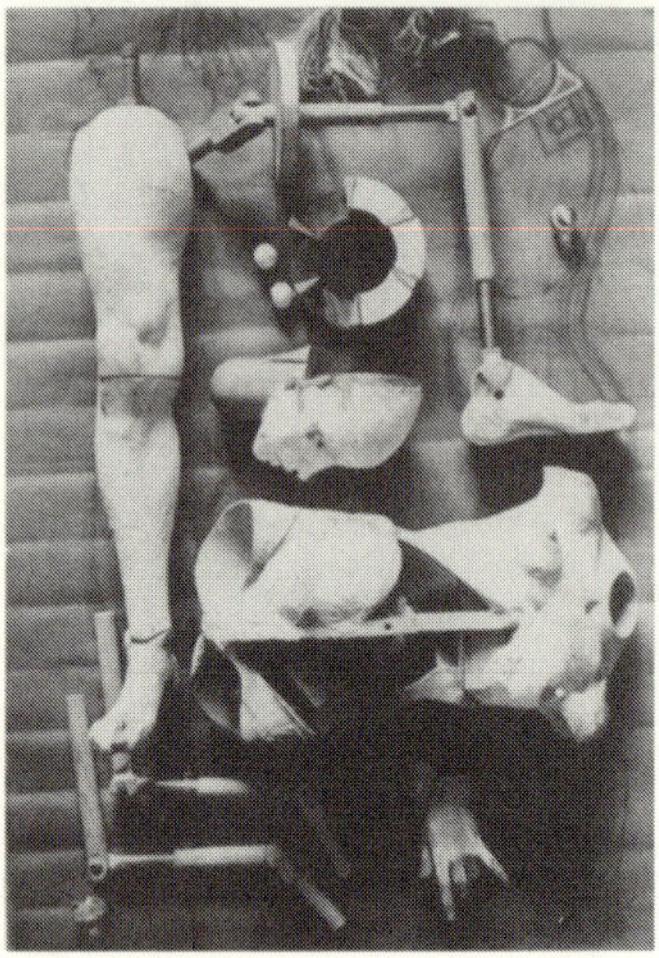

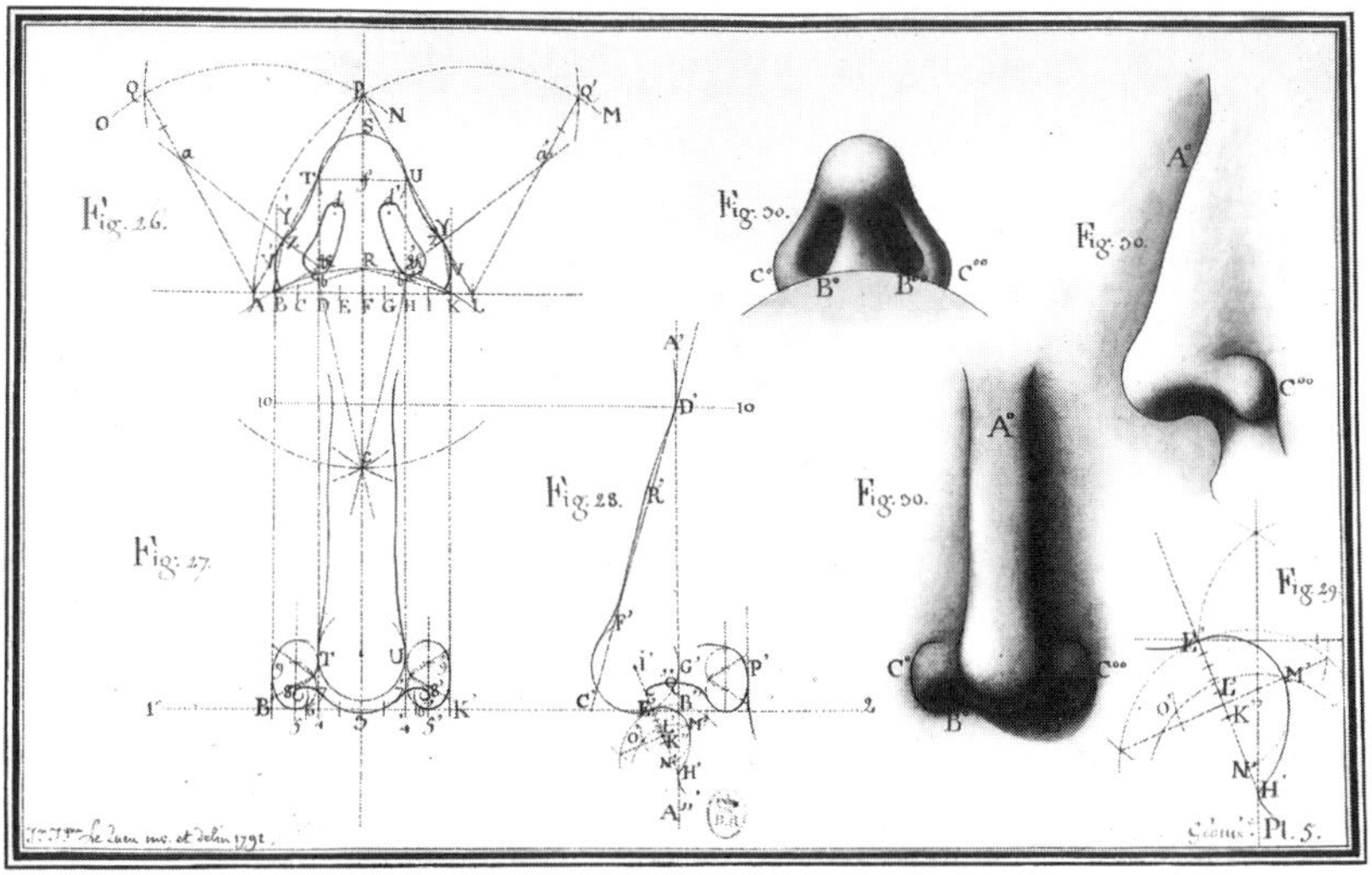

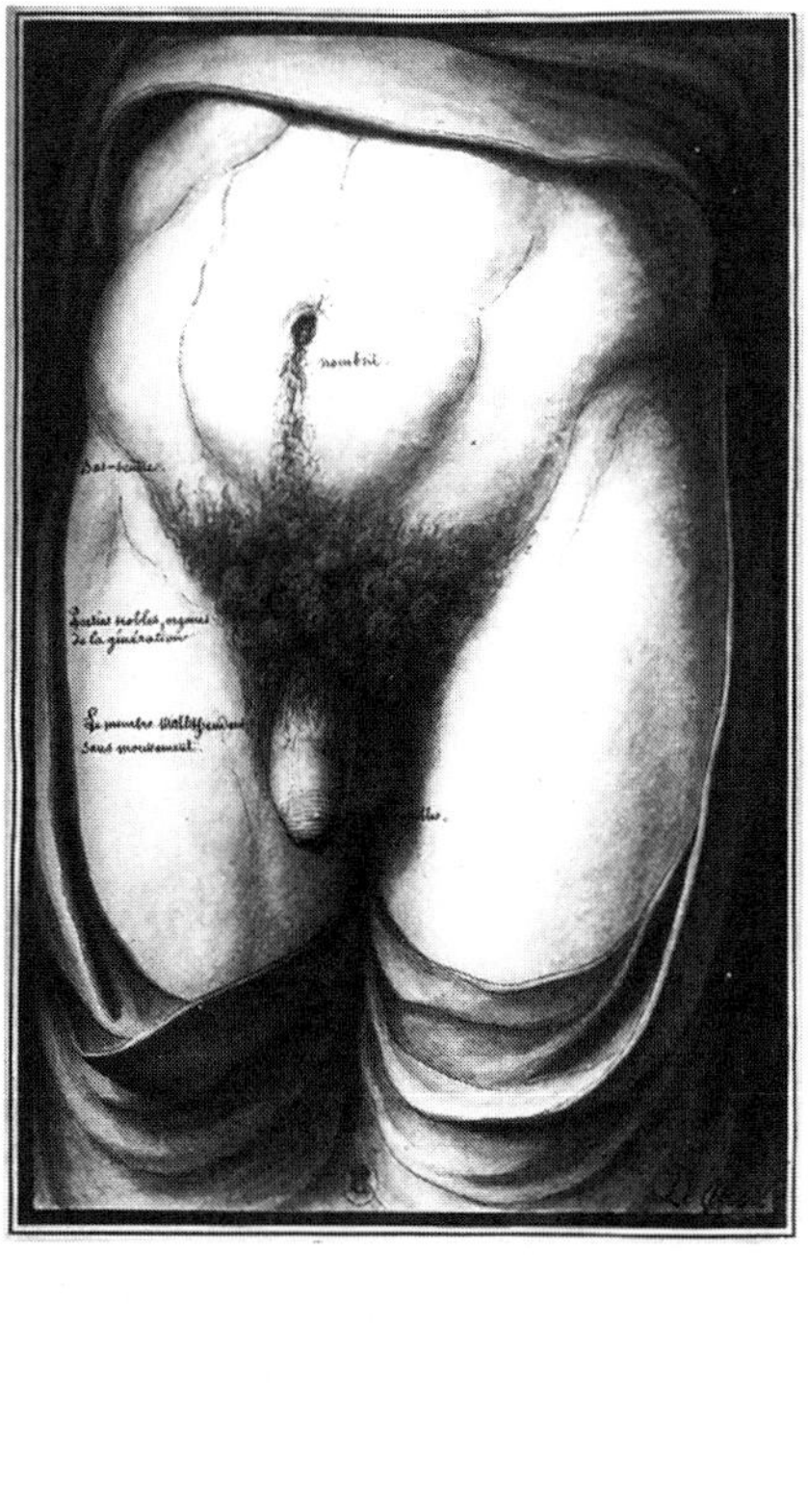

図34——ハンス・ベルメール《人形》シリーズ　一九三四年　個人蔵

図35——ジャン＝ジャック・ルクー《鼻の習作》一七九二年

図36——《バッカスの淫猥な姿態》一七七九年以降　パリ　フランス国立図書館

らは腕のかわりに脚が生え、あるいは乳房が背面に接合される。「上半身」と「下半身」の分断を前提とする、理性的な領域と性的な領域とのヒエラルキーがここでは撹乱されることになる。あるいはまたベルメールは、球体関節手法の特性を活かし、少女の身体をバラバラに分解して、新たなコンポジションの（複数へと開かれた）可能性を提示する（図34）。

分断された身体部分への執着と関心――この契機を建築表象の文脈に戻すならば、いわゆる「廃墟画」とは系譜を異にするが、ジャン＝ジャック・ルクーこそ「分断された建築的身体」の体現者であるかもしれない。「畸想的」な建築ドローイングで知られるルクーはまた、解剖学的関心と性的執着の双方を伺わせる、人間身体の部分図をも多数残している（図35・36）。彼の「器官」へと向けられた微視的な眼差しは、岡崎乾二郎の言を借りれば次のようになる。

ルクーの図集から読み取れるのは全体ではなく、ひたすら器官への関心である。暖炉や溶鉱炉、噴水、階段、灯台、燭台ばかりではない、人間もまた生殖器、口腔、肛門、舌、眼、耳、鼻というカテゴリーで分解され、それぞれの器官そのものへの関心が誇張される。[☆30]

このような部分性を、アントナン・アルトーをもじって「身体なき器官」と称することも可能だろう。しかしルクーの建築ドローイングにおいては、一度部分対象へと分割された諸器官は、ふたたびひとつのマッスへと有機的に再結合されていくこととなる。[☆31]

5　時間性を体現するモデルとしての廃墟表象

外部からの物理的力により瞬時に破壊され、あたかも臓腑を剥きだしにされたかのような建築物の姿は、しかしほとんどの場合、一七世紀以来の「廃墟趣味《ロヴィニスモ》」の約定に従い、アカデミックな手法で描かれている。それらは、時間の「指」

図37――ギュスターヴ・ブーランジェ《パリ・コミューンのひとこま、コンコルド広場》一八七一年
パリ　カルナヴァレ美術館

図38――エドゥアール・マネ《内戦、一八七一年パリ・コミューンの光景》一八七一～七四年
パリ　フランス国立図書館

による緩慢な破壊作用が出来させた、悠久の時間性を内包する廃墟と、外観においてはほとんど区別できない。観る者にロマンティックな感傷を喚起する、美的な鑑賞の対象としても十分に通用しそうである。破壊をもたらす生々しい暴力性は、ここでは解毒され、定型的な「美」に回収されていく（図37・38）。類型的な構図や明暗の効果、描画という行為がはらむ、対象の「距離化」、そして「場」や「時間」、また読解のための文脈からの切断は、イメージの審美化をもたらすであろう。しかし逆に、これらの言わば「擬似的ロヴィニスモ」は、伝統的な「ピクチャレスク」概念の中に、破壊と死の痕跡を忍びこませるものでもある。あるいは、相対する二つのヴェクトルの拮抗しつつ共存する場が、一八世紀後半以降に現出する「破壊された建築」のイメージ群であったのかもしれない。

　廃墟とは、死に向かいつつある、あるいはすでに死した建築物であり、人間によって住まわれた空間とそこに固着した記憶との「墓場」である（図39）。つまりは一種の「死者のためのモニュメント」である。破壊と持続のせめぎあいや、断片や痕跡としての現在と失われた全体性との弁証法が、廃墟の審美化を下支えする要因であっただろう。科学技術の発展や政治状況の変化は、この「死」を緩慢なものから瞬間的なものへと、また「時の神」によるものから人為によるものへと変容させる。それは、当時の「身体」へと加えられる暴力的破壊とも並行するものであった。外観上は伝統的な絵画と連続的であり、実際そのように受容されることもしばしばであった当時の廃墟表象は、しかし、この暴力の瞬間性の証人でもある。

　「革命」の開始を画するシンボルであったバスティーユ牢獄は、革命後に解体され、その跡地である広場は「空白」[☆32]のままに革命祭典の中心的場（式典行列の出発地）となった。一七九三年の大祭典にさいしては、画家のジャック＝ルイ・ダヴィッドが美術監督を務め、一時的・仮設的《エフェメラル》な建造物が——永続的な建築物ではなく——設置された。瞬間的に「廃墟」の相貌を見せたバスティーユは、その政治的記念碑性ゆえに、「廃墟」として存続することを許されず、むしろその跡地は——断片的かつ非連続的に残された城塞の遺構、それから地下鉄駅の「オペラ＝バスティーユ」の名を除いては——徹底的な「白紙」であり続けている。[☆33]当時の国王一家が数年の間幽閉されていたタンプル塔も、

図39——エルンスト・フリードリヒ「見よ、これが資本主義が生みだす建設事業なるぞ」『戦争に反対する戦争』（一九二五／三〇年）所収

また同様である。革命後に跡形もなく取り壊された後は、モニュメントすら建てられず、現在は通りの名にその形跡をとどめるのみである。

ノスタルジックな、あるいはロマンティックな回想と内省を惹起する廃墟は、過去の時間の厚みと持続性をその存在の前提とする。その緩慢な破壊と崩落の進行過程そのものが、長きにわたる時間経過の、いわば積分的な痕跡である。しかし、政治的な力が出来せしめた、それゆえに「瞬間的」に達成される廃墟は、未来へと向けて存続することがほとんどない。それは時間の厚みを（過去においても未来においても）徹底して欠く廃墟であり、むしろ点的時間とその暴力性との、逆説的なモニュメントなのである。

第5章　石の皮膚、絵画の血膿
——一九世紀文学における「病める皮膚」のモティーフ

岩石の摩滅や肉体の衰耗などに見られるこのような腐蝕は、人間の働きを思い起こさせる。……すなわち、ひび割れは、膨れあがった血管のようにひろがり、乳房に出来たひびのように口を開くのであり、瀝青に出来る小穴は、蜂窩織炎がつくる穴のようにひろがるのだ。亀裂は、皺が人の顔を蔽うように、壁を蔽うのである。……時間の、風化し増殖するいっさいのものの、すばらしいふるえは、このような［不滅のもののいつわりの］秩序を打ちこわすのだ。☆1
（ガエタン・ピコン『素晴らしき時の震え』）

1　皮膚のテクスト／テクストの皮膚

一九世紀において皮膚が問題となるのは、もっぱら文学においてであった。ここでは、テオフィル・ゴーティエ、エドガー・アラン・ポー、エミール・ゾラ、ジョリス＝カルル・ユイスマンスらを主な対象とし、「皮膚の文学」というテマティックを再考してみたい。小ロマン派の作家・批評家であるゴーティエと、ゴシック・ロマンと怪奇風犯罪小説を手掛けたポー、自然主義を標榜したゾラ、そして悪魔主義のデカダンスから神秘主義的なカトリシズムへと転向していくユイスマンスとでは、活動した地域も、文学史上のカテゴリーも異なっている。しかし、傷つき、年老い、病に冒された皮膚が作品世界の特権的な位置を占めていたという点で、彼らは共通している。彼らの作品世界を貫くテマティックは、文字どおりの「皮膚病」にとどまるものではない。建築物の表面に捺された時間の爪痕や、外壁や室内空間の表層を覆う装飾、あるいは画布に置かれた色彩などもまた、建築空間やタブローの「皮膚」を攪乱する。そして、このような表層への眼差しに注目するときには、視覚に含まれる触覚性——いわば「眼の指で撫でる」ような視のあり方——が問題となるであろう。ここで問題となる視覚（ないし視触覚）とは、ヴィジュアル・イメージそのものというよりも、テクストの中に体現された知覚の態様のことである。

実に書きとどめていく。スペイン北部の街ブルゴスにある大聖堂の内部は、次のように眼差され、描写される（図1）。

顔を上げると塔の内部空間によってかたちづくられた穹窿が目に入る。それは眩暈のするような、彫刻とアラベスクと、彫像と小円柱と格縁と、ランセット窓と穹隅とが渦巻く深淵である。二年かけたとしても、全てを見尽くすことはできないだろう。穹窿はキャベツの葉のように密集し、魚用ナイフのように穴が穿たれている。[☆4]

この礼拝堂は「最小の空間に最大の装飾を施すこと」に成功しており、「どんなに巧みな装飾彫刻家ですら、もはやこの礼拝堂には薔薇型模様ひとつ、花形装飾ひとつ加える空間を見いだせない。これこそ、もっとも豊潤で驚嘆すべき、蠱惑的な悪趣味（mauvais goût）である」[☆5]とゴーティエを（逆説的に）感嘆させる。この作家は、すべてを見ること、そして見たすべてを言語に翻訳することの不可能性を吐露しつつ、ひたすら対象物へと微視的な視点を走らせていく。ブルゴスの聖堂クーポラにおける「充溢する装飾」は、表層に施された隆起であり、視る者の目を楽しませる。装飾は、彫刻され、刳り貫かれ、編まれ、刺繍され、あるいは顔料を塗られることで表層の単調さと平穏さを攪乱しつつ、しかし依然として表層にとどまり続ける。

空間に充溢する装飾を賞賛するゴーティエは、装飾の不在や「除去」を手厳しく糾弾する。装飾を欠く建築物や室内空間に対しては嫌悪感が露わにされる。たとえば、当初から装飾の欠落しているエスコリアル宮殿、ブルゴス大聖

図1——ブルゴス大聖堂正面外観と内観

堂の装飾が剥奪されてしまった部分、[☆6]あるいはまた、現地の慣習に従い石灰で覆われた建築物の、偽りの表層によって隠蔽されている壁面である。かつてゴシック様式の家や透かし彫りの尖塔が存在していたコルドバの家並みは、「満遍なく石灰が塗られている所為で、記念碑的建造物はみな画一的な相貌を帯び、建物の外壁は埋められ、細工は消え、経年の痕跡を読みとることもできない」[☆7]。建築物の装飾は覆い隠され、表面の素材は偽りの外観をまとうこととなる。セビーリャの街並もまた石灰塗料に支配され、「かつて家々を飾っていたアラブやゴシック様式の彫刻の残滓は、隠蔽されてしまい調査が及ばない」[☆8]として、旅行者や考古学者を失望させるであろう。

身体にとっての被覆である衣服に対しても、ゴーティエは建築物の外壁と同様の眼差しを向けている。当時は、すでにいくつかのモード雑誌[☆9]が刊行され人気を博していた。しかし、ゴーティエが衣服へと（あるいは身体を覆う布地の表層へと）向けた眼差しは、同時代のダンディたちが共有していたモードへの関心とは異なるものであった。旅行者にとって、現地の衣裳は異国情緒の体現であることはもちろんだが[☆10]、布地の上を這い廻るゴーティエの眼差しには、単なるエキゾティシズムへの憧憬を超えた「過剰さ」がある。彼は、とりわけ布地のマティエールを際立たせようとする。彼が礼賛するのは、御者《サガル》や闘牛士の身につける、精緻な刺繍や線条細工が施され、アラベスク模様で覆い尽くされたヴェルヴェットの衣装であり、また彩色聖像の瞠目すべき絢爛さであった（図2）。

装飾は「表層」と切り離すことができないが、同時にまた文字（テクスト）と図像とが相互に混じり合うトポスでもある。たとえばゴーティエが異言語の文字を眼差すとき、その可読性よりも不可読性、「読めない文字」がもたらす図像性が問題となる。異郷の文字が、絡みあった線状の装飾と化すのである（図3）。

ある特殊な一要素のために、アルハンブラ宮殿大使の間の壁は際立っている。それは文字を装飾モチーフとして用いていることである。……これらの銘は、花模様、唐草模様、コルドン模様、そしてアラビア流の書体の豪華絢爛たる模様とともに、フリーズに沿い、扉の側柱の上や窓の迫持ちの周りに拡がっている[☆11]（図4）。

図2・1——ファン・マルティネス・モンタニェス《無原罪の御宿り》一六二八年頃
受胎告知教会　セビーリャ

図2・2——《磔刑のキリスト》一六一七年
聖天使修道院教会　セビーリャ

図3――グラナダのアルハンブラ宮殿「大使の間」

図4――アルハンブラ宮殿「二連窓の間」のアラベスク模様

第5章　石の皮膚、絵画の血膿——一九世紀文学における「病める皮膚」のモティーフ

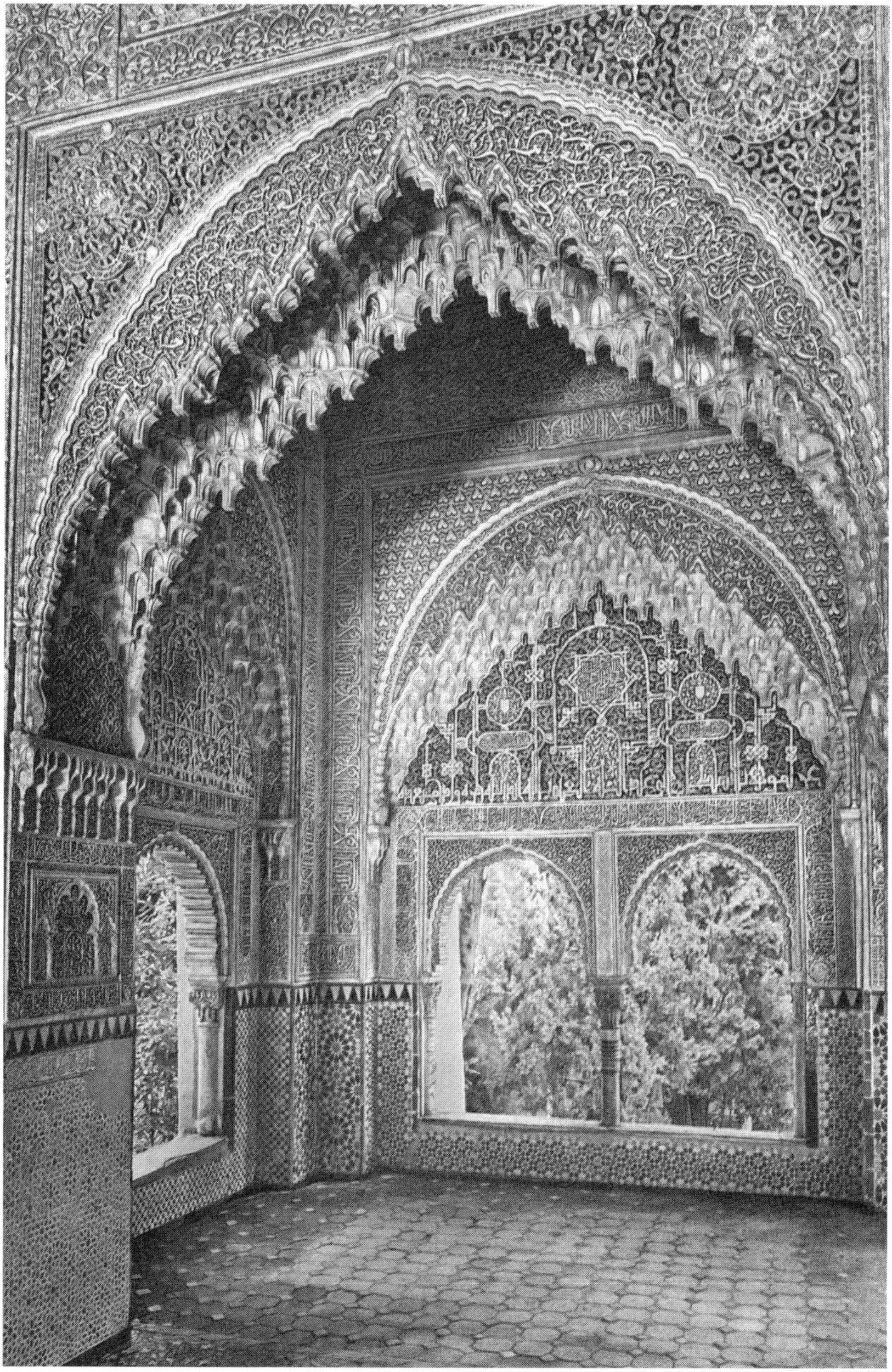

このアルハンブラ宮殿訪問に先駆けて訪れたマドリードで、迷宮のような路地を彷徨ううちに出会ったスペイン語の看板は、文字が装飾紋様へと変貌する、最初の契機となるものであった。ゴーティエによれば、これらの看板はみな略字体で書かれ、しかも「お互いに絡みあった文字で書かれている」ので、彼ら外国人にとっては判読しがたい。[☆12] この時点ですでに、書かれた文字がその指示対象を失い、言語としての意味をもたない装飾模様へと生成していく徴候が現われている。書かれた文字が装飾模様と化し、逆に紋様がひとつのエクリチュールであるという往還関係が、ここには存在している。

記号としての指示内容をもたぬ装飾紋様と書付けられた文字――その媒介項として存在するのが、アラベスクであろう。アラベスクへの偏愛を、ある時期の文人たちは共有している。たとえばカントは、「ギリシア風の線描的模様」は、それ自体だけではなんの意味をももつものでないとして、これを優越的な「自由美」に位置づけている。[☆13] アラン・ミュゼルによれば、一八世紀当時の「ギリシア風の線描」(Zeichnungen à la grecque) は、アラベスクとほぼ同義であった。[☆14] このようなアラベスク趣味は、シャルル・ボードレール、[☆15] それからポー[☆16]へと受け継がれていく。それは、建築物の表層を無限に覆い尽くす線であり、指示内容を含んだ書字記号がほどけて、自身ではなにものも意味しない純粋な形象へと変貌していく一過程である。

3　物質としての色彩

ゴーティエ、ユイスマンス、ポーといった文学者たちを縫いあわせる共通項が、色彩の「物質性」への注目である。色彩もまた表層にまつわるテーマのひとつである。眼の指で触れるように事物を眼差し、描写する作家たちは、色彩の光学的・視覚的な現象というよりもむしろ、そのマティエールや観る者の身体に訴える温度感覚など、触覚的・皮膚感覚的な側面をすくいあげようとした。

「家具の哲学」でポーは、室内空間を徹底的に描写してみせる。この「室内の最初の観相家」[17]は、色彩の効果と装飾模様としてのアラベスクに殊更にこだわっている。「彼の睡眠中にその部屋のスケッチを試みてみよう」と作者は言う。最初は部屋の寸法と形状が語られる。しかし、開口部の位置についての簡潔な説明の後に続くのは、部屋を覆い尽くす布、その色彩と表層のマティエールについての、神経症的なまでに綿密な記述である。

窓ガラスは緋色に染められ、並外れてがっしりとした紫檀の木枠に嵌めこまれている。窓の形に沿ってつくられた分厚な銀地の窓掛けが、ゆったりと垂れている。窓のくぼみは、金の綾織りの縁飾りと銀の縁取りがついた緋色の絹のカーテンで覆われ、外部からの視線を遮っている。……結び目の解けそうな金色の綱でゆったりと絞られたドレイパリーが、開いたり閉じたりしながら垂れ下がっている。……サキソニー加工の絨毯は、半インチもの厚みがある。その地はやはり緋色で、若干毛足の長い金色の畝模様によって、周囲から浮きあがって見える。……壁は銀灰色の光沢のある紙で覆われ、部屋のあちこちで用いられている緋色を薄めた色調のアラベスク模様が、ところどころに施されている。……紫檀と緋色の花模様の絹でできた二つのソファが、やはり紫檀製の談話用椅子を除いては、唯一の腰掛けの類である。……緋色のガラス製の笠をもち、一重の細い金鎖によって高い穹窿状の天井から吊るされたアルガンランプが、静かなしかし魔法にかけられたかのような光を、部屋全体に投げかけている。[18]

ポーが執着するのは、空間の数的比例や家具の形状ではなく、もっぱら窓掛や絨毯といった柔らかな被覆物であり、部屋全体の色調を決する照明であり、光を透過させ反映させるガラスや鏡の表層である。そしてこれらの被覆物は、アラベスク模様によって飾られていなければならない。[19]

色彩が室内空間へもたらす効果への執着——これは「赤死病の仮面」(一八四二年)での、七つの部屋の描写においても顕著である。この邸館の所有者であるプロスペロ公は、「色彩とその効果についてのすぐれた眼識の持ち主[20]」として描かれている。最初の部屋は壁掛けも窓ガラスも青に統一され、次の部屋は紫、そして緑、橙、白、菫色が続く。中でも、後に破滅的なクライマックスの舞台となる七番目の部屋の設えは際立っている。

> 七番目の部屋は天上から壁にかけて黒いビロードのタペストリーにすっぽりよそわれ、それが重々しい襞をつくって同じ材質、同じ色彩のカーペットに垂れかかっていた。しかし、この部屋だけは窓ガラスの色と装飾の色とが一致していなかった。ここの窓ガラスの色は緋色——濃い血の色だった[21]。

外の廻廊に置かれた篝火の効果によって、ガラスの血の色が黒い室内に投影される。赤死病の徴候は顔面の緋色の斑点であり、罹患者はやがて毛穴からの大量出血に見舞われて死にいたる。この怪奇極まる色彩の効果は、疫病の激烈な症状の予兆であった（図5）。

ユイスマンス『さかしま』のデゼッサントは、室内空間における「色彩」へのフェティシズムをさらに押し進める。彼は壁紙の色合い《ニュアンス》を、さまざまな種類の光線のもとで吟味し、その心理的な効果について思案をめぐらせる。

> 青は蝋燭の光で見ると、不自然な緑色をおびる。コバルトや藍のような濃い色の場合は、黒になる。明るい色の場合には、灰色に近づく。トルコ玉のように暖かく柔らかな場合には、その色は艶を失い、冷たくなる[22]。

長考熟慮の果てにデゼッサントが選びだすのは、「人工的な華麗さと辛辣な熱っぽさとを具えた」病的な色彩、つまりオレンジ色である。この色彩は、「膚理のあらいモロッコ革」や「光沢出しをほどこされた喜望峰の山羊革」による室内の「装幀」によって、実現されるだろう。理想の室内空間が完成したのちに、その被覆は文字どおり「オレ

図5——ハリー・クラーク《赤死病の仮面》一九一九年

図6——ハンス・マカルトのアトリエ　一九世紀半ば

ンジ色の皮膚」[☆23]（peau d'orange）と化す。

ベンヤミンによれば、一九世紀のブルジョワたちの室内空間は住人を包む容器であった[☆24]。被いやカバー、袋や容器といった類のさまざまな被覆物が、つまり住むことの痕跡がとどめられることとなる表層が、この空間を満たす。これらの被覆物は、ヴィクトリア様式やビーダーマイヤー様式、あるいはアール・ヌーヴォー／ユーゲントシュティルと呼ばれる様式に基づいて、潤沢な装飾を施されることもあった（図6）。潤沢な布は皮膚に近似し、柔らかな覆いによって満たされた室内空間は、胎内のメタファーという性質を帯びてくる。

アドルフ・ロースは被覆物（建築や衣服）における装飾を、未開人の刺青や女性の化粧に準えた[☆25]。ロース流の想像力をさらに押し進めるなら、表層の上に重ねられた装飾や色彩を、建築物の皮膚病ととらえることも可能なのではないだろうか。室内を覆い尽くすカーテンや壁紙、絨毯などの表面に施された装飾紋様は、病んだ皮膚の外部投影、あるいは糜爛した内臓器である。それは室内空間の住人（典型的な例がデゼッサント）の、病に冒された神経と肉体の反映でもあろう。室内空間の表層を執念くたどる探偵（たとえばポーの「盗まれた手紙」に登場するデュパン）の眼差しは、皮膚の上に病の発言や徴候を読み取ろうとする医師の眼差しと重なりあうだろう。

4 皮膚を侵犯する眼差し

色彩を形容するために、ゴーティエやユイスマンスは独特の語彙を用いている[☆26]。その多くは皮膚（それも、老いや病の徴候の顕われた皮膚）や表皮の隠喩である。

ゴーティエにとって、イルンの小集落の家々は「焼いた七面鳥の色」[☆27]であるし、トレド大聖堂の外壁は「焦げ茶色、パンの焼けた色、パレスチナ巡礼者の日焼けした皮膚のような色」[☆28]をしている。ラピスラズリ色の空に聳えるトレドの「太陽の門」は「ポルトガルのオレンジみたいな、焼かれたり漬けこまれたりしたような色合いの焦げ茶色」[☆29]で、ブルゴスへと向かう途上にある半ば廃墟化した集落は、「焼かれたパンのような色をした乾いた軽石のように干からびて」[30]といった具合だ。もっとも示唆的なのは、トレドの廃墟化したアルカザールを描写した、次の一節であろう。

大理石を赤く焼き、石をサフラン色に染めあげる灼熱のスペインの太陽は、豊潤で鮮やかな色調の衣装を、その建物にまとわせている。われわれの国の建築物に何世紀もの時間が与える、黒ずみ腐食した癩病斑 (lèpre noire) のような相貌とは、まったく異なっている。[31]

ここでは、建築物の表層に置かれた色が人間の皮膚、とりわけ病変の現われでた皮膚に準えられる。

この「病める皮膚」こそ、一九世紀フランスの文学において、重要なモティーフのひとつにほかならなかった。文字通り病変に冒された皮膚の描写も、病理学への関心や現実観察の重視という傾向とも相俟って、作中にしばしば登場する。その旗頭はやはりゾラであろう。『ナナ』の結末部分では、天然痘に冒された女主人公の身体が、体液や膿汁を排出するおぞましい物体と化す。迫真的な描写の焦点は、皮膚の上に現われでた変化と、体表に穿たれた孔から滲みだすどろどろの滲出液——つまりは病の徴候——にある。

それは寝台の上に投げ出された、骨と血と膿と腐肉の堆積であった。天然痘の膿疱が顔じゅうを埋め、小さな粒が一杯に並んでいた。しかも、その膿疱は色褪せて萎み、泥のような灰色を呈していて、もはや輪郭さえ見分けがたいほど崩れてぶよぶよになった顔の上では、土にはえた黴のように見えた。左の目は、化膿した肉と血と膿のなかにすっかり見えなくなり、右の目は半ば開いていたが、落ちくぼんで、黒く腐った穴のようだった。鼻からはまだ膿が流れ出していた。片方の頬から口にかけて、赤みがかかった瘡蓋が拡がり、口をひん曲げて、おぞましい笑顔をつくっていた。[32]

身体の内部に巣食った病は皮膚を喰い破って表層に顕現し、美しい外貌を破壊する。ウェヌスに喩えられた身体は病と死によって腐敗し、ただ「金色の川のように流れ」る美しい髪だけが昔日の面影をとどめている。醜悪な死のイメージと、女性の若さや美しさの象徴物との対比は、中世以来の「死と乙女」（図7）や「ウァニタス（儚さ／虚栄）」（図8）の系譜を連想させる。乙女と並べて描かれる皺だらけの老婆は、やがて砂の落ちる時計や色褪せゆく花、脆いガラスなどとともに、一時の精華の移ろいやすさを示していた。美しい娼婦の最期にこれと同種の道徳的な訓戒を読みとることも、あるいは可能だろう。しかし、寓意画における老婆の定型的な描写と比べるなら、ゾラの描写はあまりにも微細かつ個別的である。ここでは、特定の病（天然痘）に冒された固有の身体こそが、精密かつ執念深い眼差しの対象に据えられている。この「病」への関心と知識は、自然主義文学における「病める皮膚」の描写を、象徴としての「老醜」の類型的表現から分かつひとつの契機にほかならなかった。[☆33]

他方で小ロマン派ゴーティエの筆には、ここまで凄まじい迫真性はない。しかし、病的な皮膚をつぶさに観察し克明に書きとどめようとする眼差しのあり方は、彼によってすでに先取りされていたと言ってよい。ボルドー大聖堂の地下埋葬所で夥しいミイラを見物したゴーティエは、解剖学者のごとき眼差しで、その様相を描写する。

> 顔は歪み顰められ、頭蓋は半ば禿げ、薄く開いた脇腹からは格子状の肋骨を通して、海綿のように干からびて萎んだ肺が見える。こちらでは肉体は粉塵と化し、骨は穿たれ、あちらでは細胞の繊維組織による支えを失って、羊皮紙のような皺だらけの皮膚が、もうひとつの死衣のように骸骨の周りを漂っている。……顎は外れ、首周りの筋肉は膨れあがり、拳は固く握り締められ、脊柱は酷く捩れて反り返っている。[☆34]

作家の視線は、執拗にミイラの表層を、皮膚や筋肉の隆起を追いつつも、そこに口を開いた傷口——「くっきりと浮かびあがった」「脇腹で笑う青い唇のような傷口[☆35]」——へと注がれ、そしてその内部へと分け入っていく。あたかも懐疑主義者聖トマスの、キリストの脇腹の傷へと差し入れられる指のように[☆36]（図9）。同様の視線のヴェクトルは、絵画にも向かう。

フラ・ディエゴ・デ・レイバの絵画作品、とりわけ斬首人に乳房を切り落とされる聖女カルシダの殉教を描いた絵画に触れておく（図10）。肉の切断によって胸に刻まれた二つの赤い色斑から、血が噴きだしている。……写実主義と芸術における真理への愛好の極北である。画家は、一滴の血たりとも見逃すことを許さない。切断された筋が収縮し、生きている肉塊が震え、その濃い緋色が、血の気の失せた白さや青白い皮膚と対照をなしている。斬首人の三日月刀で断絶された頸椎、拷問人たちの棒や鞭によって刻印された惨たらしい痣、鉛色の唇から液体と血を吐きだす大きく裂けた傷口。すべてが壮絶なまでに迫真的である。[☆37]

ゴーティエにとって「視ること」とは、決して審美的な体験にとどまるものではなかった。それは、執拗で、ときにサディスティックな相貌を帯びる。このことは、動物たち——とりわけ毛を刈られ、骨格や筋肉、血管などの内部組織が薄く脆弱な皮膚を通して浮かびあがっている動物たち——へと向けられた解剖学的な観察眼からもうかがえる。フランス国境に程近いイルンの街で馬車に繋がれた騾馬は、胴の半分まで毛を刈られており、「この剥ぎとりによって、骨格、筋肉、そしてどんなに細い血管にいたるまで、騾馬たちの解剖学を徹底的に探究することができる」[☆38]。旅の終わり近く、グラナダからマルガへと向かう途上でも、同様の情景が現れる。騾馬の毛が胴まで刈られているために、皮を剥がれた動物標本に乗っているかのように、筋肉組織を研究することができた[☆39]」というのである。体表を透かしてその解剖学が探究されるのは、なにも家畜ばかりではない。アンダルシアの「犬の道」と呼ばれる山岳地帯では、縦横に断層の走る巨大な岸壁が、「剥きだしの地球の解剖学を学べる、大地の皮剥ぎ標本[☆40]（écorché terrestre）」とまで表現されている。

図7——ハンス・バルドゥング・グリーン
《女の三段階と死》一五一〇年頃
ウィーン　美術史美術館

図9——ミケランジェロ・メリージ・ダ・カラヴァッジョ
《聖トマスの懐疑》一六〇〇年頃
ポツダム　サンスーシ宮

図8——フアン・デ・バルデス・レアール《世の栄光の終わり》一六七一年
セビーリャ　サンタ・カリダー病院

図10——フアン・リシ《聖セントーラと聖エレナの殉教》年代不詳
ブルゴス大聖堂

アルフォール獣医学校の解剖学部長オノレ・フラゴナール[☆41]がエコルシェによる解剖学標本を制作したのは、一七六〇年代から七〇年代にかけてのことであった（図11）。当時は、とりわけ馬の解剖学に注目が集まっていたようである。パリのアルフォール博物館をゴーティエが訪れていたかは定かではない。しかし、皮剥ぎの解剖学者フラゴナールと類似の眼差しを、ゴーティエがもちあわせていたことはたしかであろう。セビーリャで闘牛を観戦する場面では、裂ける表層と流出し露となる内部との対比が、極致にいたる。

闘牛の角の一撃で馬の腹は裂け、その結果内臓が飛び散り地面にまで流れだすほどだった。……自分の力しか頼るもののない哀れな動物は、酩酊者のようによろめき、はみだした内臓に足を絡めながら闘牛場を横切り始めた。大量のどす黒い血が傷口から止めどなく噴きだし、不規則に乱れた歩行を表わす途切れがちなジグザクの縞模様を、砂の上に描きだした。[☆42]

馬の皮膚を突き破る牛の角に同化したかのような、暴力的な眼差しがここにはある。ゴーティエの偏執的なまでの視覚が、事物の表層を隈なく浚うものであることはすでに見てきたとおりである。しかし、それだけではゴーティエは満足しなかった。彼の視線は、可視的な表層を切り開き、あるいは貫いてその内部にあるものを暴きだそうとする欲動を、たしかに孕んでいた。

5　皮膚としての画布、血膿としてのメディウム

ユイスマンスによる「裂傷」の描写は、より壮絶を極める。『さかしま』では「動物の体内の膜を模倣したり、動物の腐った皮膚から生ま生ましい色や、動物の壊疽から豪奢な醜悪さを借り受けたり[☆43]」したかのような、梅毒を病んでいるかのような植物を、『彼方』では血膿と吹出物に覆われた「破傷風のキリスト」（グリューネヴァルトの《キリス

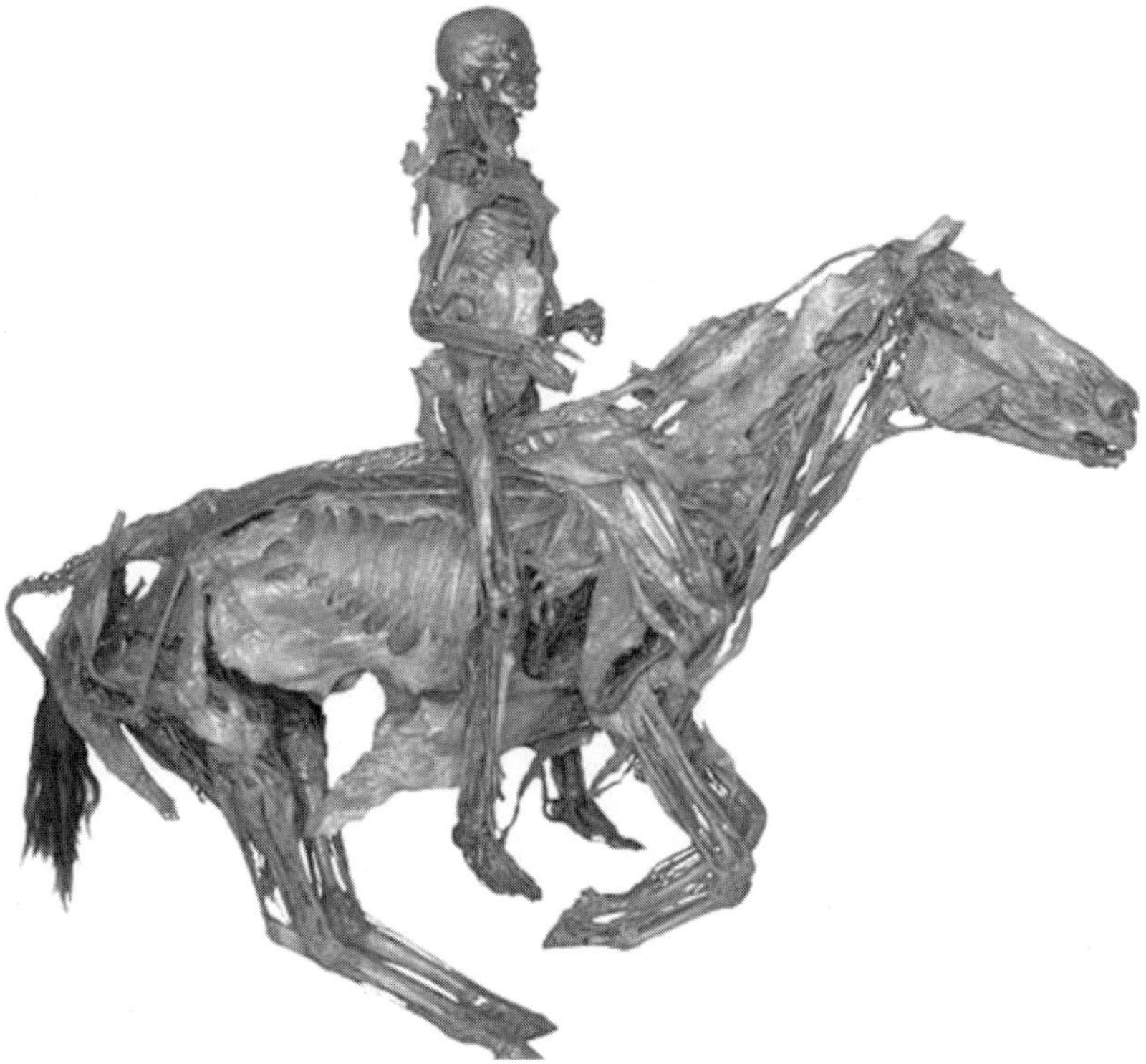

図11――オノレ・フラゴナール
〈騎馬像のエコルシエ〉(皮剥ぎ解剖学標本)一九世紀半ば
パリ　アルフォール獣医学校フラゴナール解剖学博物館

ト礫刑》を、『腐爛の華』では皮膚が腐り崩れてもなお芳香を放つ聖女を、彼は執拗なまでに精緻で網羅的な文章で書きとめる。わけても晩年の作である『腐爛の華』と『ルルドの群集』は、「皮膚病小説」の極北であろう。失った視力の一時的な回復という奇跡に見舞われたユイスマンスは、患者を視診する医師、あるいは対象を観察する自然科学者のごとき眼差しを以て、糜爛し崩落する皮膚のありさまを克明に描きだしたのである。

『さかしま』では、病は道徳的、神学的な意味合いを含まず、ただ浸食され、泡立ち、異常な色斑や凹凸の顕われた皮膚として描写される。病斑は、まずは主人公デゼッサントの植物への執着の帰結点、「贋物の花を模した自然の花」の上に顕現する。それらは、「ニスを塗った亜麻布、膠を塗った絆創膏」「牛の透明な肋骨、豚の半透明な膀胱」「油絵具の斑点や鉛丹、白鉛などの染みに汚れた、濃緑色に彩られた押型のある金属板」のような、巨大な葉をもつ。「血脈の浮きでた人造の皮膚のような外観」を帯びた珍種のカラディウムにいたっては、「梅毒やレプラに侵されたように、薔薇疹や水疱疹の跡を残した鉛色の皮膚」を呈し、「癒着した傷痕のような鮮紅色の色調」「固まった瘡蓋のような褐色の色調」を帯びている。あるいは「人工漏膿のように糜爛し、火傷のように盛りあが」り、「潰瘍によって孔があき、下疳によって膨れあがったかのような、毛の生えた表皮」を所持している。[☆44]

この糜爛した皮膚を持つ畸形の植物たちを前に、デゼッサントは「あれはみんな梅毒なんだな」とひとりごちる。この「梅毒」こそ一九世紀の作家たちをとらえたライトモティーフであり、「病める皮膚の作家」ユイスマンスにおいては、姿を変えつつ反復的に立ち現われるオブセッションとなる。梅毒病みの植物を自室に迎え入れた後、転寝の折にデゼッサントが見た夢には、梅毒の擬人像すら登場する。

口のまわりには吹出物がいっぱいできていた。異様に痩せた腕、肘まで露出した骸骨のような腕が、ぼろ着の袖からあらわれ、熱病のように慄えていた。……彼が目の前に見ているのは、「梅毒」のイメージだったのだ。[☆45]

この「梅毒」の形象は、夢の後半では女性の身体へと転移する。「乳房と口に物凄い炎症があらわれ、胴体の皮膚に黒ずんだ褐色や銅色の汚点が見えだした」女性の股の下からは、「血を滴らせながら、剣の葉のごとき葉身の内側にぽっかり黒い孔をあけ」たニドゥラリウムが咲きでる。ここで、皮膚に腐蝕の孔を穿つ皮膚病のイメージは、女性器のイメージへと横滑りしていく。ロベール・ミュッシャンブレがいみじくも指摘するとおりである。

ジョリス゠カルル・ユイスマンスにとり憑いた強迫観念は、死をもたらす「大きな梅毒の瘡」が、ぱっくりと空いた膣と一体となるイメージだった。☆46

カトリックへの改宗後に書かれた『腐爛の華』では、病は神から与えられた「恩寵」となる。聖女の身体の外包である皮膚は、衣服に準えられる。「彼女の魂は、あのように引きちぎられた身体や虫にくわれて穴だらけになった衣のなかで、果たして堅固であったろうか☆47」、と。つまるところ、ここではプラトン以来の「魂」と「肉体」の二項対立が堅持されている。ここからは、『さかしま』に顕著であり、『彼方』での磔刑のキリストへの――女性化されたキリストの身体への――描写にも内包されているエロティックな審級が脱落している。徹底して「病める皮膚」に、孔だらけの身体から横溢する無気味な物質に執着し続けたユイスマンスであるが、しかし彼の「皮膚」や「肉体」に対する眼差しは、カトリック改宗という転回を経て、やがて伝統的な身体観へと回帰してしまう。

しかし、病める皮膚に対するオブセッションは健在である。『ルルドの群集』では、霊験を求めて巡礼にやってきた病者の群れが、皮膚に開いた無気味な穴から絶えず滲出物を滴らせている様が、この作家の特徴である網羅的な冗長さで叙述されている。

年齢を重ねて当然朽ち果てていてもいいはずの、けだものめき、白い粉を吹きだした口、口、口が、そこにはまだ生きのびていた。癩病が、首の腫瘍――高台からぬっとつきだした感じの――と隣りあわせになっている。黒いヴェールをはねあげ、狼瘡にくずれた死人の顔をさらしている女たちがいる。両眼の位置には、真赤な二つの穴、鼻のかわりに血の滲みでるクローバーのエースの形が見える。かと思うと、顔面を癌におかされて、顔の形が半分になった者がいる。軟口蓋に穴があいたあわれな男は、そこから膿汁が流れでないように、飲み物をすするときは、顔をのけぞらせ、鼻をつままねばならない。[☆48]……

身体的な腐敗の中に聖性を顕現させていく聖女――一種の正反対のものの共存（coinsidentia oppositorum）である――の生涯をしたためた『腐爛の華』もまた同様である。

病気が全身にひろがったのである。……腐敗した肩に腫瘍が現われ、さらにつづいて、中世で非常に怖れられた病気がはじまった。それは丹毒で、右腕をおかし、肉を骨まで焼きつくした。神経がねじれ、一本をのぞいて全部はじけてしまった。……その頭もやがて腐ってきた。……額は髪の生え際から鼻の真ん中まで裂けた。顎は下唇のしたではがれ、口が腫れあがった。……最後に、喉頭炎で呼吸もできなくなったあとで、口や耳や鼻から血を流し、その夥しい分量で、ベッドがぐしょぐしょになるくらいであった。[☆49]

これらは、外的な徴候に基づく「内部」の診察ではなく、あくまでも表層に現われでた異常のディスクリプションである。

たとえば一八九八年の『大伽藍』に登場する「身体」は、大聖堂の比喩としての「聖なる魂の容器としての身体」であった。最晩年の『腐爛の華』ではその身体がもう一度、かつて『さかしま』に登場した「表層」――梅毒によって冒された皮膚のヴィジョン、不気味な斑点をもつ蘭の花など――を思わせるような、腐れ爛れた病んだ肉体の次元へと送り返されている。女主人公の病の進行は、内部的な要因でも、あるいは病人自身の身体感覚でもなく、外観に現われでた徴候によって示唆される。病が聖女の皮膚を内側から侵し、そして外部へと、不定形かつ無気味な膿や体液や皮膚の腐敗として這いだしていく。内臓の損壊すら、直ちに皮膚に顕われる。

> やがて、これらかずかずの病気のうえに、それまでは無難だった肺臓がやられはじめた。全身に紫色の皮下溢血がちらばり、それから赤銅色の膿疱と瘍ができた。……次は肺臓と肝臓にカリエスが起こり、それから癌が鶴嘴のような穴をうがち、肉の奥深く進んで腐蝕させた。最後に、ペストがオランダを襲ったとき、彼女はまっさきにかかった。鼠蹊部と心臓部に腫瘍が二つできた。……三番目の腫瘍がすぐ頬にできてきた。[☆50]

内奥に巣食った病は、皮膚に孔を穿ち内外の境界を浸食した挙げ句、やがてリドヴィナの身体そのものを粉砕してしまうのである。

描かれた身体もまた同様に、病変と血膿によって蝕まれる。ユイスマンスにあっては、色彩はしばしば、不定形でアブジェクティヴな物質との類縁性のもとに語られる。ここでの色彩は、光学的な差異の体系というよりも、むしろ物質としての絵の具である。『大伽藍』ではフラ・アンジェリコによるフレスコ画の色彩が、次のように描写される。

> アンジェリコの薔薇色は軽やかとも言いがたく、天衣無縫とも称しがたい。濁った、水で洗った血の色、絹絆創膏の色だ。酒糟色でなければ幸いというところである。例としてはキリストの衣の袖口に見られる色をあげよう。聖人たちの頬の色となると、一層この薔薇色が重苦しい。いわば砂糖菓子の衣の色、卵入り捏粉に混ぜた木苺のシロップの色である。[☆51]

図12——マティアス・グリューネヴァルト
《イーゼンハイム祭壇画》
中央パネル〈十字架上のキリスト〉（右）
同　部分（左）
一五一二〜一五年頃
コルマール　ウンターリンデン美術館

第5章　石の皮膚、絵画の血膿――一九世紀文学における「病める皮膚」のモティーフ

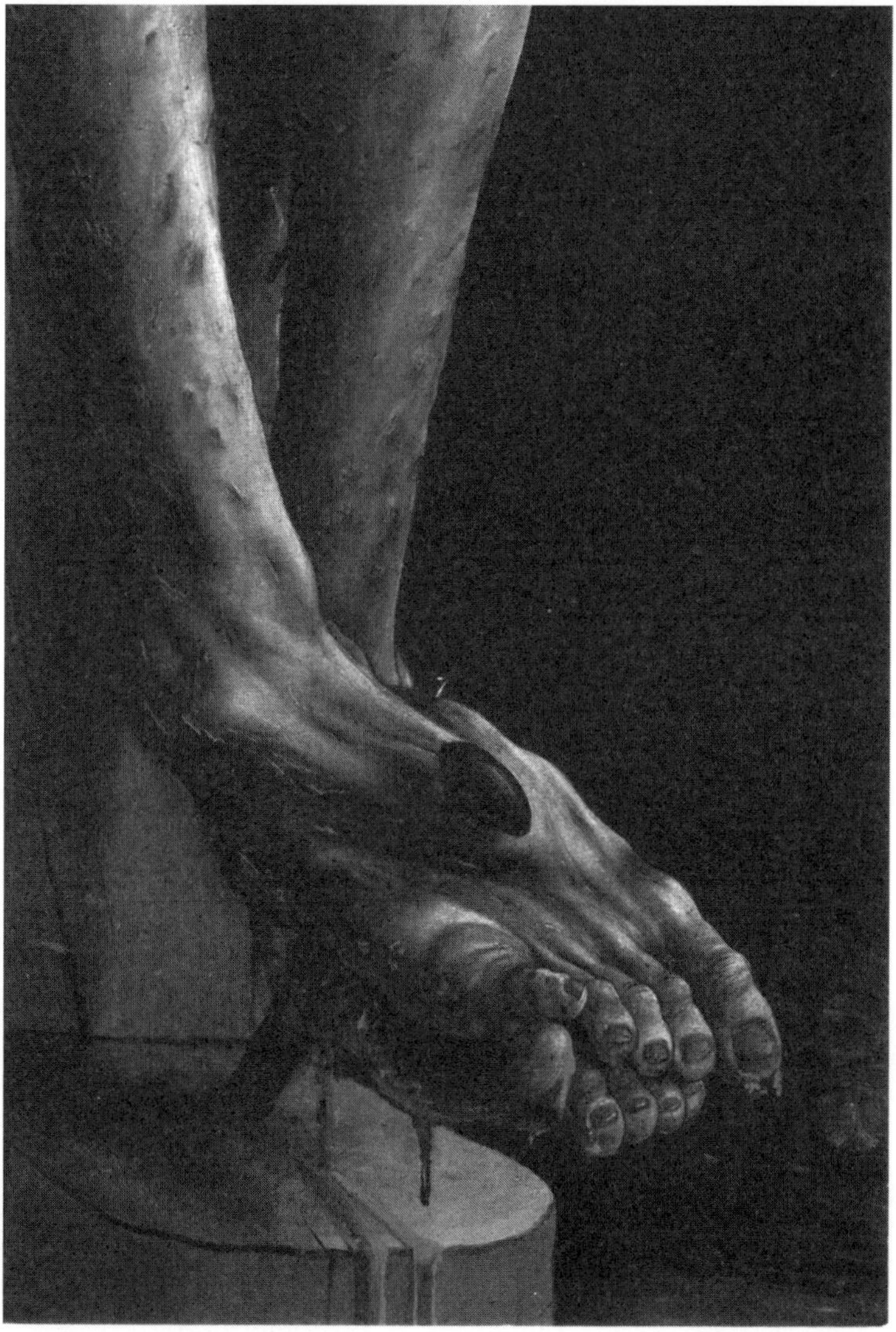

腐爛を極める聖的身体——その系譜の最初が、『彼方』の「破傷風のキリスト」である。ここでは、マティアス・グリューネヴァルトが描いた《イーゼンハイム祭壇画》（図12）に描かれたキリストの皮膚上の裂傷や病変と画布上の色斑とが、見事な結合を見せる。

血膿の時期がきた。特に脇腹の長くえぐれた傷は、深い流れとなって、黒ずんだ桑の実の汁のような血が腰のあたりにあふれ、ばら色の漿液や乳漿や灰色のモーゼル酒めいた膿汁が、胸からしみだして腹をひたし、そこにはリンネルの布がだらしなくみだれて、べっとりと下腹に波うっていた。それから、無理に寄せあわせた両膝は膝骸骨を打ちあわせ、足首までえぐられてねじれた脛は長く折りかさなって、腐爛の極みに達し、血膿のあふれるなかに緑色を呈していた。海綿状にふくれて硬直した足はさらに凄惨であった。皮膚には一面に吹出物がして、釘の頭をうめるほどにはれあがり、足指は両手の嘆きうったえる仕草を裏切って、呪詛の相をあらわし、チューリンゲンの赤土に似た鉄分のかった錆色の土を、蒼ざめた爪先がほとんど掻きむしりそうにしていた。[☆52]

ここからは、絵具、白粉、膏薬、あるいはまた食物、嘔吐物、糞便、皮膚を喰い破って溢出する血液や漿水、膿といった、不定形でともするとアブジェクティヴな物質のセリーを析出できるのではないだろうか。絵の具と血膿が、画布と皮膚とが重なりあう場としての、病んだ皮膚としての絵画である。

ジョルジュ・ディディ＝ユベルマンはフラ・アンジェリコの《ノリ・メ・タンゲレ》（図13）に散った色斑——紅土《テラ・ロッサ》の円い小さな「固まり」[☆53]——に、キリストの聖痕の傷口の血を見いだしている。その紅い点は、「イコン」の次元では野原に咲く花の花弁を表現しているが、タブローを前にした観者にとっては絵の具の塊でもあり、そしてまた神学的な想像力によってキリストの肉体へと転移するのである。

フラ・アンジェリコ
図13——《ノリ・メ・タンゲレ》一四四一〜四五年頃
フィレンツェ　サン・マルコ修道院

この赤は、マグダラのマリアの衣の中でわれわれに罪について語る。しかしまた、それと向かい合った位置で、その赤はまたキリストの苦しみの場そのものである聖痕ともなる。……さらにその赤は、人間の肉と――なぜなら、アンジェリコのフレスコ画では一般に同じ赤の線が体の輪郭をとっているから――キリストの唇の淡紅色、その光背の赤い十字架……に表された、復活した肉体の栄光とのあいだをたえず移り行く。[☆54]

ディディ＝ユベルマンは、フラ・アンジェリコの色斑をジャクソン・ポロックのドリッピング絵画を連想させるものとしつつも、最終的には神学的な象徴体系――大理石紋様とキリスト身体の呼応や、受胎告知図における「白地」部分の、天使の御言葉、マリアの処女膜、そしてドミニコ会士の僧服という転移――の解読へと帰着する。ユイスマンスは、この現代の美術史家よりもはるかに即物的であった。赤黒い絵の具は、そのまま鞭打ちされた傷口から滴り落ちる血膿の赤なのである。

西洋において、「絵画」は色彩の物質的な次元と形象の模倣との間を、常に揺れ動いてきた。すでに紀元一世紀頃、ギリシアのピロストラトスは著作に次のような場面を登場させている。哲学者アポロニオスとの対話で絵画術の定義を求められた画家ダミスは、まず物質に言及する。すなわち、「あらゆる色を、青と緑、白と黒、赤と黄色を混ぜる」技術が絵画というのである。[☆55]直後でアポロニオスは、これを娘たちの塗る白粉と同一視する。古代ギリシアにまで遡らずとも、ウィリアム・ブレイクはヴェネツィア派とルーベンスに対して、その色彩がもつ物質性を糾弾している。

ヴェネツィア人よ、お前の彩色法のすべては、汚らわしい売春婦の上で固まっている膏薬にすぎない。[☆56]
私の目には、ルーベンスの彩色法は唾棄すべきものと映る。陰影は排泄物の色のような汚い褐色である。黄と赤の配色の混乱に満ちている。[☆57]

絵画における色彩の物質性に言及する論者は、ブレイクも含めてほとんどの場合が「線描」との対比を議論の前提に置いている。フィレンツェ派とヴェネツィア派、プッサンとルーベンスの二項対立図式が代表的である。物質としての色彩は、線描に体現される理性中心主義を脱臼させる契機にもなりえるし、画家の身体と画布との接触に基づく、直截的な痕跡でもある。これはタブローのミメーシスの次元と物質性の次元、イコン記号とインデックス記号の二項対立にも翻訳しうる。ジャン＝クロード・レーベンシュテインによれば、絵画の起源は化粧（白粉／膏薬を塗ること）であるし[☆58]、岡田温司は精神分析の理論を補助線としつつ、「排泄物」としてのメディウムという見解を呈示している[☆59]。

　これらの言説が扱うのは「タブロー」の側の「質料」的性格であり、皮膚も糞便もメタファーに過ぎない。しかし、身体そのものが絵画のメディウムと化す契機も存在するのではないだろうか。たとえばゾラにとって、エドゥアール・マネによる《エミール・ゾラの肖像》（図14）は、手という身体断片の、とりわけ皮膚それ自体の現前である。

　それゆえ、そこには皮膚が、愚かしい騙し絵などでは決してない、真実の皮膚がある[☆60]。

具体的な皮膚、壮年を迎えつつある男の現実的な肉体な表層が、そこには色彩の塊として存在している。絵画の表面が、文字通り「皮膚」と化す。そしてこの「絵画の皮膚」は、色斑／絵の具によって、しばしば病変を来たすのだ。《オランピア》（図15）のピンクの部屋着、小さな《フォリー・ベルジェールのバー》（図16）の木苺色のバルコニー席、《草上の昼食》（図17）の青い布地は、明らかに色彩の染みである。それは絵画の材料であり、再現された物質ではない[☆61]。

絵画が形象の再現から、やがてメディウムの物質性それ自体を問題とするようになる——印象主義の筆触分割による

エドゥアール・マネ
図 14———《エミール・ゾラの肖像》一八六七〜六八年
図 15———《オランピア》一八六三年
パリ　オルセー美術館
図 16———《フォリー・ベルジェールのバー》一八八二年
ロンドン　コートールド・インスティテュート・ギャラリー

第5章　石の皮膚、絵画の血膿──一九世紀文学における「病める皮膚」のモティーフ

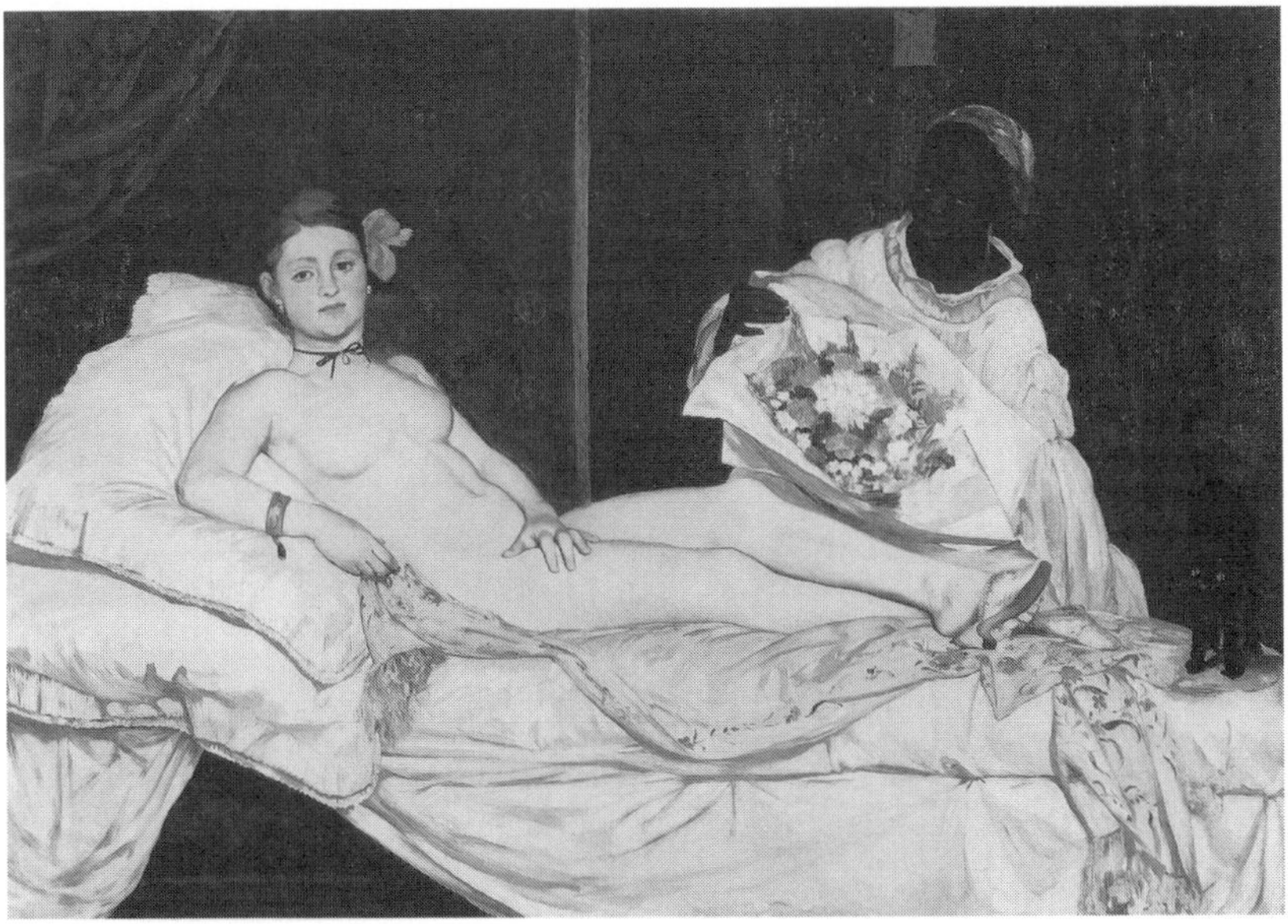

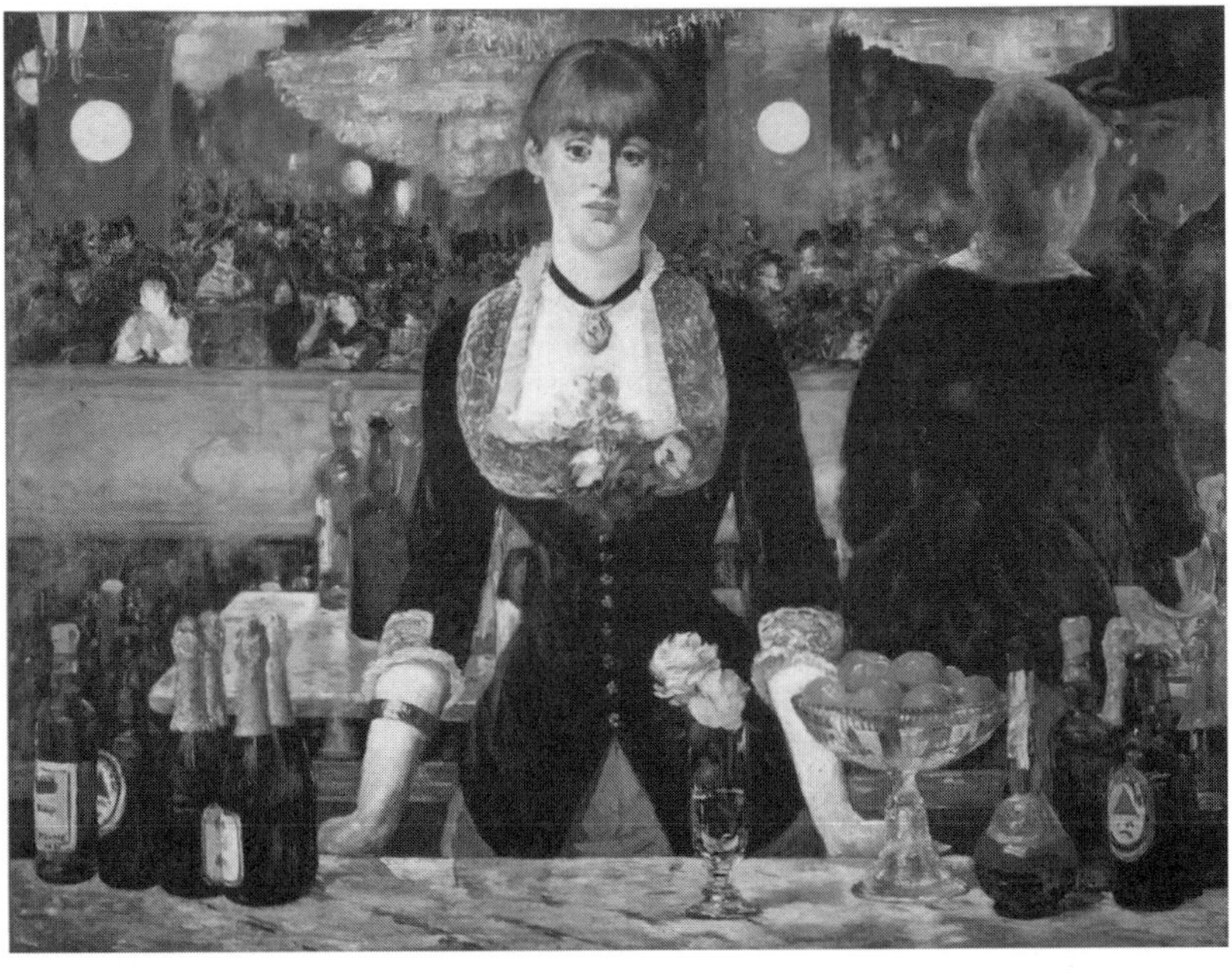

色斑、ジャクソン・ポロックによるメディウムの自律、そしてモダニズムの純粋視覚性への反旗としての「アンフォルム」へ――というのは、近代絵画史の教科書的な図式である。しかし、ここで問題としたいのは、視覚的な対象から、その形姿の輪郭線でも、その「背後」にある象徴体系でもなく、表層の物質性を抽出してしまうような視覚の態様である。

画布と皮膚、絵の具と血膿の融合と反転は、オスカー・ワイルド『ドリアン・グレイの肖像』のテーマでもある。生身の身体をもつ像主とタブローに描かれた似姿とが逆転し、像主の身体に現われるべき老いや病の徴候は、皮膚と化した画布の上に顕現していく。初めは、ドリアンの道徳的頽廃がもたらす老醜の弛みや皺が現われる。やがて画布から流血が起こる。それは、ドリアンが画家バジルを刺殺したときの返り血であり、バジルの屍体が流し続ける夥しい血の反復でもある。

いったい、あのいやな赤い露はなんだろう――まるで画布が血の汗を出したかのような、片手の上に濡れて光っているあの露はなんだ？　なんという怖しさ！[☆62]

物語の終局に、再びカンヴァスが血を流す。この画布からの流血は、やがて像主自身が流す血の予兆となるだろう。

点々と手についた真紅の血痕は一段と鮮やかさを増し、したたったばかりの血という感じがさらに強まっている。……皺だらけの指に怖しい疾病のごとく這いよっているあの汚点。足にも血がついている。まるで絵が血をたらしているようだ。[☆63]

この流血を目にした直後に、ドリアンは自らの肖像と刺し違えて死ぬ。ここでの血は、メディウムの質料性や触覚性

図17——エドゥアール・マネ《草上の昼食》一八六三年
パリ　オルセー美術館

を表わす比喩ではなく、身体の内奥からその表皮を破って流れだす、無気味で禍々しい物質それ自体である。谷川渥がいみじくも指摘するように、流血は絵画の内部空間と外部空間との間の境界を侵犯し、攪乱する。[☆64] ドリアンが画布に突き立てたナイフによって、両者の距離は徹底的に無化されるだろう。それはイメージと物質、イコンとインデックスの差異の消失とも言い換えられる。画布はドリアンの皮膚であり、像主の皮膚こそが画布なのである。

さらに進んで「膿汁のパレットや傷痕の血まみれな絵画皿に絵筆をひたした」[☆65] 画家が、ユイスマンスにとってのグリューネヴァルトである。支持体の上に描かれた聖人の肉体は、痛めつけられて破れた皮膚そのものと化すであろう。宗教的な立場の変遷を経つつも、「侵犯される皮膚」はユイスマンスを貫くテーマであった。そして『彼方』におけるイーゼンハイム祭壇画の描写は、このテマティックと「絵画」にまつわるラディカルな、しかし本質的な思考とが交錯する一点なのである。

6　石の皮膚、石の肉

表層への愛撫と侵犯の欲望に憑かれた眼差しのもとで、建築物を構成する石までもが、ときに「身体」としての性質を帯びる。ゴーティエは『モーパン嬢』で大理石への偏愛を告白し、また詩集『七宝とカメオ』でも、石材、とりわけ大理石をしばしばとりあげた。さらに彼は後年、「モードについて」というエッセーの中で、次のように述べている。

女たちは自らの……皮膚を白く塗り……色調の統一をもたらす。……このきめ細やかな粉によって、彼女たちはその表層に大理石の薄片を纏わせる。……かくしてその形姿は彫像に近づく。[☆66]

生身の女性に、冷たく硬い鉱物のマティエールを見いだす――逆向きのピュグマリオニズムともいうべき視点であ

図18——エル・エスコリアル宮殿「国王の墓所」

る。オウィディウスの『変身譚』の伝えるところによれば、ピュグマリオンは自らが創造した象牙製の彫像に、エロティックな欲望を抱いた。大理石製の彫像であるクニドスのアフロディテと媾合する青年のエピソードもまた、このピュグマリオニズムの一ヴァリアントであろう。ゴーティエは逆に、現実の肉体を持った女性に大理石の表層をまとわせることで、欲望のオブジェへと変化せしめるのである。ここにもまた、エロティックな情動に基づいた「触れること」への欲望という契機が潜んでいる。

大理石は硬質で不変的な物質であるが、時の経過とともに腐敗し、崩落するものとしても描かれる。さらには、怪物や女性の身体、あるいは植物のような、有機物の比喩ともなる。建築や彫刻に素材として用いられる石材にも、ゴーティエはフェティシスティックな執着をみせる。大理石、雪花石膏《アラバスター》、赤や青などさまざまな色調の花崗岩、黒玉炭《ジェット》、碧玉、斑岩、黄色や紫色の角礫岩など、彫像や建築物の描写には、その素材への詳細な言及が付随する。貴石や鉱物を愛した文学者は多いが、ことゴーティエにおいては、石が生命体の様相を帯びる。たとえば、エル・エスコリアル宮殿の地下霊廟である（図18）。

この地下霊廟は身体にしみとおるような寒さで、つややかな大理石は松明の揺らめく光の反映に煌めき、冴え冴えと凍りついている。まるで表面を水が流れているかのようで、海中洞穴にいる気がしてくる。そこに身を置くならば、巨大な怪物じみた建築物の全重量が身体にのしかかり、周囲をとりまき、身体に巻きつき、そして窒息させようとするだろう。あたかも、花崗岩の巨大なポリープの触手にとらえられたかのように感じることだろう。[☆67]

大理石の表面についての視覚的な描写は、冷たさを仄めかす語彙の使用によって（ゴーティエ自身は手を触れていないにもかかわらず）、触覚性を喚起するものへと変貌していく。巨大な宮殿はリヴァイアサンに喩えられ、観者であるゴーティエの身体に、重量感や圧迫感をもつ囲繞物、被覆物として知覚されはじめるのだ。地下霊病も「怪物」や「ポリープ」[☆68]という異形の生命体に準えられている。

石はまた、布地のイメージとも相互浸透する。ゴーティエはしばしば、刺繡やレース編みという隠喩を、石造りの建築物に用いている。たとえば、ヘネラリフェの摩滅した城壁は「かつては……精巧な透かし細工のある一枚のレースだった」[☆69]と回顧される。トレド大聖堂にある「精妙なアラビア風」につくられた枢機卿の墓は、「大梯子に施されたギピュールレース[☆70]〔地の網目のない、厚手の模様を繋ぎあわせたレース〕」、自国フランスの鐘楼の装飾は「石のレース細工と、蜘蛛の糸のように繊細な葉脈」[☆71]として描写される。石の上に施されたアラベスクの絡まりあいは、柔らかな網目や糸目のイメージへと変貌を遂げるのだ。

大理石はしばしば、女性の身体の直喩となる。たとえば『スペイン紀行』において、カディスの女たちの面貌は「磨かれた大理石のように」[☆72]白い。ここに大理石（本来は象牙であるが）の女性像に恋をするピュグマリオンの伝説の反映を見いだすことも、あるいは可能であるかもしれない。ともあれ、冷たく硬質な無機物と、柔らかでヴァルネラブルな女性の身体という対極物が、ここでは触覚的な欲望を媒介に結びつくのである。

ポーによるゴシック・ロマンの代表作『アッシャー家の崩壊』では、ロデリック・アッシャーとその双子の妹マデリン姫の死が、彼らの住まう蒼枯的な邸館の崩落の凶兆となる。建築物と住人は、この短篇の冒頭から、しばしば同一視されている。領地内の小作人たちの間では、邸館と住人一族とが共に「アッシャー家」の名の下に呼ばれる。また「先祖伝来の邸の形態や実質に潜む特異性」[☆73]は、アッシャーの精神に巣食って衰弱をもたらす。「灰色の壁や小塔、その両者が見下ろす暗い沼などの物象がついに彼の精神に猛威を振るうに到」[☆74]るのである。物語の終局、「早すぎた埋葬」から逃れだしたマデリンと、神経症の症状を昂ぶらせたアッシャーは、邸館の閾の上で重なりあいつつ最期を遂げる。住人たちの死とともに、建物の巨大な壁は二つに裂け、轟音とともに崩れて、やがて足もとの黒く淀んだ沼へと飲みこまれてゆく。肉体の死と建築物の死、身体のヴァルネラビリティーと石の脆弱さとが、この終局において重ねあわされるのである。

7　皮膚の病理学

装飾模様やメディウムの質感を視る視線は、近い距離からの触覚的なものであり、あるいは縦横に延びる線と一体化して平面状を滑っていくような無距離のものでもある。それは近接的であるがゆえに、形象の輪郭線を認識できなくなり、ただ色彩の物質性や表層の質感を偏執的にとらえようとする視覚の体現であった。

ゴーティエは『スペイン紀行』で、聖堂の外壁をミイラの皺だらけの皮膚やレース（孔の開いた布地、あるいは紋様の網目）に喩えた。ユイスマンスにおいては、『さかしま』（梅毒の蘭）や『腐爛の華』（皮膚が爛れ血膿の溢れ出す聖女）、『ルルドの群衆』（重篤な皮膚病の巡礼者たち）で描かれる皮膚からの滲出物は、『彼方』で「絵の具」へと置換されている。ポーの「赤死病の仮面」では、室内空間を彩る赤い色が血へと転移する。ここで問題となるのは、表層を覆うもの、その裂け目から溢れだすものの「物質性」である。傷つけられた皮膚は、時間経過の痕跡を重層的にとどめる羊皮紙としての建築の外壁に、色彩や装飾、布地で覆われた室内空間に、あるいは絵の具による色斑の浮きでたタブローへと、メタフォリックに転移していく。

本章で扱ってきた文学テクストにおける「皮膚」というモティーフには、表層と被覆という二つの次元がある。建築物の表層に置かれた装飾や衣服を飾る刺繍、壁面に塗られた色彩、画布を彩る絵の具、皮膚を流れる血膿……これらの物質は、表層に密着してそれを覆う第二の表層であり、しかしときに第一の表層と融合し、同一化する。表皮の裂け目や孔を通して、内奥から溢れだす血膿はまた、内外の境界を攪乱する。さらに本章における二つの流血——イーゼンハイム祭壇画中央パネル〈十字架上のキリスト〉（図19）とドリアン・グレイの肖像画——は、内部・深部を欠いた表皮であるはずの画布において発生する、という点で、内と外という二項対立自体を消去してしまうものでもある。「皮膚」の侵犯は、現実の肉体やタブローのみならず、堅固な物質である石によって築造された建築物でも起

図19――マティアス・グリューネヴァルト
《イーゼンハイム祭壇画》〈十字架上のキリスト〉一五一二～一五年頃
コルマール　ウンターリンデン美術館

こりうる。時間による変質や崩壊として、レトリカルな次元での女性身体——観者の欲望が向かうヴァルネラブルな客体——との融合として、あるいは換喩的な「病」（「アッシャー家の崩壊」では、住人の家系に潜む宿痾が建築の病へと転移したことを思いだそう）の発現として。このような攪乱と侵犯、崩壊の光景を、透徹した視覚と病理学者・解剖学者のごとき観察と記述によって書き留めたのが、一九世紀に現われた文筆家たちだったのである。

エピローグ　眼差しのディセクション

もし視ることが狂気の感染であるならば、私は狂おしくこの狂気を希求する。
（Maurice Blanchot, *Folie du jour*, Saint Clément-de-rivière: Éditions Fata Morgana, 1973）

視線という擬似的なメスによって、皮膚を剥がされつつある都市——本書を貫くのは、このイメージである。ここで言う皮膚とは、単なる被覆物や表層の擬人的メタファーではない。内部と外部とが互いに絶えず陥入しあい、可視的なものと不可視のものとが反転をくりかえす、撞着と葛藤のトポスである。

表層の崩落は、終焉の予兆であり、あるいは凋落と頽廃の反映である。カナレットの描いたヴェネツィア、ピラネージが再現しようとした古代ローマ、「国王の建築家」ルドゥーが不遇の晩年に夢見たユートピア、フランス革命期のアポカリプティックな建築表象、そして一九世紀文学が描きだした、比喩としての腐爛の皮膚と血膿。ここで問題となるのは、建築物や身体そのものではなく、そのイメージである。

建築物と身体——もっぱら欲望の客体《オブジェ》たる女性の身体——に注がれる眼差しは、触覚性を強く帯びた窃視者のものであり、また外科医のメスのごとく、表層を剥いだ内奥へと貫入していこうとするものである。視ることの欲望が触ることの欲望へ、さらには表層を引き裂いてその向こう側を凝視することへの欲望へと深化していく。建築という人間身体を囲繞する被覆は、窃視欲動の対象たる身体の類似物《アナロゴン》と化す。建築はすぐれて権力性や政治性の象徴物であるがゆえに、この擬似的な身体を切り開き、あるいはまた破壊せしめようとする営為は、ひとつの時代が暗黙裡に共有している欲望の、歪んだ反映像となるであろう。

建築物／身体ないし被覆／皮膚は、「表象」のレヴェルへと転写されるさいに、欲望によって歪められ、暴力的な操作を加えられる。カナレットは建築物の「根」を土地から剥き剥がし、他所へと移植する。ピラネージは、時間の仕業をなぞるかのように建築物の表皮を切り開き、引き剥がして、都市の解剖模型をつくりだす。あるいは断片に粉砕された都市の構成要素を無理矢理接合して、異時間都市《ユークロニア》を現出させてしまう。自己規定としてはあくまでもアンシャン・レジーム期の規範を内面化していたはずのルドゥーは、図らずも不調和でキマイラ的な、つまり「怪物的」な顔貌を、建築の表層に浮かびあがらせるにいたる。フランス革命期から第一次大戦期まで、政治的暴力の高揚とテクノロジーの進展は、「建築物の斬首刑」の瞬間的な執行をもたらすだろう。これは、生身の人間の身体に加えられる暴力とも並行する現象であった。そして、一九世紀に書かれたいくつかの文学的テクストにおいては、建築の被覆、身体の表層、そしてイメージの物理的表面としての画布が、「病による侵犯」という契機を介して結びつく。

視覚に触覚を、線描に色彩を、論理に感覚を、男性性に女性性を、統一性や秩序に混沌や錯乱を、高級《ハイ》なカテゴリーに低級《ロウ》な領域を対置させたうえで、後者を称揚し、もって西洋近代的な構築物を「脱臼」させるという論法が、頻用された時代もあった。しかし本書の目的は、二項対立図式を温存したままその序列を転倒させることで、何か新たな価値を打ち立てたかのように振る舞うことにはなかった。これは「視る」という行為――その根底には、さまざまなイデオロギーや欲望、無自覚のうちに共有されている時代特有の心性などが、複雑に入り組んだ層を為している――が、不可避的にかつ不可分に含んでいる、「眼の指」による「視触覚性」というモメントを、いくつかの事例から暴きだそうとする試みである。それゆえに本書の扱うモティーフが、徹底してネクロフィリア的なエロティシズムをまとっているのも必然であろう。このようなモティーフにおいてこそ、眼差しのもつ暴力的な作用が顕著となるからである。

ここで「視線」の所有者、「欲望」の主体の座に据えられるのは、もっぱら男性――それも西欧近代の――である。したがって本書の記述は、必然的にこの「非対称性」を引き受け、なぞることとなった。しかし、このジェンダーの

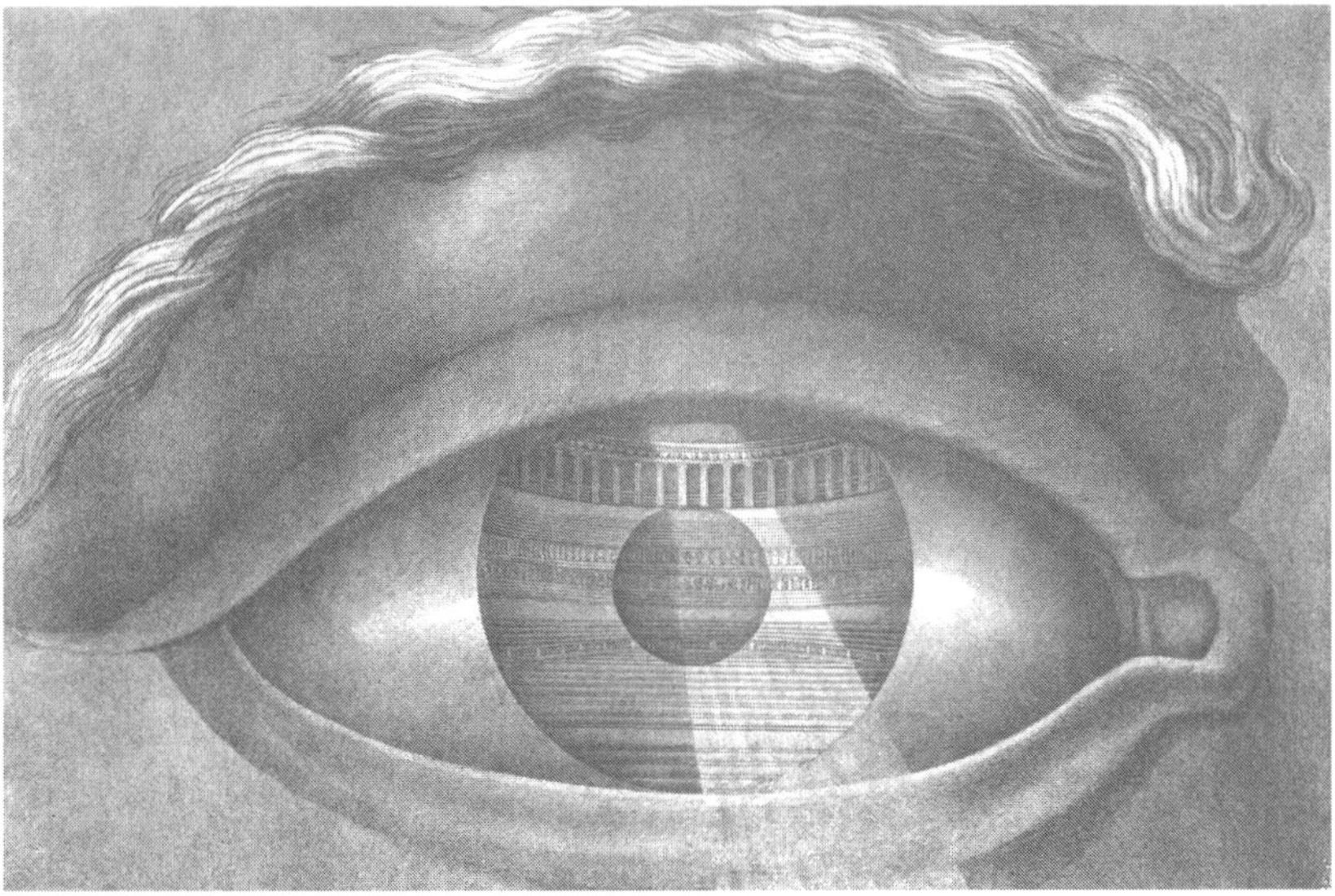

図1――クロード＝ニコラ・ルドゥー
《ブザンソンの劇場への一瞥》
『芸術・風俗・法制の下に考察された建築』　パリ　一八〇四年刊所収

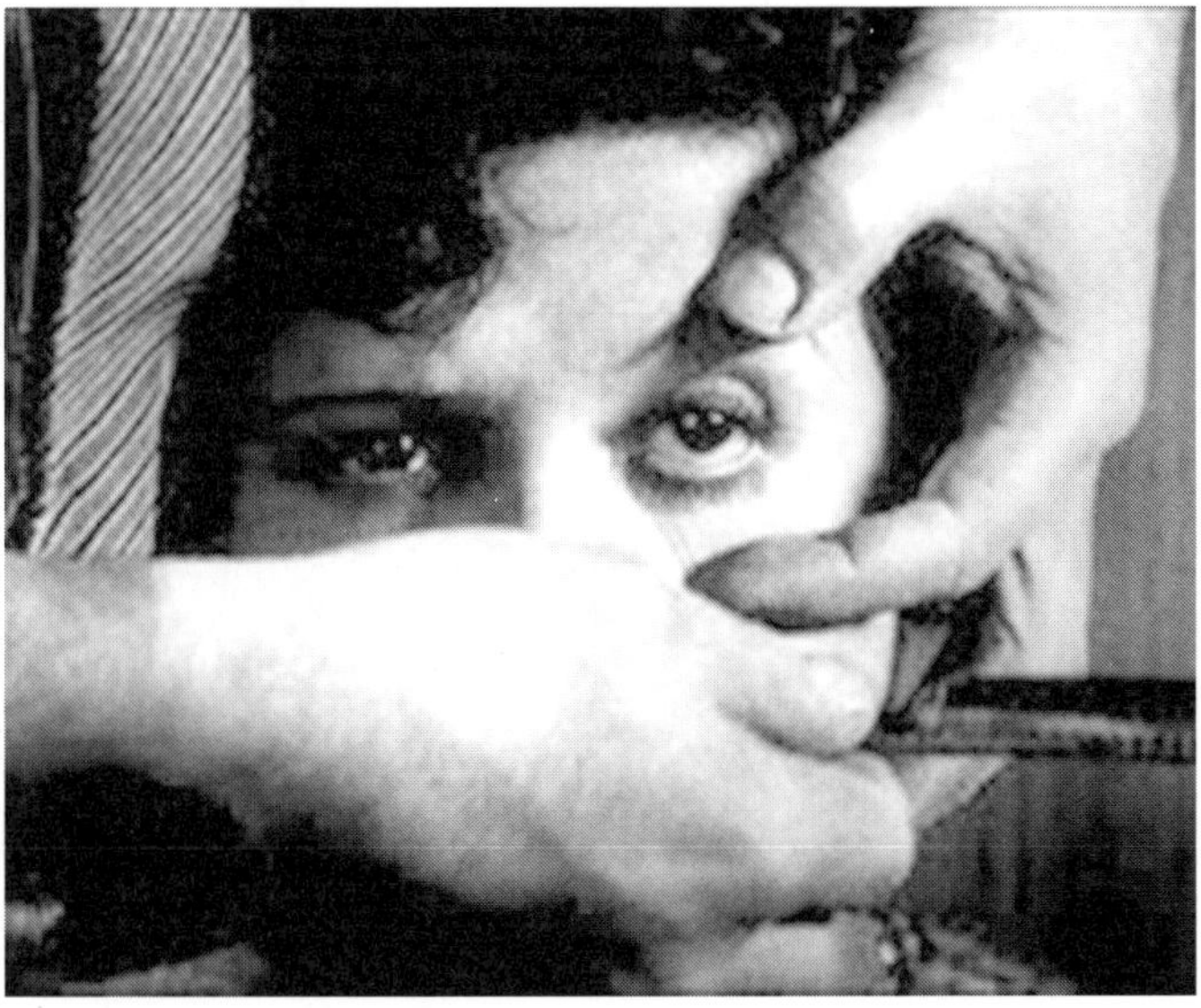

図2――ルイス・ブニュエル、サルバドール・ダリ
『アンダルシアの犬』一九二八年
スチール写真。

偏頗性は決して固定的なものではない。ネクロサディスムの色彩を帯びた視的欲動は、むしろ「主体」という安全な場所を掘り崩し、むしろ自らをも傷つけ、切り開き、崩壊させるようなヴェクトルを孕んでいるのではないだろうか。

本書が試みてきたのは、皮膚と身体の“dissection”（切開／解体／精査）というテマティスムに貫かれた、都市と建築をめぐるさまざまな「イメージ」の歴史的な分析である。分析的思考という営み自体が、対象への攻撃性を隠しもつ、解剖に似た行為であろう。同時にまたそれは、論じる「私」の安定的な輪郭をも突き崩し、その（虚構の）内的統一性を粉砕してしまうような、危険な契機を孕んでいる。対象を眼差し腑分けし、そこにかろうじて言語を与えていく作業のうちに、主体は幾度となく危機に晒される。“crisis”の瀬戸際でなされる“critique”——本書は、このどこか自傷行為めいた思考の結晶体であるのかもしれない。

ルドゥーは自らの建築書の中に、《ブザンソンの劇場への一瞥》（図1）というタイトルの奇妙な図版を挿入している。同所の別の箇所では、彼は次のように「視線の暴力性」を語っている。すなわち「監視なるものは、他の百もの眼が眠る間にも百の眼を見開いている。その灼熱の眼差しは、不安に満ちた夜を絶え間なく照らしだす」[☆1]、と。眼から光線として放射され、対象を差し貫いて支配する眼差しは、「視触覚」の対象とぶつかりあったとき、この接触の暴力によって自らも損傷をこうむる。「眼から放たれるヴェクトル」は、内省的に回帰して、自らの眼を切り開くメスとなるであろう。『アンダルシアの犬』に登場する象徴的な一場面（図2）のように。本書に体現された、視線と思考の自傷性とは、このようなものであるにちがいない。

註

序章　建築の解剖学

☆1——Bernard Aikema and Boudewijn Bakker eds., *Painters of Venice*, Amsterdam: Rijksmuseum and Hague: Gary Schwartz, 1990, pp. 209-210.

☆2——William Gilpin, "Three Essays: On Picturesque Beauty; On Picturesque Travel; and On Sketching Landscape", *Aesthetics and the Picturesque 1795-1840*, Vol.1, edited and introduced by Gavin Budge, Bristol: Thoemmes Press, 2001, pp.7-11.

☆3——Marguerite Yourcenar, «Le cerveau noir de Piranèse», dans *Sous bénéfice d'inventaire*, Paris: Gallimard, 1962, p. 131.

☆4——Ibid., pp. 131-132.

☆5——ミシェル・フーコー『臨床医学の誕生』神谷美恵子訳、みすず書房、一九六九年、第八章「屍体解剖」。

☆6——Barbara Maria Stafford, *Body Criticism: Imaging the Unseen in Enlightenment Art and Medicine*, Cambridge, Mass. and London: The MIT Press, 1991. pp.59-61.

☆7——Ibid., p.64.

☆8——高山宏は、ピラネージのマテリアリティやテクスチャーへの執着を如実に示す例として、「めくれる紙」として描かれたメタ・イメージに注目している（高山宏『カステロフィリア——記憶・建築・ピラネージ』作品社、一九九六年、二二〇〜二二三ページ）。

☆9——もっともここでは剥離の前段階として、密着の過程も問題となる。層と層の接着と剥離といえば、ただちにフロイトのマジックメモ（ヴンダーブロック）が想起されるであろう。上部の二枚のシート（透明なセルロイドの保護膜と不透明のパラフィン紙）と下部の蝋板の三層構造をもつこの子供用玩具は、フロイトにとって無意識の記憶という心的機構のメタファーであったが、同時にまた、多層的な記憶が地下に眠るピラネージにとってのローマという地のメタファーでもある。（田中純『都市表象分析Ⅰ』ＩＮＡＸ出版、二〇〇〇年、「メモリー・クラッシュ　都市の死の欲動」参照）。なお中谷礼仁は、エッチングの加刻と重版のプロセスを、マジック・メモの痕跡の唯物的実現とみている。（中谷礼仁『セヴェラルネス——事物連鎖と都市・建築・人間』、鹿島出版会、二〇〇五年、一三五ページ。

☆10——ベルメールはこの作品が描かれる二年前の一九三二年に、コルマールを訪れマティアス・グリューネヴァルトのイーゼンハイム祭壇画を目にしている。この磔刑図——ユイスマンスの言う破傷風のキリスト——のいたるところが剥け、抉られ、爛れた、病める皮膚というモチーフは、おそらく一九三四年に描かれたこの作品にも影響を及ぼしているであろう。

☆11——三宅理一『エピキュリアンたちの首都』學藝書林、一九八九年、第四章第六節「地底の建築」。

☆12——ロラン・バルト『テクストの快楽』沢崎浩平訳、みすず書房、一九七七年、一八ページ。

☆13——ジークムント・フロイト『フロイト全集4』新宮一成訳、岩波書店、二〇〇七年、一五一ページ。

☆14——Jacques Lacan, *Le séminaire, livre II*, texte établi par Jacques-Alain Miller, Paris: Édition du Seuil, 1978, p. 186.

☆15——Yourcenar, *op. cit.*, p. 127.

☆16——Manfredo Tafuri, *La sfera e il labirinto*, Torino: Giulio Einadi editore, 1980, pp. 34-35.

第1章　都市の「語り」と「騙り」

☆1——「カプリッチョ」の方がより包括的なジャンル概念であり、慣習的に用いられる美術用語である。カナレット作品のタイトルとしても、「カプリッチョ」の語が冠されている。しかし、本稿ではカナレットの作品の性質により近い「ヴェドゥータ・イデアータ（想像された・理想化された景観）」の語を優先的に用いることにしたい。カナレットによるヴェドゥータが、完全に想像上のものでないことは本論で後述するとおりである。しかし、画家による操作の加えられた景観であり、そこになんらかの想念が体現されているという点で、広く画家の「奇想」を示す「カプリッチョ」の語よりも「ヴェドゥータ・イデアータ」の方が適切な語彙であるだろう。カプリッチョは画家の主観的想像力としての「奇想」を表わす語であり、マニエリスム以降一八世紀まで用いられた。その初期の用例としては、ジョルジョ・ヴァザーリの『ルネサンス画人列伝』（*Le vite de'più eccellenti pittori, scultori e architettori*, 1550/1568）におけるピエロ・ディ・コジモ礼賛の文言に"essere"や"capriccioso"や"capricciosa invenzione"を使っている。もっともヴァザーリは"capriccioso"の語を"ingegno"（才知、独創性）や"invenzione"（独創の才）、"fantasia"（空想、気紛れな趣向）、"maraviglia"（驚異）などの語と並列的に用いており、このような含意の広汎さは一八世紀にいたるまでほとんど変化していない。すなわち、奇想天外な思いつきや自由な空想、独創による古典的規範からの逸脱といった意である。「カプリッチョ」と称される絵画ジャンルには、一八世紀のヴェドゥータやクァドラトゥーラ（天井画）の一部のほかにも、ジュゼッペ・アルチンボルドのアントロポモルフィック絵画（一五六〇年代）やジャック・カロの版画シリーズ（一六一七年）、ゴヤのロス・カプリーチョス（一七九九年）までが包含される。

☆2——以下を参照。Joseph G. Links, *Canaletto and His Patrons*, London: Paul Elek, 1977; Bruce Redford, *Venice and the Grand Tour*, New Haven and London: Yale University Press, 1996. フランシス・ハスケル「ヴェネツィア美術と一七、一八世紀におけるイギリスのコレクター」伊藤拓真訳・小佐野重利解説、『西洋美術研究』、二〇〇二年、第8号、六〜二〇ページ。Jeremy Black, *Italy and the Grand Tour*, New Haven and London: Yale University Press, 2003. イギリス貴族によるイタリアへのグランド・ツアーが、ヴェドゥータ市場を支えたことは、一般的に指摘されている。しかしほとんどの論者は、ヴェドゥータの旅行の記念品（一種の絵葉書）としての機能を記述するにとどまっている。

☆3——たとえば、越川倫明「リアルト橋の奇想——都市景観のリアリズムと虚構」、高階秀爾他監修『名画への旅15、一八世紀1』、講談社、一九九三年、一一六〜三五ページなど。想像的な都市景観画の系譜からカナレットの独自の位置を論じたものとしては、以下を参照。William Lee Barcham, *The Imaginary View Scenes of Antonio Canaletto*, New York University, Ph.D.(Fine Arts), 1974.

☆4——マルケジーニは、カナレットの初期のパトロンであるステファノ・コンティ（一六五四〜一七三九、ヴェネツィア近郊の街ルッカ在住の富裕商人）の絵画購入アドヴァイザーでもあった。ヴェネツィアのヴェドゥータの観光客向け市場を確立したのは、カナレットより一世代前の画家ルカ・カルレヴァリス（一六六三〜一七三〇）であるが、カルレヴァリス作品の購入を検討していたステファノ・コンティに対し、マルケジーニは一七二五年七月に、「太陽の中で光り輝いているかに見える」（vi si vede Lucer entro il Sole）晴朗なヴェネツィアを描くとして、当時新進画家であったカナレットの購入を勧めている。Francis Haskell, "Stefano Conti, Patron of Canaletto and others", *The Burlington Magazine*, Vol.98, No.642, 1956, pp.296-300.

☆5——ラスキンはカナレットによる模倣が堕落したマニエリスムであり、機械的技巧であるとして批判する。この論拠が、ダゲレオタイプからとられた銅版画と変わらないようなカナレットの「リアリズム」なのである（John Ruskin, *Modern Painters*, Vol. 1, London: George Allen & Sons, 1904, pp.117-118）。

☆6——カナレット作品の視点場をヴェネツィアで実際に計測し確定したのが、福田太郎・萩島哲・有馬隆文「カナレットが描いた絵画に見るヴェネツィア都市景観の空間的特性」、『都市・建築研究』九州大学大学院人間環境学研究紀要第三号、二〇〇三年、三九〜五二ページである。視点場に関する本稿の記述は、この研究による実測データに依拠している。なお、図1参考図は、福田らのデータに基づき筆者が作成したものである。

☆7——カナレットの編集作業を、描画地点や透視図法の観点から精緻に分析した論考としては、スイスの建築理論家アンドレ・

コルボによる以下の論考がある。André Corboz, *Canaletto: Una Venezia immaginaria*, Milano: Electa Editrice, 1985.

☆8——パッラーディオ風の建築の復活は、一七世紀のイギリスの建築家イニゴ・ジョーンズによって口火が切られる（パラディアニズム）。しばらくの沈静の後、一八世紀にはネオ・パラディアニズムと称される、より強力なブームが起こった。イギリスではまずパッラーディオによる図面や言説の紹介がなされ、やがて貴族の別荘（ヴィッラ）建築の様式として盛んに用いられるようになる。中でもリアルト橋計画案は「パラディアン・ブリッジ」と通称されて人気を博し、しばしば建築モチーフとして引用がなされた。

☆9——ヴェネツィア生まれのアルガロッティは、ヴォルテールやフリードリヒ大王など、フランスやイギリス、プロイセンの王侯貴族・知識人とも交友があった。カナレットのパトロンの一人でもあり、図版4と類似のヴェドゥータ・イデアータを購入したことが、友人宛の書簡（一七五九年九月二八日付）から判明している（Francesco Algarotti, *Raccolta di lettere sopra la pittura e l'architettura*, Livorno, 1765, Vol.4; *Opere*, Venezia, 1792, Vol.8, pp.89-93）。

☆10——Algarotti, *Raccolta di lettere sulla pittura, scultura ed architettura*, Bottari Givanni ed., Milano, 1822, Vol.7, p.427.

☆11——Algarotti, *Saggio sull'architettura e sulla pittura*, Milano, 1756, p.93.

☆12——Frances A. Yates, *The Art of Memory*, Chicago: The University of Chicago Press, 1966, p. 7.

☆13——Ibid.

☆14——Manfredo Tafuri, *La sfera e il labirinto*, Torino: Giulio Einaudi editore, 1980, pp. 55-56.

☆15——Michel Foucault, *Les mots et les choses*, Paris: Gallimard, 1966, p. 9.

☆16——Tafuri, *op. cit.*, p. 79.

☆17——Ibid.

☆18——コーリン・ロウ、フレッド・コッター『コラージュ・シティ』渡辺真理訳、鹿島出版会、一九九二年、二七三〜七七ページ [Colin Rowe and Fred Koetter, *Collage City*, Cambridge, Mass. and London: The MIT Press, 1978, pp. 178-181]。なお、統一性を志向するモダニズムの「ユートピア」思想を乗り越えるための戦略のひとつとして「コラージュ」の概念をもちだすロウとコッターの政治性は、若干割り引いて考える必要があるだろう。

☆19——同、二二二ページ [Ibid., p. 140]。彼らはコラージュの一例として挙げたピカソ作品《藤張りをもつ静物》の特質を「非時間性」と名指し、この表現手法が「規範と記憶とを巧みに操作する」（二二三ページ）ものであり、「時代に逆行した姿勢とに完璧に依存するもの」（同）としている。

☆20——前述のロウとコッターは、彼らの言う「コラージュ・シティ」のひとつのモデルとして、ティボリにあるハドリアヌス帝のヴィッラを挙げている。「《ローマ》のミニチュア版すなわちノスタルジックであると同時に普遍的な混成品（それはローマ帝国が体現していたものでもあった）」（前掲書、一五一ページ）であるハドリアヌス帝のヴィッラは、「彼［ハドリアヌス帝］の帝政期ローマ（形態的にはむしろ彼自身の住居）に対する批判は抗議というより承認に近い」（一四六ページ）とロウとコッターは言う。

☆21——Tafuri, *op. cit.*, p. 56.

☆22——代表的な「ロヴィニスタ（廃墟画家）」としては、フランドル出身のパウル・ブリル（一五五四～一六二六）、ローマ中心に活躍したイタリアのチェルクォッツィ（一六〇二～六〇）やヴィヴィアーノ・コダッツィ（一六〇三頃～七二）、セバスティアーノ・リッチ（一六五九～一七三四）とマルコ・リッチ（一六七六～一七三〇）、ジョヴァンニ・パオロ・パンニーニ（一六九一～一七六五）らの系譜を挙げることができる。カナレットが描いた数点のローマ主題のヴェドゥータは、むしろこの伝統的な廃墟画の系譜に連なるものである。

☆23——Redford, *op. cit.*, pp.65-66.

☆24——カナレットが描画対象としてフレーミングしたのは、名所化されたモニュメンタルな建築物にかぎられており、それゆえに同時代のグランド・ツアリスト向け市場で絶大な人気を博した。ごく例外的に、画業の初期には《石工の仕事場》と通称される《大運河——サン・ヴィダール広場からサンタ・マリア・デッラ・カリタ聖堂を望む》（一七二八年頃、ロンドン・ナショナル・ギャラリー）など、無名の生活風景を描いてもいる。

☆25——コンスタブル編纂のカタログ・レゾネによる（William G. Constable, *Canaletto: Giovanni Antonio Canal 1697-1768*, 2nd edition revised by Joseph.G. Links, Oxford: Oxford University Press, 1976）。もっともコンスタブルによるアトリビューションの不備を指摘する声は近年とみに高い（Charles Beddington, "Bernardo Bellotto and his circles in Italy. Part I: not Canaletto but Bellotto," *The Burlington Magazine*, Vol.146, No.1219, 2004. pp.665-674）。「カナレット」の名に帰せられた作品のうちどこまでが、ジョヴァンニ・アントニオ・カナル本人の手によるものであったのか、確定されるまでにはまだ時間がかかるだろう。ここでの主眼は、カナルの真筆の確定作業ではなく、一八世紀という時代に同郷の画家によって描かれたヴェネツィアの景観が、この都市と時代の特性をいかに映しだしているのかを読み解くことにある。

☆26——《類推的都市》は一九七六年のヴェネツィア・ビエンナーレに出品された。チェーザレ・チェザリアーノ（一四八三～一五四三）による理想都市やピラネージの《カンプス・マルティウス》など、歴史的な都市図のコラージュに、ロッシ自身による都市計画が挿入されたものである。「類推的都市」とは、既存の都市に新たに建築を挿入するさいのロッシの理念である。そこでは「類推」の体系に従って既存の構築物がコラージュされていく。ロッシはこの「類推的都市」を説明するさい、カナレットの《カプリッチョ——パッラーディオによるリアルト橋の計画案とヴィチェンツァの建築群》に、図版を挙げるとともに言及している（アルド・ロッシ『都市の建築』大島哲蔵・福田晴虔訳、大龍堂、一九九一年、二八〇ページ）。

☆27——Massimo Cacciari, *L'arcipelago*, Milano: Adelphi, 1997.

☆28——シャルル・ボードレール「人工天国」阿部良雄訳、『ボードレール全集』第V巻、筑摩書房、一九八九年、一五〇～五二ページ。

第2章　「起源」の病と形態の闘争

☆1——ピラネージが実際に手掛けた建築物は、ローマにあるマルタ騎士団修道院の改築（マルタ騎士団広場の意匠とサンタ・マリア・デル・プリオラート聖堂の設計）のみである。それにもかかわらず、ピラネージは生涯にわたって署名に「ヴェネツィアの建築家」（architetto veneziano）という肩書きを添え続けた。

☆2——なお、ここでは「考古学」という言葉を、大学制度上のターミノロジーではなく（この意味での「考古学」の発生は、一九世紀を待たねばならない）、「古代」の記憶をなんらかの物質的証拠に基づき再生しようとする知的な営みを指すものとして用いている。

☆3——ロージェの標榜する「原始の小屋」は、建築を基本的三要素にまで還元した、理念的な「原始」形態であり、ルソーの言う「自然人」にも通じる概念であった。しかしこの木造の小屋は、ギリシア建築に発想の源をもつものであり、またロージェ自身が著作『建築試論』（一七五三年、「原始の小屋」の扉絵を収めた第二版は一七五五年）において、ギリシア建築を賛美していることも付記する必要がある。ここで設けた「古代」「原始」「幾何学」の三分類は、必ずしも排他的に独立したものではない。

☆4——とりわけドイツ文化圏における古代ギリシア幻想が有していたイデオロギーについては、以下を参照。Philippe Lacoue-Labarthe, *L'imitation des modernes*, Typographies 2, Paris: Galilée, 1986.　マルティン・バナール『古代ギリシアの捏造　一七八五—一九八五』片岡幸彦監訳、新評論、二〇〇七年。また、イタリアでの考古学と郷土愛（local patriotism）との関連については以下を参照。Arnaldo Momigliano, "Ancient History and the Antiquarian", *Contributo alla storia degli studi classici*, Roma: Edizioni di Storia e Letteratura, 1979, pp. 67-106.

☆5——Giovanni Battista Piranesi, *Le Antiquità Romane*, IV vols., 1756-57, n.pag. (first page of the «Prefazione»).

☆6——Giovanni Battista Piranesi, *Prima parte di Architetture, e Prospettive*, 1743, «Prefazione».

☆7——David R. Coffin, *Pirro Ligorio: The Renaissance Artist, Architect and Antiquarian*, Pennsylvania: Pennsylvania University Press, 2004, p. 2.

☆8——André Chastel, «Le fragmentaire, l'hybride et l'inachevé», *Fables, formes, figures*, II, Paris: Flammarion, 1978, p. 40.

☆9——Elizabeth Wanning-Harries, *The Unfinished Manner: Essays on the Fragment in the Later Eighteenth Century*, Virginia: University Press of Virginia, 1994.

☆10——エミール・カウフマン『理性の時代の建築——イギリス、イタリアにおけるバロックとバロック以後』白井秀和訳、中央公論美術出版、一九九三年、二六六〜六七ページ[Emil Kaufmann, *Architecture in the Age of Reason: Baroque and Post-Baroque in the England, Italy and France*, Cambridge, Mass.: Harvard University Press, 1955, p. 109]。

☆11——このような緊張関係は、タフーリがエイゼンシュテインとピラネージの「モンタージュ」について論じたさいに用いる、「要素の爆発」という言葉の暴力性とも通じているだろう(Manfredo Tafuri, *La sfera e il labirinto*, Torino: Giulio Einaudi editore, 1980, p. 78)。

☆12——カナレットの《カプリッチョ》に潜む「モンタージュ」作業については、以下を参照。Tafuri, *op. cit.*, pp. 55-57. コーリン・ロウ、フレッド・コッター『コラージュ・シティ』渡辺真理訳、SDライブラリー、一九九二年、二七三〜七七ページ[Colin Rowe and Fred Koetter, *Collage City*, Cambridge, Mass. and London : The MIT Press, 1978, pp. 178-181]。および本書第一章。

☆13——ヨハン・ヨアヒム・ヴィンケルマン『古代美術史』中山典夫訳、中央公論美術出版、二〇〇一年、XXIページ。

☆14——「カンプス・マルティウス」は一七六二年刊行の版画集タイトル名であるが、ここではタフーリは明らかに《イクノグラフィア》の図版を想定している。

☆15——Tafuri, *op. cit.*, p. 47.

☆16——Ibid., p. 49.

☆17——Michel Foucault, *Les mots et les choses*, Paris: Gallimard, 1966, pp. 9-10.

☆18——ギリシア・ローマ論争におけるピラネージの論敵であったル・ロワも、著作序文の冒頭で類似の表現を用いている。古代の栄光を物語る宝物が、「われわれの手によって野蛮の支配から救いだされた」(Julien-David Le Roy, *Les ruines des plus beaux monuments de la Grèce*, 1758, p. vii)と言う。ピラネージとル・ロワに共通しているのは、人為的な強奪や破壊、ないしは時間経過による崩壊という「野蛮な作用」への恐れであり、われこそが過去の栄光を救出し保存するのだという自負である。

☆19——Giovanni Battista Piranesi, «Prefazione agli studiosi delle Antichità Romane», 1756-57, n.pag.

☆20——Ibid.

☆21——Denis Diderot, «Salons de 1767», *Salons III : Ruines et paysages*, Paris: Hermann, 1995, p. 338.

☆22——アライダ・アスマン『想起の空間——文化的記憶の形態と変遷』安川晴基訳、水声社、二〇〇七年、三三七～三八ページ［Aleida Assmann, *Erinnerungsraüme: Formen und Wandlungen des kulturellen Gedächtnisses*, München: C.H. Beck, 1999, S. 318f.］。

☆23——カルロ・マンチーニ作。パルナッソス山の神話的光景を描いた天井画は、ヴィンケルマンの友人でもあったアントン・ラファエル・メングスが手掛けている。

☆24——Anonyme, “A Dialogue on Taste,” *The Investigator*, No. 332, 1755 (reissued in 1762). この記事は、実はピラネージの知己でもあったイギリス人画家、アラン・ラムジーにより書かれたものである。

☆25——ヴェネツィアのレッツォニコ家出身、在位一七五八～六九年。このクレメンス一三世を初めとするレッツォニコ家の人々は、一七六〇年代（ローマ派の論客として活動した時期）のピラネージにとって最大のパトロンであった。

☆26——Pierre Jean Mariette, «Lettre», *Gazette Littéraire de l'Europe*, 4 novembre 1764. なおマリエットの文章は、ピラネージの『マリエット卿の手紙についての考察』に全文が再録されている。

☆27——Giovanni Battista Piranesi, “Parere su l'architettura” (1765), John Wilton-Ely ed., *Giovanni Battista Piranesi: the Polemical Works*, Farnborough, Hants: Gregg International, 1972, p.12. 邦訳は引用者による。なおこの論考は、ギリシア派の機能主義者の立場を象徴する「プロトピロ」と、ピラネージの代弁者である「ディダスカロ」の対話形式が採られている。引用部分は、ピラネージの意図を第三者の立場から説明する、ディダスカロの発言である。

☆28——なお、ここで病の比喩が一貫して用いられていることも、注目に値するだろう。ピラネージにあって建築は、機能の組みあわせというよりもむしろ、（病んだ）身体の比喩で語られる。身体のメタファーとしての建築と、それにピラネージが注いだ「解剖学的」な眼差しについては、本書の第1章で論じた。また、ピラネージによる銅版画と解剖図との共振関係については、以下を参照。Barbara Maria Stafford, *Body Criticism: Imaging the Unseen in the Enlightenment Art and Medicine*, Cambridge, Mass. and London: The MIT Press, 1993, pp. 56-72.

☆29——Giovanni Battista Piranesi, *Della magnificenza ed architettura de'romani*, 1761, p.clxxv, Tab. XXXI.

☆30——Henri Focillon, *Giovanni Battista Piranesi, Thèse de Doctorat de l'Universitè de Paris*, Paris: 1918 (réimpression : 2001), p.97.

☆31——「聖地」が用途や性質を変えつつも同一の場にとどまり続けることを、世界的な比較という視座から概括的に論じた書としては、植島啓司『聖地の想像力——人はなぜ聖地をめざすのか』集英社新書、二〇〇〇年がある。

☆32——ジークムント・フロイト「文化の中の居心地の悪さ」『フロイト著作集20』高田珠樹・嶺秀樹訳、岩波書店、二〇一一年、七三～七五ページ。

☆33——Tafuri, *op. cit.*, p.53.

☆34——Jennifer Bloomer, *Architecture and the Text: the (S)crypts of Joyce and Piranesi*, New Haven and London Yale University Press, 1993, pp.100-101.

第3章　適合性と怪物性

☆1——ゴットフリート・ゼンパーは『建築芸術の四要素』（*Die vier Elemente der Baukunst*, 1851）で、建築の基本的構成要素のひとつとして「被覆の原則」を挙げた。「被覆」とは建築空間を覆うものの謂であり、ゼンパーにおいては「吊るされた絨毯」がその原イメージであった。これを受けてアドルフ・ロースは、建築における「被覆」と着衣（ともにドイツ語では Bekleidung）や皮膚との類似性を指摘し、建築物の表層が遵守すべき規範を、着衣の作法とパラレルなものとして敷衍していく（「被覆の原則について」一八九八年、邦訳はアドルフ・ロース「被覆の原則について」、『装飾と犯罪——建築・文化論集』伊藤哲夫訳、二〇〇五年、三三～四一ページ）。一九世紀のダンディ、ロースが「衣服」や「仮面」という比喩を用いたのに対し、二〇世紀のル・コルビュジェは建築の外皮を女性の皮膚に準えた。「私は物の肌を信ずる、女性の肌を信ずるように」と・ル・コルビュジェは言う（ル・コルビュジェ『伽藍が白かったとき』生田勉・樋口清訳、岩波文庫、二〇〇七年、四〇ページ）。

☆2——フランス革命前のルドゥーは、国王ルイ一五世・一六世に登用され、主に公共建築や王侯貴族階級の私邸の設計にあたった。主要な作品には、アルケ＝スナンの王立製塩所（一七七九年竣工、現在世界遺産）、ブザンソンの劇場（一七八四年）、デュ・バリー夫人私邸（一七七一年）、テリュソン邸（一七七八年）、パリの徴税市門（一七八五～八九年、五五点の大半は仏革命で破壊され、現存するのは四点のみ）などがある。フランス革命勃発時に投獄され、処刑は免れるが、以降は建築家としての実作の機会には恵まれなかった。『建築論』の刊行は、ルドゥーが「呪われた建築家」として余生を送った、革命後の時期に構想されたものである。

☆3——Claude Nicolas Ledoux, *L'architecture considérée sous le rapport de l'art, des mœurs et de la législation* (Paris, 1804), Nördlingen: Verlag Dr. Alfons, 1987, tome I, pp. 118-119.［クロード＝ニコラ・ルドゥー『クロード・ニコラ・ルドゥー「建築論」註解』白井秀和訳・解説、中央公論美術出版、一九九四年、第一巻、八八ページ］。本論文中でのルドゥーの著作からの引用および引用部下線は、すべて筆者による訳出である。参考として、脚注では白井による邦訳の該当ページを付記した。

☆4——この人物に関しては、Pierre-Claude-Jean Tournatoris (1730-94?) という、エクス・アン・プロヴァンスに生まれ当地の大学で教鞭をとった解剖学者がモデルに帰されている。以下を参照。Anthony Vidler, *Claude-Nicolas Ledoux: Architecture and*

Social Reform at the End of the Ancien Régime, Cambridge, Mass. and London: The MIT press, 1990, p. 207. ヴィドラーによれば、このトルナトリによる解剖学博物館はプロヴァンス地方で名声を博したという。

☆5——Ledoux, I, p. 119.（邦訳、第一巻、八八ページ）。

☆6——Ledoux, I, p. 119.（邦訳、第一巻、八八〜八九ページ）。

☆7——Vidler, *op. cit.*, p. 206.

☆8——監獄にこのような外観を付与するのは、ルドゥーの時代における慣行でもあった。たとえばフランチェスコ・ミリツィアは『市民建築の原理』（一七八一年）で、監獄には次のような外観がふさわしいと説いている。すなわち、「狭くて形の判然としない開口部……深い影を落とす鈍重な造り、自然にできた大きな洞穴の入口のような人を寄せつけない入り口」が望ましいというのである（Francesco Milizia, *Principi di architettura civile* [1785], Milano: Serafino Majocchi, 1847, p. 300）。

☆9——エミール・カウフマン『ルドゥーからル・コルビュジェまで——自律的建築の起源と展開』白井秀和訳、中央公論美術出版、一九九二年、七八ページ。

☆10——同、七八ページ。

☆11——同、七八ページ。

☆12——カウフマンは、「ルドゥーの建築作品においては、その生涯の終わりのころには、同時代人たちの新古典主義とはなんら共通するものがもはやなかった。最も驚くべきことは、二〇世紀の建築形態との非常に密接な関係である」と明言している（同、八三ページ）。カウフマンはまた、ルドゥーの革新性を「装飾への敵意」と「素材の正しい使用の要求」（同、七九ページ）に求めているが、これはアドルフ・ロースが同時代の建築を批判しつつ打ちだす主張にほかならない。この点については、ロース、前掲書収録の「装飾と犯罪」（九〇〜一〇四ページ）および「被覆の原則について」（三二〜四一ページ）を参照のこと。ドイツ語圏におけるモダニズムの建築理論をルドゥーに投影し、バロック的な伝統の否定と超克を読みこむカウフマンの分析は、一面では的を射ているが、この建築家が内包した自家撞着——装飾主義と幾何学性、バロックの残響である過剰さと新古典主義の一思潮である純粋性への志向——がもたらす豊饒性を、押し潰してしまう危険も孕んでいる。

☆13——ロース「建築について」、前掲書、二二九ページ。ここでロースは、「人間の外観と建物の外観とが奇妙に重なりあう」ことに注意を喚起している。ロースにおける「衣服」と「建築物」のアナロジカルな関係については、田中純『残像のなかの建築——モダニズムの〈終わり〉に』未來社、一九九五年、三八〜四〇ページも参照。

☆14——Adolf Loos, *Sämtliche Schriften*, Erster Band, Hg. von Franz Glück, Wien und München: Verlag Herold, 1962, S. 288.「現代人は衣服を仮面として使用する」とロースは言う。

☆15——Loos, ibid., p. 339.

☆16——田中純「破壊の天使——アドルフ・ロースのアレゴリー的論理学」、『建築文化』第五七巻六五七号、彰国社、二〇〇二年、九八〜一〇一ページ。

☆17——同、九八ページ。

☆18——原文は"le caractère expressif"である。白井秀和はこの部分を「自身を表現するような性格」と意訳している。

☆19——Ledoux, I, p. 12.（邦訳、第一巻、九ページ）。

☆20——Ledoux, I, p. 61.（邦訳、第一巻、四五ページ）。ここで語り手である「私」は一人の男と遭遇する。「私」はその男の顔貌をつぶさに観察し、この人物について判断しようとするのである。「彼の形姿は赤ら顔で、濃い眉に覆われた眼光鋭い眼と、鍛えられた歯をもっていた。漆黒の髪は髭と同じように逆立っていた。カプチン会修道士の胸の上に、ヘリオガバルスの頭部が載っているようにしか見えなかった。男は背が低く、腹が突きでていた。あらゆることを分析し、外観の形態を基に人間を判断するという習慣によって私は混乱におちいり、考えあぐねた」（同上）。

☆21——Ledoux, I, pp. 87-89.（邦訳、第一巻、六五〜六七ページ）。

☆22——Ledoux, I, p. 91.（邦訳、第一巻、六九ページ）。

☆23——トマス・アクィナスは、視覚に快いととらえられるものが美と呼ばれる、と説く（トマス・アクィナス『神学大全』第一巻［第五問題第四項］、高田三郎訳、創文社、一九六〇年、一〇四ページ）。またデカルトは、「美しいものへの愛」を「快」と命名している（デカルト『情念論』［一六四九年］谷川多佳子訳、岩波文庫、二〇〇八年、七四ページ）。「美」をめぐる概念史を整理したものとして、佐々木健一「近世美学の展望」、『講座美学一　美学の歴史』東京大学出版会、一九八四年、一二三〜一二七ページ。

☆24——Ledoux, I, p. 25.（邦訳、第一巻、一八ページ）。

☆25——Ledoux, I, p. 46.（邦訳、第一巻、三三ページ）。

☆26——カウフマンはこれを以て「装飾に対する敵意」（エミール・カウフマン『三人の革命的建築家——ブレ、ルドゥー、ルクー』白井秀和訳、中央公論美術出版、一九九四年、二八四ページ）とみなしているが、これは恣意的な理解であろう。前述のとおり、ルドゥーは装飾術（la décoration）自体は否定していないのである。

☆27——ルドゥーによる「付随的装飾物」「作品の外部」といった表現は、カントの言う「パレルガ」の概念と一致する。すなわち「対象の完全な表象に本来の構成要素として内的に属するのではなくて、単なる付加物として外的にのみ属し……たとえば絵画の額縁や立像の衣紋、或は殿堂の柱列回廊などがこれである。しかし装飾がそれ自身美しい形式を成さないような場合には、装飾は感覚的刺戟によって絵画を引き立たせるためだけに用いられる金縁の額同様に、取って付けられたものになる、そうなると装飾は外飾と呼ばれて、真正の美を損なうにいたるのである」（カント『判断力批判（上）』、篠田英雄訳、岩波文庫、一九六四／二〇〇五年、一一〇～一一一ページ）。このようなパレルゴン（作品にとっての付随物）としての装飾を、ルドゥーは（少なくとも言語化された思考のうえでは）退けている。

☆28——当時のフランスでは、普遍的価値を持つ美の規則が存在するという新プラトン主義的な学派と、前述のアリストテレス流の説を信ずる学派との論争が盛んであった。

☆29——白井秀和「フランス啓蒙思想における『性格』について」、『日本建築学会論文報告集』第三三〇号、一九八三年八月、一六三～七〇ページ、および同「ビアンセアンスとコンヴナンス——フランス古典主義建築理論の重要概念について」『日本建築学会論文報告集』第三三二号、一九八三年一一月、一三七～四三ページを参照。性格（カラクテール）と適合性（ビアンセアンス、コンヴナンス、デコールム）という概念の関連について、詳細かつ体系的に記述されている。

☆30——Charles Le Brun, *Conférence de M. Le Brun... sur l'expression générale et particulière*, Paris: E. Picart, 1698, pp. 2-3.

☆31——Johann Caspar Lavater, *La physionomie ou l'art de connaître les hommes d'après les traits de leur physionomie*, Nouvelle édition, Paris: L. Prudhomme, 1806.

☆32——Paolo Mantegazza, *La physionomie et l'expression des sentiments*, Paris: F. Alcan, 1885, p. 75.

☆33——一八世紀の建築イメージの中には、このような解剖学的な眼差しと通底するものもある。たとえば、解剖学図版とピラネージによる廃墟表象との共通性を指摘した論考として、以下を参照。Barbara Maria Stafford, *Body Criticism: Imaging the Unseen in Enlightenment Art and Medicine*, Cambridge, Mass. and London: The MIT Press, 1991. また、本書序章も参照。

☆34——建築史家エグバートは建築におけるカラクテール概念を、「一般的なカラクテール（建築の個別の問題を超越したレヴェルで、身分制秩序やナショナリズムと結合しやすい）」、「タイプとしてのカラクテール（特定の建築タイプ——公共建築・宮殿・邸宅——に適合したカラクテールであり、J・F・ブロンデルが規定するカラクテールは、このレヴェルにある）」、「個別的なカラクテール（個々の建築物の機能や構造、環境などを反映したもの）」の三類型に整理している（Donald Drew Egbert, *The Beaux-Arts Tradition in French Architecture*, New Jersey: Princeton University Press, 1980, p. 122）。

☆35——Germain Boffrand, *Livre d'Architecture*, Paris, 1745, p. 16.

☆36——Jacques François Blondel, *Cours d'architecture, ou Traité de la décoration, distribution et construction de bâtiments; contenant les leçons données* *en 1750 et les années suivantes par J. F. Blondel, architecte, dans son école des arts. Publié de l'aveu de l'auteur, par M. R***, et continué par M. Patte*, tome I-IX, Paris: Desaint, 1771-77. tome II, p. 229.

☆37――Ledoux, I, p. 119.（邦訳、第一巻、八八ページ）。

☆38――クロード・ペローによるウィトルウィウス『建築十書』の仏訳（一六八四年）で、ラテン語「デコールム」の仏訳として「ビアンセアンス（適合性）」の語が用いられた。一七世紀後半には、この訳語が定着していく。

☆39――André Félibien, *Conférence de l'Académie Royale de Peinture et de Sculpture pendant l'année 1667*, Paris, 1668, s.p., préface.

☆40――なお、カラクテールの語が特別な含意をもつものとして使用され始めたのは、一七世紀の文学・演劇や絵画論の分野においてである。その先鞭をつけたのは、ニコラ・ボワロー（一六三六〜一七一一）であった。彼は一六七四年に刊行された『詩法』の中で、「各対象に固有のカラクテールが保たれなければならない」と説いている（Nicolas Boileau-Despreaux, *L'Art poétique*, Paris, 1674, canto III, l. 112）。

☆41――ヴィドラーは、ブロンデルによる「建築の性格」の議論を、「自然科学で発展してきた諸観念を建築理論に転用しようとした」と規定している（Anthony Vidler, "The Idea of Type", *Oppositions*, No. 8, spring 1977, p. 101）。

☆42――Michel Foucault, *Les mots et les choses*, Paris: Gallimard, 1966, p. 144.

☆43――Ibid., pp. 144-145.

☆44――Nicolas Le Camus de Mézières, *Le génie de l'architecture, ou L'analogie de cet art avec nos sensations*, Paris, 1780, pp. 3-4.

☆45――Ibid., p. 3. ル・カミュはここで、自然の事物を熱心に観察し続けた結果、それらが各々にふさわしいカラクテール（性格）を有していること、それは事物の輪郭線からも看取できることを学んだと述べ、例としてライオンの顔（恐怖をもたらす）と猫の顔（裏切り者の性格をもつ）を対比させる。この原則の正しさを証明するのが、「かの有名なシャルル・ル・ブラン」である。そして、この「各々にふさわしい性格が看取されること」を、建築の分野でも同様に重んじるべきことを説く。ル・ブランは顔を構成する線によって「情念」を表現するが、ル・カミュは建築のマッスやプロポーションによって、さまざまな情動を観者に伝えようとした。

☆46――このような「内面への作用」の重視を、白井秀和はコンディヤックの『感覚論』を参照しつつ「建築感覚論」と名指している（白井、「フランス啓蒙主義思想における『性格』について」、一六七ページ）。

☆47――Françoise Fichet, *La théorie architecturale à l'âge classique*, Bruxelles: P. Mardaga, 1979, p. 40.

☆48――Étienne Louis Boullée, *Architecture, Essai sur l'art* (manuscrit : antérieurs à 1793-1799), textes réunis et présentés par J.-M. Pérouse de Montclos, Paris: Hermann, 1968, p. 73.

☆49——Léon Vaudoyer, «Études d'architecture en France», *Le Magasin Pittoresque*, 1852, p. 388. ヴォードワイエ自身は、ルドゥーの建築におけるこの「驚異」には批判的であった。上掲の論考によれば、『建築論』は「常軌を逸した構想」（une idée des extravagances）の体現にすぎない。誤謬と自惚れに支配され、先人の芸術に学ぼうとしない者は、この種の「常軌を逸したもの」に容易く感化されてしまう、と彼は嘆いている。この点でヴォードワイエは図らずも、ルドゥーをロマン主義の先駆けとして評価する後世の論者たちに与していることになる。すなわち、古典主義的な規矩——芸術における「ふさわしさ」といったもの——を打ち破り、個性的かつ独創的な想念を芸術に体現した、革新者としてのルドゥーという評価である。

☆50——Antoine Court de Gébelin, *Monde primitif analysé et comparé avec le monde moderne considéré dans son génie allégorique et dans les allégories auxquelles conduisit ce génie*, Paris, 1774-1776, tome V, 1775, p. 374. ジェブランによれば建築とは、「眼に語りかける芸術、言語が耳に物事を伝えるように、視覚に伝達する芸術」のことであった。

☆51——Anthony Vidler, *The Writing of the Walls*, New York: Princeton Architectural Press, 1987, p. 122.

☆52——Ledoux, I, p. 135.（邦訳、第二巻、九ページ）。「円や正方形、それは優れた作品のにおいて作者の用いるアルファベットである」と、ルドゥーは語っている。二六文字の組みあわせによって種々の単語が綴られ、テクストが織られるのと同様に、基本的な幾何学図形の組みあわせによって多様な建築物を生みだすことができるというのである。基礎的な要素の組みあわせによってさまざまな事物を表現するという発想は、元素をアルファベット記号によって表わし、その組みあわせによって化合物を記述することを考案した同世代の化学者ラヴォワジエ（一七四三〜九四）とも通底しているのではないだろうか。

☆53——ロベール・ミュッシャンブレ『オルガスムの歴史』山本規雄訳、作品社、二〇〇六年、一七四〜八四ページ。

☆54——サドもまた、「自然」な状態への回帰を説く。しかしサドの想定する「自然」は、ルソー的な「自然」に真っ向から抗うものである。彼は剥きだしの残虐さや暴力性、そして淫蕩こそが本来の「自然」の姿であり、それを法律や宗教、道徳で規制することに反対した。このような立場が表明されているのは、たとえば、『閨房哲学』澁澤龍彦訳、河出文庫、一九九二年、一六五〜六六ページ（宗教的道徳や法律による規律は自然法則に反する）、同一七六〜七七ページ（自然の声＝淫蕩への欲求を解放すべきこと）、『食人国旅行記』澁澤龍彦訳、河出文庫、一九八七年、七三ページ（自然の法則は腐敗・悪徳にある）、『新ジュスティーヌ』澁澤龍彦訳、河出文庫、一九八七年、四四ページ（破壊運動は自然法則に適う）、および二〇二ページ（ルソーへの反駁と弱肉強食の肯定）。また、サドの「自然」観を端的に解説したものとして、秋吉良人『サド——切断と衝突の哲学』白水社、二〇〇七年。

☆55——マルキ・ド・サド『閨房哲学』澁澤龍彦訳、河出文庫、一九九二年、一七六〜七七ページ［D.A.F. Marquis de Sade, *La philosophie dans le boudoir* (1795), dans *Œuvres*, tome III, Paris: Gallimard, 1998, pp. 130-131］。

☆56——アトリエ（atelier）はまた当時より「女性器」の隠語でもあった。ここでは性的快楽を享受する場が、「労働・修練の場」と重ねあわされており、サドにおける“travail”（労働＝性交）や“atelier”の使用法とも共通している。秋吉、前掲書、二一〜二二ページを参照。

☆57——Ledoux, I, p. 2.（邦訳、第一巻、二ページ）。

☆58——Ledoux, I, p. 203.（邦訳、第二巻、五八ページ）。

☆59——Ledoux, I, p. 201.（邦訳、第二巻、五五ページ）。

☆60——一六五五年に匿名で刊行された『娘たちの学校』（*L'école des filles*）は、フランス語で書かれた最初の性愛指南書とされる（ミュッシャンブレ、前掲書、一一二ページ）。この指南書という形式は、一七世紀以降に普及した手引書の、一種のパロディでもあるだろう。「教育」というテーマがエロティックな暗示を含む性愛文学は、これ以降盛んに刊行されることとなる。

☆61——ルイ一四世の即位直後の一六六二年に『ミューズの淫売屋』を刊行したクロード・ル・プティは、「神と聖人」に対する不敬の廉で公開処刑された。

☆62——独身の男性若年層によって構成される結社組織は、建前としてキリスト教道徳に基づく禁欲を年長の男性集団から課される一方で、性的欲望をときに暴力的な手段で解放させることもあった（ミュッシャンブレ、前掲書、三六〜三九ページ）。

☆63——Vidler, *The Writing of the Walls*, p. 108.

☆64——Jean-Claude Lebensztein, *Transaction*, Paris: Éditions Amsterdam, 2007, p.81.

☆65——ルドゥーの設計による徴税市門は、現在はラ・ヴィレット、モンソー公園、ダンフェール・ロシュロー、ナシオンの四カ所にのみ残る。

☆66——この「最新の創意」（les inventions les plus modernes）が具体的にどの部分を指すのか、カトルメールは特定してはいない。

☆67——Antoine-Chrysostome Quatremère de Quincy, *Encyclopédie méthodique: architecture*, Paris, 1788-1825, tome I, pp. 214-216.

☆68——ブロンデルは、ディドロとダランベールによる『百科全書』の第七巻（一七五七年刊行）にいたるまで、建築に関する項目のほぼすべてを担当した。彼に割りふられた執筆者省略記号は「P」である（白井秀和「ジャック＝フランソワ・ブロンデルについて」、『日本建築学会計画系論文報告集』第四一二号、一九九〇年六月、一四三〜五二ページ）。

☆69——Blondel, *Cours d'architecture...*, tome III, p. lx.

☆70——Blondel, ibid., tome I, p. 434

☆71——Michel Foucault, *Les anormaux : cours au Collège de France, 1974-1975*, Paris: Gallimard, 1999, p. 58.

☆72——その例示として、フーコーは動物と人間（牛頭の人間）、二つの種（羊の頭部をもつ豚）、二つの個体（シャム双生児）、二つの性（両性具有者）、そして生者と死者の混成（器質的欠陥のために産後すぐに死亡してしまう胎児）を列挙している。

☆73——Denis Diderot, Jean-Baptiste le Rond d'Alembert, *L'encyclopédie ou Dictionnaire raisonné des sciences, des arts et des métiers*, tome X, Neufchastel: Samuel Faulche, 1765, p.671, fac., New York: Readex Microprint, 1969.

☆74——Ledoux, I, p. 220.（邦訳、第二巻、七〇ページ）。

☆75——Diderot, d'Alembert, *op. cit.*, tome IV, Paris: Briasson, 1754, p. 161.

☆76——Vaudoyer, *op. cit.*, p. 388.

第4章　建築の斬首

☆1——レチフ・ド・ラ・ブルトンヌ『パリの夜——革命下の民衆』植田祐次編訳、岩波文庫、一九八八年、一三七ページ。

☆2——Katsuyuki Abe, "Size of Great Earthquakes of 1837-1974 Inferred from Tsunami Data," *Journal of Geophysical Research*, Volume 84, 1979, pp. 1561-1568.

☆3——Alvaro S. Pereira, "The Opportunity of a Disaster: The Economic Impact of the 1755 Lisbon Earthquake", *Cherry Discussion Paper Series*, DP 03/06, York: Centre for Historical Economics and Related Research at York, York University, 2006, p. 5.

☆4——原タイトルは以下。Receuil(sic.) des plus belles ruines de Lisbonne causées par le tremblement et par le feu du premier novembre 1755, 1757.

☆5——フランス語タイトルにのみ「最美の」という形容詞が付されていることについて、制作者・刊行者側の意図は不明である。災害の当事者であるポルトガルと、直接的被害を受けず、いわば「スペクタクル」として観察する精神的余裕があったフランスとの違いという見方もできるし、あるいは当時の廃墟画をめぐるフランスでの慣行に従っただけなのかもしれない。ともかく、リスボン大震災がもたらした廃墟の表象さえも、当時の廃墟ブームの文脈にとりこまれて受容されたという点は、留意しておく必要がある。

☆6——ギュンター・リアー、オリヴィエ・ファイ『パリ　地下都市の歴史』古川まり訳、東洋書林、二〇〇九年、五九～六四ページ。

☆7——絵画のみならず、予め廃墟化した建築物を建造することも、一八世紀から一九世紀にかけて盛んになった。すでに一七二八年、バティ・ラングレーは「古代ローマの廃墟を模すなら、キャンヴァス上でも、煉瓦や漆喰で造ったものでもかまわない」と述べている。「シャム・ルーイン」（偽廃墟）と呼ばれるこれらの建築は、とりわけイギリスの風景式庭園に用いられた。

☆8——ルイ＝セバスチャン・メルシエ「紀元二四四〇年　またとない夢」原宏訳、野沢協・植田祐次監修『啓蒙のユートピアⅢ』法政大学出版局、一九九七年所収、二一〇ページ。

☆9——Denis Diderot, «Salons de 1767» dans *Salons III: Ruins et paysages*, Paris: Hermann, 1995, p. 338.

☆10——佐々木健一『フランスを中心とする十八世紀美学史の研究——ヴァトーからモーツァルトへ』岩波書店、一九九九年、二四三ページ。

☆11——アロイス・リーグル『現代の記念物崇拝——その特質と起源』尾関幸訳、中央公論美術出版、二〇〇七年、一二一～一二三ページ。

☆12——Chateaubriand, *Génie du christianisme*, Paris: Gallimard, 1978, p. 882.　シャトーブリアンは「時の仕業」による廃墟を「不快さの無い甘美なもの」と規定し、「虚無感のみをもたらす」「荒廃」でしかない「人の仕業による廃墟」と対置させる。

☆13——谷川渥もまた、廃墟という「不在」や「空虚」を表象するためには、その前提として想起と期待の能力——かつて存在したものといま存在するもの、いま存在するものとありえたであろうもの（未来完了形）を対照させる能力——が必要であり、この能力の誕生こそが廃墟趣味を生みだしたのだ、としている。「廃墟の表象は、あらためて整理すれば、遠い過去の文明の記憶を保持しつつ、その過去と現在とを隔てる時間的距離を意識すると同時に、また現在をひとつの遠い過去とするであろう遠い未来との間に横たわる時間的距離をも意識し、さらに過去と未来とのあわいに存在するこの自己なるものを相対化しうるような時間意識の成熟によってはじめて可能になるのだ」（谷川渥『廃墟の美学』集英社新書、二〇〇三年、一四九ページ）。

☆14——Jean Sedillot Le Jeune (1757-1840).　彼はパリの外科医であり、外科医学王立学院で学び、後にパリ医学会（la Société de Médecine de la Seine）を設立する。アラスが引用する彼の著作（*Réflexions historiques et physiologiques sur le supplice de la guillotine*）は、一七九五年（共和国暦四年）にパリで刊行された。

☆15——ダニエル・アラス『ギロチンと恐怖の幻想』野口雄司訳、福武書店、一九八九年、六四ページ。

☆16——同、六三～六四ページ。

☆17——ジュリア・クリステヴァ『斬首の光景』星埜守之・塚本昌則訳、みすず書房、二〇〇五年。

☆18——アラス、前掲書、二三一ページ。

☆19——同、二三九ページ。

☆20——同、二三九ページ。

☆21——ポール・ヴィリリオ『速度と政治　地政学から時政学へ』市田良彦訳、平凡社ライブラリー、二〇〇一年、九四ページ。

☆22——トンクス（Henry Tonks）は一八八〇年代から二〇世紀前半にかけて活動したイギリスの外科医で、デッサンやパステル画にも秀で、当時のロンドンの美術界でも影響力のある存在だった。トンクスによる戦傷兵士の表象については、以下の詳細な論文がある。Emma Chambers, "Fragmented Identities: Reading Subjectivity in Henry Tonks' Surgical Portraits," *Art History: Journal of the Association of Art Historians*, Vol. 32, No. 3, June 2009, pp. 579-607.

☆23——アラス、前掲書、二四二ページ。

☆24——スーザン・ソンタグ『写真論』近藤耕人訳、晶文社、一九七九／二〇一〇年、二一～二二ページ。

☆25——エルンスト・フリードリヒが編纂した写真集『戦争に反対する戦争』（坪井主税・ピーター・バン・デン・ダンジェン訳・編、龍渓書舎、一九八八年）には、第一次大戦によって無惨な怪我を負った兵士たちの写真も多数収録されている。また、パリ大学間医学図書館（BIUSanté）には、第一次大戦期に顔面に創傷を負った兵士たち（les gueules cassées）の写真が多数収蔵されている。

☆26——ヴァルター・ベンヤミン「写真小史」久保哲司訳、『ベンヤミン・コレクション1　近代の意味』浅井健二郎編訳、ちくま学芸文庫、一九九五年、五八〇ページ。

☆27——ヴァルター・ベンヤミン「ボードレールにおけるいくつかのモティーフについて」、『ベンヤミン・コレクション1　近代の意味』浅井健二郎編訳、四八〇ページ。「ある遠さ」の一回性の現われとしてのアウラについては、ベンヤミン「複製技術時代の芸術作品」（第二稿／一九三五～三六年）、同、一九九八年、五九二ページ。

☆28——秋吉良人『サド　切断と衝突の哲学』白水社、二〇〇七年、一四〇～四一ページ。

☆29——Jacques Lacan, *Le Séminaire VII, l'Éthique de la psychanalyse*, Paris: Édition du Seuil, 1987, pp. 237-238.

☆30——岡崎乾二郎「芸術の条件第二回　白井晟一という問題群（後編）」、『美術手帖』、二〇一一年三月号、第六三巻九四九号、一八七ページ。

☆31——第1章でも示唆したとおり、ルクーの建築案の特徴は、開口部とそこから続く一本の内部通路にある。これを岡崎は消化管のアナロジーで語るが（同前）、あるいはまた情念を放出（décharger／射精）する性的器官の隠喩ととらえることもできるのではないだろうか。

☆32——モナ・オズーフ『革命祭典——フランス革命における祭りと祭典行列』立川孝一訳、岩波書店、一九八八年、一二九ページ。同所でオズーフは、バスティーユが「砂漠」であるからこそ革命の記念儀式という要請に応える「場所」たりえた旨を指摘している。

☆33——現在バスティーユ広場に聳える「革命記念柱」は、実際には一七八九年のフランス革命ではなく、一八三〇年の七月革命を記念するものである。

第5章　石の皮膚、絵画の血膿

☆1——ガエタン・ピコン『素晴らしき時の震え』粟津則雄訳、新潮社、一九七五年、五三ページ。

☆2——ジョリス゠カルル・ユイスマンス『さかしま』澁澤龍彦訳、河出文庫、二〇〇二年、二六〇ページ。

☆3——ゴーティエがスペインに旅行したのは、一八四〇年の五月から一〇月にかけてのことである。『スペイン紀行』の初版刊行は一八四三年だが、いくつかの章は一八四〇年に『ラ・プレス』誌（*La Presse*）に掲載されたものである。なお、本稿では底本として以下の版を使用した。Théophile Gautier, *Voyage en Espagne*, présentation par Jean-Claude Berchet, Paris: Flammarion, 1981.

☆4——Ibid., p. 95.

☆5——Ibid., pp. 103-104.

☆6——ゴーティエは、「レースのように刺繍され、彫刻され、華々しく飾られた壮麗な玄関は、誰とも分からないイタリア人聖職者によって、一段目のフリーズまで削り取られ、やすり掛けされていた」（Ibid., pp. 93-94）ことを嘆いている。

☆7——Ibid., p. 34.

☆8——Ibid., p. 353.

☆9——『オプセルヴァトワール・デ・モード』誌（*Observatoire des modes*）の創刊が一八一八年、エミール・ド・ジラルダンが企画し、バルザックやノディエらが執筆を、グランヴィルやガヴァルニらが挿絵を手掛けた『ラ・モード』誌（*La Mode*）が一八二九年である。

☆10——バイヨンヌ発マドリード行き馬車に乗りこんだときの描写はその一例であろう。「御者は、ヴェルヴェットの飾りと絹の房の付いた尖がり帽子を被り、色とりどりの装飾が刺繍されたベスト、革のゲートルと赤いサッシュを身に着けた牧童頭《マイヨラル》である。地方色（couleur locale）のささやかな幕開けである」（Ibid., p. 74）。

☆11——Ibid., pp. 265-266.

☆12——Ibid., p. 156.

☆13——カント『判断力批判（上）』篠田英雄訳、岩波文庫、一九六四年、一一七ページ。

☆14——Alain Muzelle, *L'arabesque: la théorie romantique de Friedrich Schlegel à l'époque de l'Athenäum*, Paris: Presses Paris Sorbonne, 2006, p.

53. カントを受けたシラーは、この「ギリシア風の線描模様」を、「アラビア模様」と言い換えている（シラー『美と芸術の理論——カリアス書翰』草薙正夫訳、岩波文庫、一九三六年、九ページ）。

☆15——ボードレールは「火箭」で、アラベスクをあらゆる線描のうちでもっとも精神的であり観念的なものとしている。

☆16——ポーにとっての「アラベスク」には、二通りの意味がある。ひとつは幾何学的な線描パターンによる装飾紋様の謂いであり、「家具の哲学」に登場する理想的装飾としての「アラベスク」はこの意味である（☆19参照）。もう一つは「グロテスク」とほぼ同義の用法であり、ポー自身が「各種の歪曲、均衡の欠如、異質な要素の結合、美しいものと、奇怪なものや嫌悪をもよおすものとの共存、各部分の全体への混沌たる融合、夢と現実との混交」と規定する性質を指す形容詞である（エドガー・アラン・ポオ『黄金虫・アッシャー家の崩壊　他九篇』八木敏雄訳、岩波文庫、二〇〇六年、三八一ページの訳注五を参照）。この意味での「アラベスク」は、「アッシャー家の崩壊」（ロデリック・アッシャーの顔貌の「アラベスクな印象」）や「赤死病の仮面」（仮装舞踏会に招かれた客たちの「アラベスクな姿」）でも用いられている。

☆17——ヴァルター・ベンヤミン「ルイ＝フィリップあるいは室内」久保哲司訳、『ベンヤミン・コレクション1　近代の意味』浅井健二郎編訳、ちくま学芸文庫、一九九五年、三四五ページ。

☆18——Edgar Allan Poe, "The Philosophy of Furniture," *Burton's Gentleman's Magazine*, May 1840, pp. 244-245.

☆19——Ibid., p. 244.

☆20——エドガー・アラン・ポオ「赤死病の仮面」、『黄金虫・アッシャー家の崩壊　他九篇』八木敏雄訳、岩波文庫、二〇〇六年、二二九ページ。

☆21——同、二二七ページ。

☆22——ユイスマンス『さかしま』二五ページ。

☆23——同、二八ページ。

☆24——ベンヤミン「ルイ＝フィリップあるいは室内」三四五ページ。

☆25——アドルフ・ロース「装飾と犯罪」、『装飾と犯罪』伊藤哲夫訳、中央公論美術出版、二〇〇五年、九〇〜一〇四ページ。

☆26——ゴーティエの「色彩語」に関しては、渡辺洋子「テオフィル・ゴーティエ小論　『モーパン嬢』における色彩語をめぐって」、『白百合女子大学フランス語フランス文学論集Ⅱ』、一九七一年、一一三〜一二一ページがある。

☆27——Gautier, *Voyage en Espagne*, p. 80.

☆28——Ibid., p. 197.

☆29——Ibid., p. 188.

☆30——Ibid., p. 90.

☆31——Ibid., p. 192.

☆32——エミール・ゾラ『ナナ』川口篤・古賀昭一訳、新潮文庫、二〇〇六年、七一一～一二ページ。

☆33——自然主義やレアリスムの文学者たちが、同時代の医学的言説や知識をいかなる回路で受容し、また作品に反映させていたかについては、次の論考を参照。Jean-Louis Cabanès, *Les corps et la maladie dans les récits réalistes : 1856-1893*, tome I-II, Paris: Klincksieck, 1991.

☆34——Gautier, *op. cit.*, p. 70.

☆35——Ibid. 開いた傷口を探る視線は、樹木へも向かう。「見渡す限り、木といえば傷口から松脂を流す松の木ばかりである。鮭肉色が樹皮の灰色と際立った対比をなすその大きな裂け目は、生命力をほぼ奪い取られて衰弱したこれらの木々に、悲痛な相貌を与えている」（p. 72）。ここでは、灰色と鮭肉色を鮮やかに対比させつつ、人体の皮膚と肉と流血を連想させるような描写がなされている。

☆36——奇しくもゴーティエは「アルジェリアへのピトレスクな紀行」において、次のように宣言している。「十九世紀の旅行者は当然のごとく懐疑的である。聖トマスのように、傷口に指を突っこんでから信じたがる」（Théophile Gautier, « Voyage pittoresque en Algérie », *Voyage en Algérie* [1865], texte présenté par Denise Brahimi, Paris: La Boîte à Documents, 1997, p. 74）。

☆37——Gautier, *Voyage en Espagne*, pp. 105-106. なおゴーティエは「フラ・ディエゴ・デ・レイバ」による「聖カシルダ」と書いているが、ブルゴス聖堂に現存する乳房を切られる殉教聖女像は、フアン・リシ（Juan Rizi）という画家が描いた聖セントーラである（Kathleen Koestler, *Théophile Gautier's España*, Birmingham: Summa Publications, 2002, p. 102）。

☆38——Gautier, *Op. cit.*, pp. 76-77.

☆39——Ibid., p. 298.

☆40——Ibid., p. 236.

☆41——このフラゴナール（Honoré Fragonard, 1732-99）と雅宴画で名を馳せたロココの画家ジャン＝オノレ・フラゴナールとは従兄弟関係にある。

☆42——Ibid., pp. 134-135.

☆43——ユイスマンス『さかしま』一三二ページ。

☆44——同、一三二ページ。

☆45――同、一三五ページ。

☆46――ロベール・ミュッシャンブレ『オルガスムの歴史』山本規雄訳、作品社、二〇〇六年、二八一ページ。

☆47――ジョリ＝カルル・ユイスマンス『腐爛の華――スヒーダムの聖女リドヴィナ』（一九〇六年）田辺貞之助訳、国書刊行会、一九九四年、六〇ページ。

☆48――ジョリ＝カルル・ユイスマンス『ルルドの群集』田辺保訳、国書刊行会、一九九四年、七五ページ。

☆49――ユイスマンス『腐爛の華』五四ページ。

☆50――同、五五ページ。

☆51――ジョリ＝カルル・ユイスマンス『大伽藍』出口裕弘訳、光風社出版、一九八五年、四〇ページ。

☆52――ジョリ＝カルル・ユイスマンス『彼方』田辺貞之助訳、東京創元社、一九七五年、一四～一五ページ。

☆53――ジョルジュ・ディディ＝ユベルマン『フラ・アンジェリコ――神秘神学と絵画表現』寺田光徳・平岡洋子訳、二〇〇一年、三三ページ。

☆54――同、三六ページ。

☆55――Philostratus, *Life of Apollonius*, edited and translated by Christopher P. Jones, Cambridge, Mass. and London: Harvard University Press, 2005, p. 175.

☆56――William Blake, *The Complete Writings of William Blake with Variant Readings*, Geoffrey Keynes ed., London: Oxford University Press, 1966, p. 464.

☆57――Ibid., p. 469.

☆58――ジャン＝クロード・レーベンシュテイン「ビューティー・パーラーにて」浜名優美訳、『TRAVERSES/1 化粧』今村仁司監訳、リブロポート、一九八六年。

☆59――岡田温司『ミメーシスを超えて――美術史の無意識を問う』、勁草書房、二〇〇〇年、第四章「色彩・タッチ・皮膚　ヴェネツィア絵画を描く手、観る眼差し」。

☆60――Émile Zola, « Mon Salon, 1868 », *L'Evénement illustré*, le 10 mai 1868. 原文は以下のとおり。"Enfin ! voilà donc de la peau ! de la peau vraie, sans trompe-l'œil ridicule."

☆61――André Malraux, « Les Voix du silence », dans *Œuvres complètes*, tome IV, Paris: Gallimard, 2004, p. 318.

☆62――オスカー・ワイルド『ドリアン・グレイの肖像』、福田恆存訳、新潮文庫、一九六二年、二五〇ページ。

☆63――同、三一六ページ。

☆64——谷川渥『文学の皮膚——ホモ・エステティックス』、白水社、一九九七年、一九三ページ。「血は罪の象徴であるばかりではない。皮膚を破って外部に流れ出た血は、内部と外部の境界を攪乱し、浅さと深さ、表層と深層、さらには自己と他者の差異をも曖昧にする。点々と血痕をつけることで、肖像画はたんなる表面としての表面であることを放棄していることを示している」。

☆65——ユイスマンス『彼方』、一七ページ。

☆66——Théophile Gautier, *De la mode*, Paris: Poulet-Malassis et De Broise, 1858, p. 33.

☆67——Gautier, *Voyage en Espagne*, pp. 179-180.

☆68——Ibid., p. 190.

☆69——Ibid., p. 275.

☆70——Ibid., p. 199.

☆71——Ibid., p. 94.

☆72——Ibid., p. 379.

☆73——ポオ「アッシャー家の崩壊」、前掲書、一七〇ページ。

☆74——同、一七七ページ。

エピローグ　眼差しのディセクション

☆1——Claude-Nicolas Ledoux, *L'architecture considérée sous le rapport de l'art, des mœurs et de la législation* (Par.s, 1804), Nördlingen: Verlag Dr. Alfons, 1987, tome I, p.77. ［クロード＝ニコラ・ルドゥー『クロード・ニコラ・ルドゥー「建築論」註解』白井秀和訳・解説、中央公論美術出版、一九九四年、第一巻、五八ページ］。

参考文献

Abe, Katsuyuki, "Size of Great Earthquakes of 1837-1974 Inferred from Tsunami Data," *Journal of Geophysical Research*, Volume 84, 1979, pp.1561-1568.

Aikema, Bernard, and Bakker, Boudewijn, eds., *Painters of Venice*, Amsterdam: Rijksmuseum and Hague: Gary Schwartz, 1990.

秋吉良人『サドにおける言葉と物』風間書房、二〇〇一年。

——『サド——切断と衝突の哲学』白水社、二〇〇七年。

Alexandrian, Sarane, *Hans Bellmer*, Collection «La septième face du dé», Paris: Édition Filipacchi, 1971.〔サラーヌ・アレクサンドリアン『ハンス・ベルメール』シュルレアリスムと画家叢書「骰子の7の目」2（増補新版）、澁澤龍彥訳、河出書房新社、二〇〇六年〕。

Algarotti, Francesco, *Saggio sull'architettura e sulla pittura*, Milano, 1756.

—— *Raccolta di lettere sopra la pittura, e architettura*, Livorno, 1765.

—— *Opere*, Venezia, 1792.

—— *Raccolta di lettere sulla pittura, scultura ed architettura*, Bottari Givanni ed., Milano, 1822.

Anonyme, *L'École des filles,* Paris: Louis Piot, 1655.

Anonyme, "A Dialogue on Taste," *The Investigator*, No. 332, 1755 (reissued in 1762).

Arasse, Daniel, *La guillotine et l'imaginaire de la Terreur*, Paris: Flammarion, 1987.〔ダニエル・アラス『ギロチンと恐怖の幻想』野口雄司訳、福武書店、一九八九年〕。

Assmann, Aleida, *Erinnerungsräume: Formen und Wandlungen des kulturellen Gedächtnisses*, München: C.H. Beck, 1999.〔アライダ・アスマン『想起の空間——文化的記憶の形態と変遷』安川晴基訳、水声社、二〇〇七年〕。

Barcham, William Lee, *The Imaginary View Scenes of Antonio Canaletto*, New York: Garland, 1977.

Barthes, Roland, *Sade, Fourier, Loyola*, Paris: Éditions du Seuil, 1971.〔ロラン・バルト『サド、フーリエ、ロヨラ』篠田浩一郎訳、みすず

書房、一九七五年〕。
―― *Le plaisir du texte*, Paris: Éditions du Seuil, 1973.〔ロラン・バルト『テクストの快楽』沢崎浩平訳、みすず書房、一九七七年〕。
Baudelaire, Charles, *«Les paradis artificiels»* (1860), dans *Œuvres complètes*, tome I, Bibliothèque de la Pléiade, Paris: Gallimard, 1975, pp.399-517.〔シャルル・ボードレール「人工天国」阿部良雄訳、『ボードレール全集』第V巻、筑摩書房、一九八九年、五〜三三ページ〕。
―― *«Fusées»*, dans *Œuvres complètes*, tome I, Bibliothèque de la Pléiade, Paris: Gallimard, 1975, pp.649-667.〔シャルル・ボードレール「火箭」阿部良雄訳、『ボードレール全集』第VI巻、筑摩書房、一九九三年、五〜三九ページ〕。
Beddington, Charles, *Bernardo Bellotto and His Circle in Italy. Part I: Not Canaletto but Bellotto*, The Burlington Magazine, Vol.146, No.1219, 2004, pp. 665–674.
Benjamin, Walter, *Kleine Geschichte der Photographie* (1931), in *Gesammelte Schriften*, Hg. von Rolf Tiedemann und Hermann Schweppenhäuser, Bd.II., Frankfurt am Main: Suhrkamp, 1977, S.368-385.〔ヴァルター・ベンヤミン「写真小史」久保哲司訳、『ベンヤミン・コレクション1　近代の意味』浅井健二郎編訳、ちくま学芸文庫、一九九五年、五五一〜五八一ページ〕。
―― *Das Kunstwerk im Zeitalter seiner technischen Reproduzierbarkeit. Zweite Fassung* (1935-1936), in *Gesammelte Schriften*, Bd.VII, Frankfurt am Main: Suhrkamp, 1989, S.350-384.〔ヴァルター・ベンヤミン「複製技術時代の芸術作品」、『ベンヤミン・コレクション1　近代の意味』浅井健二郎編訳、ちくま学芸文庫、一九九五年、五八三〜六四〇ページ〕。
―― *Über einige Motive bei Baudelaire* (1939), in *Gesammelte Schriften*, Bd.I, Frankfurt am Main: Suhrkamp, 1974, S.605-653.〔ヴァルター・ベンヤミン「ボードレールにおけるいくつかのモティーフについて」、『ベンヤミン・コレクション1　近代の意味』浅井健二郎編訳、ちくま学芸文庫、一九九五年、四一七〜四八八ページ〕。
Bernal, Martin, *The Fabrication of Ancient Greece, 1785-1985*, New Brunswick, New Jersey: Rutgers University Press, 1987.〔マルティン・バナール『古代ギリシアの捏造　一七八五―一九八五』片岡幸彦監訳、新評論、二〇〇七年〕。
Black, Jeremy, *Italy and the Grand Tour*, New Haven and London: Yale University Press, 2003.
Blake, William, *The Complete Writings of William Blake with Variant Readings*, Geoffrey Keynes ed., London: Oxford University Press, 1966.
Blondel, Jacques François, *Cours d'architecture, ou Traité de la décoration, distribution et construction de bâtiments ; contenant les leçons données en 1750 et les années suivantes par J. F. Blondel, architecte, dans son école des arts. Publié de l'aveu de l'auteur, par M. R***, et continué par M. Patte*, tome I-IX, Paris: Desaint, 1771-1777.
Bloomer, Jennifer, *Architecture and the Text: The (S)crypts of Joyce and Piranesi*, New Haven and London: Yale University Press, 1993.
Boffrand, Germain, *Livre d'Architecture*, Paris, 1745.

Boileau-Despreaux, Nicolas, *L'Art poétique*, Paris, 1674.
Boullée, Étienne Louis, *Architecture, Essai sur l'art* (manuscrit : antérieurs à 1793-1799), textes réunis et présentés par J.-M. Pérouse de Montclos, Paris: Hermann, 1968.
Cabanès, Jean-Louis, *Les corps et la maladie dans les récits réalistes : 1856-1893*, tome I-II, Paris: Klincksieck, 1991.
Cacciari, Massimo, *L'arcipelago*, Milano: Adelphi, 1997.
Chambers, Emma, "Fragmented Identities: Reading Subjectivity in Henry Tonks' Surgical Portraits," in *Art History: Journal of the Association of Art Historians*, Vol.32, No.3, June 2009, pp.579-607.
Chastel, André, «Le fragmentaire, l'hybride et l'inachevé», *Fables, formes, figures*, II, Paris: Flammarion, 1978.［アンドレ・シャステル「断片・怪奇・未完成」、J・A・シュモル編『芸術における未完成』、岩崎美術社、一九七一年］。
Chateaubriand, François-René de, *Génie du christianisme* (1802), Paris: Gallimard, 1978.
Coffin, David R., *Pirro Ligorio: The Renaissance Artist, Architect and Antiquarian*, Pennsylvania: Pennsylvania University Press, 2004.
Constable, William G., *Canaletto: Giovanni Antonio Canal 1697-1768*, 2nd edition revised by Joseph.G. Links, Oxford: Oxford University Press, 1976.
Corbin, Alain, Courtine, Jean-Jacques, et Vigarello, Georges, sous la direction de, *Histoire du corps: de la Renaissance aux Lumières*, Paris: Éditions du Seuil, 2005.［アラン・コルバン、ジャン＝ジャック・クルティーヌ、ジョルジュ・ヴィガレロ監修『身体の歴史 一六 - 一八世紀――ルネサンスから啓蒙時代まで』鷲見洋一監訳、藤原書店、二〇一〇年］。
——*Histoire du corps: de la Révolution à la grande guerre*, Paris: Éditions du Seuil, 2005.［アラン・コルバン、ジャン＝ジャック・クルティーヌ、ルジュ・ヴィガレロ監修『身体の歴史　一九世紀――フランス革命から第一次世界大戦まで』小倉孝誠監訳、藤原書店、二〇一〇年］。
Corboz, André, *Canaletto : una Venezia immaginaria*, Milano: Electa Editrice, 1985.
Court de Gébelin, Antoine, *Monde primitif analysé et comparé avec le monde moderne considéré dans son génie allégorique et dans les allégories auxquelles conduisit ce génie*, Paris, 1774-76.
Derrida, Jacques, *La vérité en peinture*, Paris: Flammarion, 1978.［ジャック・デリダ『絵画における真理』上・下、高橋允昭・阿部宏慈訳、法政大学出版局、一九九七〜一九九八年］。
Descartes, René, *Les passions de l'âme* (1649).［ルネ・デカルト『情念論』谷川多佳子訳、岩波文庫、二〇〇八年］。
Diderot, Denis, *Essais sur la peinture*, Gita May éd., dans *Œuvres complètes*, tome 14, Paris: Hermann, 1980.［ドニ・ディドロ『絵画について』

佐々木健一訳、岩波文庫、二〇〇五年］。
—— «Salons de 1767», *Salons III : Ruines et paysages*, Paris: Hermann, 1995.
Diderot, Denis, et d'Alembert, Jean-Baptiste le Rond, *L'encyclopédie ou Dictionnaire raisonné des sciences, des arts et des métiers*, tome I-X, Neufchastel: Samuel Faulche, 1765 (version facsimile, New York: Readex Microprint, 1969).
Didi-Huberman, Georges, *Fra Angelico : dissemblance et figuration*, Paris: Flammarion, 1990. ［ジョルジュ・ディディ＝ユベルマン『フラ・アンジェリコ——神秘神学と絵画表現』寺田光徳・平岡洋子訳、二〇〇一年］。
—— *Ouvrir Vénus : nudité, rêve, cruauté*, Paris: Gallimard, 1999. ［ジョルジュ・ディディ＝ユベルマン『ヴィーナスを開く——裸体、夢、残酷』宮下志朗・森元庸介訳、白水社、二〇〇二年］。
—— *Images malgré tout*, Paris: Les éditions de Minuit, 2003. ［ジョルジュ・ディディ＝ユベルマン『イメージ、それでもなお——アウシュヴィッツからもぎ取られた四枚の写真』橋本一径訳、平凡社、二〇〇六年］。
Duboy, Philippe, *Jean-Jacques Lequeu: une énigme*, Paris: Hazan, 1987.
Egbert, Donald Drew, *The Beaux-Arts Tradition in French Architecture*, Princeton: Princeton University Press, 1980.
Félibien, André, *Conférence de l'Académie Royale de Peinture et de Sculpture pendant l'année 1667*, Paris, 1668.
Fichet, Françoise, *La théorie architecturale à l'âge classique*, Bruxelles: P.Mardaga, 1979.
Focillon, Henri, *Giovanni Battista Piranesi*, Thèse de Doctorat de l'Université de Paris, Paris, 1918 (réimpression, 2001).
Foucault, Michel, *Naissance de la clinique : une archéologie du regard médical*, Paris: Presses Universitaires de France, 1963. ［ミシェル・フーコー『臨床医学の誕生』神谷美恵子訳、みすず書房、一九六九年］。
—— *Les mots et les choses : une archéologie des sciences humaines*, Paris: Gallimard, 1966. ［フーコー『言葉と物——人文科学の考古学』渡辺一民・佐々木明訳、新潮社、一九七四年］。
—— *Surveiller et punir : naissance de la prison*, Paris: Gallimard, 1975. ［フーコー『監獄の誕生——監視と処罰』田村俶訳、新潮社、一九七七年］。
—— *«Les anormaux», Cours au Collège de la France 1974-1975*, Paris: Gallimard, 1999. ［フーコー『異常者たち——コレージュ・ド・フランス講義一九七四・七五年度』慎改康之訳、筑摩書房、二〇〇二年］。
Freud, Sigmund, *Die Traumdeutung* (1900), in *Gesammelte Werke*, Bd. II/III, Frankfurt am Main: Fischer Verlag, 1998. ［ジークムント・フロイト『フロイト著作集４』新宮一成訳、岩波書店、二〇〇七年］。
—— *Das Unbehagen in der Kultur* (1930), in *Gesammelte Werke*, Bd. XIV, Frankfurt am Main: S. Fischer Verlag, 1998, S. 421-516. ［ジークムント・フロイト「文化の中の居心地悪さ」、『フロイト著作集20』高田珠樹・嶺秀樹訳、岩波書店、二〇一一年、六五ページ以下］。

Friedrich, Ernst, *Krieg dem Kriege*, Berlin: Internationales Kriegsmuseum, 1930.［エルンスト・フリードリヒ『戦争に反対する戦争』坪井主税・ピーター・バン・デン・ダンジェン訳編、龍渓書舎、一九八八年］。
福田太郎・萩島哲・有馬隆文「カナレットが描いた絵画に見るヴェネツィア都市景観の空間的特性」、『都市・建築研究　九州大学大学院人間環境学研究紀要』第三号、二〇〇三年、三九～五二ページ。
Gautier, Théophile, *Voyage en Espagne*, présentation par Jean-Claude Berchet, Paris: Flammarion, 1981.［テオフィル・ゴーチエ『スペイン紀行』桑原隆行訳、法政大学出版局、二〇〇八年］。
―― *Voyage en Algérie* (1865), texte présenté par Denise Brahimi, Paris: La Boîte à Documents, 1997.
Gilpin, William, "Three Essays: On Picturesque Beauty; On Picturesque Travel; and On Sketching Landscape," *Aesthetics and the Picturesque 1795-1840*, Vol.1, edited and introduced by Gavin Budge, Bristol: Thoemmes Press, 2001.
Gourmont, Remy de, *Le Livre des masques* (1896), Paris: Mercure de France, 1923.
Haskell, Francis, "Stefano Conti, Patron of Canaletto and others," *The Burlington Magazine*, Vol.98, No.642, 1956, pp.296-300.
―― "Venetian Art and English Collectors of the Seventeenth and Eighteenth Centuries," *Verona Illustrata*, n.12, 1999, pp.7-18.［フランシス・ハスケル「ヴェネツィア美術と一七、一八世紀におけるイギリスのコレクター」伊藤拓真訳、小佐野重利解説『西洋美術研究』第8号、二〇〇二年、六～二〇ページ］。
樋口謹一編『空間の世紀』筑摩書房、一九八八年。
Huysmans, Joris-Karl, *À rebours* (1884), dans *Œuvres complètes de J.-K. Huysmans*, tome VII, sous la direction de Lucien Descaves, Genève: Slatkine Reprints, 1972.［ジョリス＝カルル・ユイスマンス『さかしま』澁澤龍彦訳、河出文庫、二〇〇二年］。
―― *Là bas* (1891), dans *Œuvres complètes de J.-K. Huysmans*, tome XII, sous la direction de Lucien Descaves, Genève: Slatkine Reprints, 1972.［ジョリス＝カルル・ユイスマンス『彼方』田辺貞之助訳、光風社出版、一九八四年］。
―― *La cathedrale* (1898), dans *Œuvres complètes de J.-K. Huysmans*, tome XIV, sous la direction de Lucien Descaves, Genève: Slatkine Reprints, 1972.［ジョリス＝カルル・ユイスマンス『大伽藍』出口裕弘訳、光風社出版、一九八五年］。
―― *Sainte Lydwine de Schiedam* (1898), dans *Œuvres complètes de J.-K. Huysmans*, tome XV, sous la direction de Lucien Descaves, Genève: Slatkine Reprints, 1972.［ジョリス＝カルル・ユイスマンス『腐爛の華――スヒーダムの聖女リドヴィナ』田辺貞之助訳、国書刊行会、一九九四年。
―― *Les foules de Lourdes* (1901), dans *Œuvres complètes de J.-K. Huysmans*, tome XVIII, sous la direction de Lucien Descaves, Genève: Slatkine Reprints, 1972.［ジョリス＝カルル・ユイスマンス『ルルドの群集』田辺保訳、国書刊行会、一九九四年］。

—— *Les Grünewald du Musée de Colmar : des primitifs au retable d'Issenheim*, édition critique par Pierre Brunel, André Guyaux et Christian Heck, Paris: Hermann, 1988.

飯島洋一『建築のアポカリプス——もう一つの二〇世紀精神史』青土社、一九九二年。

五十嵐太郎「窃視者の欲望、独身者の機械」、磯崎新監修・田中純編『磯崎新の革命遊戯』、TOTO出版、一九九六年、四一～四八ページ。

磯崎新『人体の影——アントロポモルフィスム』鹿島出版会、二〇〇〇年。

磯崎新『磯崎新の建築談義 # 10——ショーの製塩工場』六耀社、二〇〇一年。

Kant, Immanuel, *Kritik der Urteilskraft* (1790).［イマニュエル・カント『判断力批判』篠田英雄訳、岩波文庫、一九六四年］。

Kantor-Kazovsky, Lola, *Piranesi: As Interpreter of Roman Architecture and the Origins of his Intellectual World*, Firenze: Leo S. Olschki Editore, 2006.

Kaufmann, Emil, *Von Ledoux bis le Corbusier: Ursprung und Entwicklung der autonomen Architektur*, Wien und Leipzig: Verlag Dr. Rolf Passer, 1933.［エミール・カウフマン『ルドゥーからル・コルビュジエまで——自律的建築の起源と展開』白井秀和訳、中央公論美術出版、一九九二年］。

—— *Three Revolutionary Architects, Boullée, Ledoux, and Lequeu*, Philadelphia: American Philosophical Society, 1952.［エミール・カウフマン『三人の革命的建築家——ブレ、ルドゥー、ルクー』白井秀和訳、中央公論美術出版、一九九四年］。

—— *Architecture in the Age of Reason: Baroque and Postbaroque in England, Italy, and France*, Cambridge, Mass.: Harvard University Press, 1955.［エミール・カウフマン『理性の時代の建築——イギリス、イタリアにおけるバロックとバロック以後』白井秀和訳、中央公論美術出版、一九九三年］。

桐敷真次郎・岡田哲史『ピラネージと『カンプス・マルティウス』』本の友社、一九九三年。

Klossowski, Pierre, *Sade mon prochain, précédé de / Le philosophe scélérat*, Paris: Éditions du Seuil, 1967.［ピエール・クロソウスキー『わが隣人サド』豊崎光一訳、晶文社、一九六九年］。

Koestler, Kathleen, *Théophile Gautier's España*, Birmingham: Summa Publications, 2002.

越川倫明「リアルト橋の奇想——都市景観のリアリズムと虚構」、高階秀爾他監修『名画への旅15　一八世紀1』、講談社、一九九三年、一一六～一三五ページ。

Kozul, Mladen, *Le corps dans le monde: récits et espaces sadiens*, Louvain-Paris-Dudley: Peeters, 2005.

Kristeva, Julia, *Visions capitales*, Paris: Réunion des Musées Nationaux, 1998.［ジュリア・クリステヴァ『斬首の光景』星埜守之・塚本昌則訳、みすず書房、二〇〇五年］。

Lacan, Jacques, *Le séminaire, livre II,* texte établi par Jacques-Alain Miller, Paris: Éditons du Seuil, 1978.

—— *Le Séminaire , livre VII,* texte établi par Jacques-Alain Miller, Paris: Éditons du Seuil, 1987.

Lacoue-Labarthe, Philippe, *L'imitation des modernes,* Typographies 2, Paris: Galilée, 1986.［フィリップ・ラクー＝ラバルト『近代人の模倣』大西雅一郎訳、みすず書房、二〇〇三年］。

Laroque, Didier, *Le discours de Piranèse : l'ornement sublime et le suspens de l'architecture*, Paris: Éditions de la Passion, 1999.

Laugier, Marc-Antoine, *Essai sur l'architecture*, 2é éd., Paris: Duchesne, 1755.［マルク＝アントワーヌ・ロージェ『建築試論』三宅理一訳、中央公論美術出版、一九八六年］。

Lavater, Johann Caspar, *La physionomie ou l'art de connaître les hommes d'après les traits de leur physionomie*, Nouvelle édition, Paris: L. Prudhomme, 1806.

Lebensztejn, Jean-Claude, «Au beauty parlour», *Traverses* No. 7, 1977, pp.74-94.［ジャン＝クロード・レーベンシュテイン「ビューティー・パーラーにて」浜名優美訳、今村仁司監修『TRAVERSES/1 化粧』、リブロポート、一九八六年］。

—— *Transaction*, Paris: Éditions Amsterdam, 2007.

Le Brun, Charles, *Conférence de M. Le Brun,... sur l'expression générale et particulière*, Paris: E. Picart, 1698.

Le Camus de Mézières, Nicolas, *Le génie de l'architecture, ou L'analogie de cet art avec nos sensations*, Paris, 1780.

Le Corbusier, *Quand les cathédrales étaient blanches*, Paris: Librairie Plon, 1937.［ル・コルビュジエ『伽藍が白かったとき』生田勉・樋口清訳、岩波文庫、二〇〇七年］。

Ledoux, Claude Nicolas, *L'architecture considérée sous le rapport de l'art, des mœurs et de la législation* (Paris, 1804), Nördlingen: Verlag Dr. Alfons, 1987.［クロード＝ニコラ・ルドゥー『クロード・ニコラ・ルドゥー「建築論」註解』白井秀和訳・解説、中央公論美術出版、一九九四年］。

Le Roy, Julien-David, *Les ruines des plus beaux monuments de la Grèce*, Paris, 1758.

Liehr, Günter, und Faÿ, Olivier, *Der Untergrund von Paris: Ort der Schmuggler, Revolutionäre, Kataphilen*, Berlin: Links, 2000.［ギュンター・リアー、オリヴィエ・ファイ『パリ地下都市の歴史』古川まり訳、東洋書林、二〇〇九年］。

Links, Joseph G., *Canaletto and His Patrons*, London: Paul Elek, 1977.

Loos, Adolf, *Sämtliche Schriften*, Erster Band: *Ins leere gesprochen 1898-1900: Trotzdem 1900-1930*, Hg. von Franz Glück, Wien und München: Verlag Herold, 1962.［アドルフ・ロース『装飾と犯罪——建築・文化論集』伊藤哲夫訳、二〇〇五年］。

Malraux, André, «Les Voix du silence», dans *Œuvres complètes*, tome IV, Bibliothèque de la Pléiade, Paris: Gallimard, 2004, pp.203-900.

Mantegazza, Paolo, *La physionomie et l'expression des sentiments*, Paris: F. Alcan, 1885.

Mariette, Pierre-Jean, «Lettre», *Gazette Littéraire de l'Europe*, 4 novembre 1764.
Mercier, Louis Sébastien, *L'an deux mille quatre cent quarante*, Réimpression, au format original, de l'édition de Paris, 1799, Genéve: Slatkine Reprints, 1979.［ルイ＝セバスチャン・メルシエ「紀元二四四〇年——またとない夢」原宏訳、野沢協・植田祐次監修『啓蒙のユートピアⅢ』法政大学出版局、一九九七年、一〜二七三ページ］。
Milizia, Francesco, *Principi di architettura civile* (1785), Milano: Serafino Majocchi, 1847.
港千尋『考える皮膚——触覚文化論』増補新版、青土社、二〇一〇年。
三宅理一『エピキュリアンたちの首都』學藝書林、一九八九年。
Momigliano, Arnaldo, "Ancient History and the Antiquarian," *Contributo alla storia degli studi classici*, Roma: Edizioni di Storia e Letteratura, 1979, pp. 67-106.
Muchembled, Robert, *L'orgasme et l'Occident : une histoire du plaisir du XVIe siècle à nos jours*, Paris: Éditions du Seuil, 2005.［ロベール・ミュッシャンブレ『オルガスムの歴史』山本規雄訳、作品社、二〇〇六年］。
Muzelle, Alain, *L'arabesque : la théorie romantique de Friedrich Schlegel à l'époque de l'Althenäum*, Paris: Presses Paris Sorbonne, 2006.
中谷礼仁『セヴェラルネス——事物連鎖と人間』鹿島出版会、二〇〇五年。
Nancy, Jean-Luc, *Au fond des images*, Paris: Galilée, 2003.［ジャン＝リュック・ナンシー『イメージの奥底で』西山達也・大道寺玲央訳、以文社、二〇〇六年］。
Nochlin, Linda, *The Body in Pieces: The Fragment as a Metaphor of Modernity*, London: Thames & Hudson, 1994.
岡田温司『ミメーシスを越えて——美術史の無意識を問う』勁草書房、二〇〇〇年。
——『芸術と生政治——現代思想の問題圏』平凡社、二〇〇六年。
岡崎乾二郎「芸術の条件第二回——臼井晟一という問題群（後編）」、『美術手帖』二〇一一年三月号、第六三巻九四九号、一七六〜九六ページ。
Outram, Dorinda, *The Body and the French Revolution: Sex, Class and Political Culture*, London: Yale University Press, 1989.［ドリンダ・ウートラム『フランス革命と身体——性差・階級・政治文化』高木勇夫訳、平凡社、一九九三年］。
Ozouf, Mona, *La fête révolutionnaire, 1789-1799*, Paris: Gallimard, 1976.［モナ・オズーフ『革命祭典——フランス革命における祭と祭典行列』立川孝一訳、岩波書店、一九八八年］。
Pereira, Alvaro S., "The Opportunity of a Disaster: The Economic Impact of the 1755 Lisbon Earthquake," *Cherry Discussion Paper Series*, DP 03/06, York: Centre for Historical Economics and Related Research at York, York University, 2006, pp. 1-36.
Perrault, Claude, *Les dix livres d'architecture de Vitruve corrigés et traduits nouvellement en français*, Paris: Jean-Baptiste Coignard, 1673.

Picon, Gaëtan, *Admirable tremblement du temps*, Genève: Éditions d'art Albert Skira, 1971.［ガエタン・ピコン『素晴らしき時の震え』粟津則雄訳、新潮社、一九七五年］。

Philostratus, *Life of Apollonius*, edited and translated by Christopher P. Jones, Cambridge, Mass. and London: Harvard University Press, 2005.

Piranesi, Giovanni Battista, *Prima parte di Architetture, e Prospettive,* 1743.

—— *Le Antiquità Romane*, IV vols., 1756-57.

—— *Della magnificenza ed architettura de'romani*, 1761.

—— "Parere su l'architettura" (1765), in John Wilton-Ely, ed., *Giovanni Battista Piranesi: The Polemical Works: Rome 1757, 1761, 1765, 1769*, Farnborough, Hants : Gregg International, 1972.［ジョヴァンニ・バッティスタ・ピラネージ『ピラネージ建築論対話』横手義洋訳、岡田哲史校閲、アセテート、二〇〇四年］。

Poe, Edgar Allan, "The Fall of the House of Usher" (1839),［エドガー・アラン・ポオ『黄金虫・アッシャー家の崩壊　他九篇』八木敏雄訳、岩波文庫、二〇〇六年、一六五〜二〇一ページ］。

—— "The Philosophy of Furniture," *Burton's Gentleman's Magazine*, May 1840.

—— "The Masque of the Red Death" (1842).［エドガー・アラン・ポオ『黄金虫・アッシャー家の崩壊　他九篇』八木敏雄訳、岩波文庫、二〇〇六年、二二三〜二三五ページ］。

Quatremère de Quincy, Antoine-Chrysostome, *Encyclopédie méthodique : architecture*, Paris, 1788-1825.

Redford, Bruce, *Venice and the Grand Tour*, New Haven and London: Yale University Press, 1996.

Rétif de la Bretonne, Nicolas-Edme, *Les nuits de Paris, ou Le spectateur nocturne* (1788-1794), Paris : Gallimard, 1986.［レチフ・ド・ラ・ブルトンヌ『パリの夜——革命下の民衆』植田祐次編訳、岩波文庫、一九八八年］。

Riegl, Alois, *Der moderne Denkmalkultus: Sein Wesen und Seine Entstehung*, Wien: Braunmüller, 1903.［アロイス・リーグル『現代の記念碑崇拝——その特質と起源』尾関幸訳、中央公論美術出版、二〇〇七年］。

Rossi, Aldo, *L'architettura della città*, Padova: Marsilio, 1966.［アルド・ロッシ『都市の建築』ダニエーレ・ヴィターレ編、大島哲蔵・福田晴虔訳、大龍堂、一九九一年］。

Rowe, Colin, and Koetter, Fred, *Collage City*, Cambridge, Mass. and London: The MIT Press, 1978.［コーリン・ロウ、フレッド・コッター『コラージュ・シティ』渡辺真理訳、鹿島出版会、一九九二年］。

Ruskin, John, *Modern Painters*, London: George Allen & Sons, 1904.

Sade, Donatien Alphonse François de, *Aline et Valcour ou le Roman philosophique* (1793), dans *Œuvres*, tome I, Bibliothèque de la Pléiade, Paris:

Gallimard, 1990, pp.385-1109.［マルキ・ド・サド『食人国旅行記』澁澤龍彦訳、河出文庫、一九八七年］。

—— *La philosophie dans le boudoir* (1795), dans *Œuvres*, tome III, Bibliothèque de la Pléiade, Paris: Gallimard, 1998, pp.1-178.［マルキ・ド・サド『閨房哲学』澁澤龍彦訳、河出文庫、一九九二年］。

—— *La nouvelle Justine, ou, Les malheurs de la vertu* (1799), dans *Œuvres*, tome II, Bibliothèque de la Pléiade, Paris: Gallimard, 1995. pp.391-1110.［マルキ・ド・サド『新ジュスティーヌ』澁澤龍彦訳、河出文庫、一九八七年］。

佐々木健一「近世美学の展望」、『講座美学一　美学の歴史』、東京大学出版会、一九八四年。

——『フランスを中心とする十八世紀美学史の研究——ヴァトーからモーツァルトへ』、岩波書店、一九九九年。

Schiller, Johann Christoph Friedrich von, *Kallias oder Über die Schönheit* (1793).［ヨハン・クリストフ・フリードリヒ・フォン・シラー『美と芸術の理論——カリアス書翰』草薙正夫訳、岩波文庫、一九三六年］。

Sedlmayr, Hans, *Verlust der Mitte: Die bildende Kunst des 19. und 20. Jahrhunderts als Symptom und Symbol der Zeit*, 7. Aufl., Salzburg: Otto Müller Verlag, 1955.［ハンス・ゼードルマイヤー『中心の喪失——危機に立つ近代芸術』石川公一・阿部公正共訳、美術出版社、一九六五年］。

篠田浩一郎『空間のコスモロジー』、岩波書店、一九八一年.

白井秀和「フランス啓蒙思想における『性格』について」、『日本建築学会論文報告集』第三三〇号、一九八三年八月、一六三〜一七〇ページ。

——「ビアンセアンスとコンヴナンス——フランス古典主義建築理論の重要概念について」、『日本建築学会論文報告集』第三三三号、一九八三年一一月、一三七〜一四三ページ。

——「ジャック＝フランソワ・ブロンデルについて」、『日本建築学会計画系論文報告集』第四一二号、一九九〇年六月、一四三〜一五二ページ。

Sontag, Susan, *On Photography*, New York: Farrar, Straus and Giroux, 1977.［スーザン・ソンタグ『写真論』近藤耕人訳、晶文社、二〇一〇年（初版一九七九年）］。

Stafford, Barbara Maria, *Artful Science: Enlightenment, Entertainment, and the Eclipse of Visual Education*, Cambridge, Mass. and London: The MIT Press, 1994.［バーバラ・M・スタフォード『アートフル・サイエンス——啓蒙時代の娯楽と凋落する視覚教育』高山宏訳、産業図書、一九九七年］。

—— *Body Criticism: Imaging the Unseen in Enlightenment Art and Medicine*, Cambridge, Mass. and London: The MIT Press, 1991.［バーバラ・M・スタフォード『ボディ・クリティシズム——啓蒙時代のアートと医学における見えざるもののイメージ化』高山宏訳、

国書刊行会、二〇〇六年］。

Stoichiță, Victor I., *The Pygmalion Effect: From Ovid to Hitchcock*, Chicago: University of Chicago Press, 2008.［ヴィクトル・I・ストイキツァ『ピュグマリオン効果――シミュラークルの歴史人類学』松原知生訳、ありな書房、二〇〇六年］。

――*Comment goûter un tableau?*, Tokyo: Heibon-sha, 2010.［ヴィクトル・I・ストイキツァ『絵画をいかに味わうか』喜多村明里・大橋完太郎・松原知生訳、平凡社、二〇一〇年］。

Stroev, Alexandre, «Des dessins inédits de Marquis de Sade», *Dix-huitième siècle: revue annuelle*, Vol. 32, 2000, pp.323-342.

鈴木杜幾子『フランス革命の身体表象』、東京大学出版会、二〇一一年。

Tafuri, Manfredo, *La sfera e il labirinto*, Torino: Giulio Einaudi editore, 1980.［マンフレッド・タフーリ『球と迷宮――ピラネージからアヴァンギャルドへ』八束はじめ・石田壽一・鵜沢隆訳、ＰＡＲＣＯ出版、一九八九年］。

高山宏『目の中の劇場――アリス狩り』、青土社、一九八五年。

――『カステロフィリア――記憶・建築・ピラネージ』、作品社、一九九六年。

田中純『残像のなかの建築――モダニズムの〈終わり〉に』、未來社、一九九五年。

――『都市表象分析Ｉ』、ＩＮＡＸ出版、二〇〇〇年。

――「破壊の天使――アドルフ・ロースのアレゴリー的論理学」、『建築文化』、第五七巻六五七号、彰国社、二〇〇二年、九八～一〇一ページ。

――『死者たちの都市へ』、青土社、二〇〇四年。

――『都市の詩学――場所の記憶と徴候』、東京大学出版会、二〇〇七年。

谷川渥『形象と時間――クロノポリスの美学』、白水社、一九八六年。

――『鏡と皮膚――芸術のミュトロギア』、ちくま学芸文庫、二〇〇一年（ポーラ文化研究所、一九九四年）。

――『文学の皮膚――ホモ・エステティクス』、白水社、一九九六年。

――『廃墟の美学』、集英社新書、二〇〇三年。

寺田光徳『梅毒の文化史』、平凡社、一九九九年。

Thomas Aquinas, *Summa Theologica* (1265–74).［トマス・アクィナス『神学大全』第一巻、高田三郎訳、創文社、一九七三年］。

植島啓司『聖地の想像力――人はなぜ聖地をめざすのか』、集英社新書、二〇〇〇年。

Vasari, Giorgio, *Le vite de' più eccellenti pittori, scultori e architettori* (1550/1568).［ジョルジョ・ヴァザーリ『ルネサンス画人伝』平川祐弘・田中英道他訳、白水社、一九八二年］。

Vaudoyer, Léon, «Études d'architecture en Franc », *Le Magasin Pittoresque*, 1852, pp. 386-390.

Vidler, Anthony, "The Idea of Type: The Transformation of the Academic Ideal, 1750-1830," *Oppositions*, No. 8, spring 1977, pp.95-115.

—— *The Writing of the Walls*, New York: Princeton Architectural Press, 1987.

—— *Claude-Nicolas Ledoux : Architecture and Social Reform at the End of the Ancien Régime*, Cambridge, Mass. and London: The MIT press, 1990.

Virilio, Paul, *Vitesse et politique*, Paris: Galilée, 1977.［ポール・ヴィリリオ『速度と政治——地政学から時政学へ』市田良彦訳、平凡社ライブラリー、二〇〇一年］。

Wanning-Harries, Elizabeth, *The Unfinished Manner: Essays on the Fragment in the Later Eighteenth Century*, Virginia: University Press of Virginia, 1994.

渡辺洋子「テオフィル・ゴーティエ小論 『モーパン嬢』における色彩語をめぐって」、『白百合女子大学フランス語フランス文学論集Ⅱ』、一九七一年、一三一〜一三一ページ。

Wilde, Oscar, *The Picture of Dorian Gray* (1890), in *The Complete Works of Oscar Wilde*, Vol. 3, Russell Jackson and Ian Small eds., Oxford: Oxford University Press, 2005.［オスカー・ワイルド『ドリアン・グレイの肖像』福田恆存訳、新潮文庫、一九六二年］。

Winckelmann, Johann Joachim, *Gedanken über die Nachahmung der griechischen Werke in der Malerei und Bildhauerkunst*, Dresden und Leipzig, 1756.［ヨハン・ヨアヒム・ヴィンケルマン『ギリシア美術摸倣論』澤柳大五郎訳、座右宝刊行会、一九七六年］。

—— *Geschichte der Kunst des Altertums*, Dresden, 1764.［ヨハン・ヨアヒム・ヴィンケルマン『古代美術史』中山典夫訳、中央公論美術出版、二〇〇一年］。

Yates, Frances A., *The Art of Memory*, Chicago: University of Chicago Press, 1966.［フランセス・A・イエイツ『記憶術』、水声社、一九九三年］。

八束はじめ『逃走するバベル——建築・消費・革命』、朝日出版社、一九八二年。

吉田城・田口紀子編『身体のフランス文学——ラブレーからプルーストまで』、京都大学学術出版会、二〇〇六年。

Yourcenar, Marguerite, «Le cerveau noir de Piranèse», dans *Sous la bénéfice d'inventaire*, Paris: Gallimard, 1962.［マルグリット・ユルスナール『ピラネージの黒い脳髄』多田智満子訳、白水社、一九八五年］。

Zola, Émile, «Mon Salon, 1868», *L'Evénement illustré*, le 10 mai 1868.

—— *Nana* (1880), dans *Œuvres complètes*, tome IX sous la direction de Henri Mitterand, Paris: Nouveau Monde, 2002.［エミール・ゾラ『ナナ』川口篤・古賀昭一訳、新潮文庫、二〇〇六年］。

解　題　廃墟の皮膚論
――あるいは、紋章の解剖／解剖の紋章

道徳におけるのと同じく絵画でも、皮膚の下を見ることはきわめて危険である。（ディドロ『絵画論断章』）

田中　純

「開かれた裸体」――本書が執拗に追跡するのは、そんなイメージとしての建築・都市表象である。「見ること」への欲望が解剖学的イメージの飛躍的な増殖を招いた一八世紀ヨーロッパの紙上建築を出発点として、身体と建築とのアナロジカルな照応を腑分けのメスに、著者はピラネージ、ルクー、ルドゥーといった建築家や廃墟画の画家たちの、この「裸体」をめぐる想像力を切開し分析する。その主題と舞台はあくまで建築ドローイングの「イメージ」にある。ピラネージによる古代ローマの復元が「イメージによる考古学」であると同時に「イメージの考古学」であったという本書の指摘に倣えば、これはいわば「イメージの解剖学」であり、なおかつ「イメージによる解剖学」なのである。注意されたい。問題なのは単純な建築の擬人体主義《アントロポモルフィスム》ではない。ウィトルウィウスを甦らせ翻案したアルベルティやフランチェスコ・ディ・ジョルジョ・マルティーニのような、建築・都市への人体像の投影に基づく相同性は、たとえば人体を柱のオーダーに対応させるといった「比例」の理論にとどまる（図1）。ここで言う「裸体」としての建築とは、そんな理想化された身体ではない。この身体が裸なのは、それが欲望の向かう心的対象としてのイメージだからだ。現実の建築物ではなく、廃墟画や紙上建築こそが本書の主題となる所以である。

「身体のイメージとは、それが開かれることに対する想像力なしには存在しないものなのである」[☆1]とジョルジュ・ディディ＝ユベルマンは言う。そうだとすれば、「開かれた裸体」としての建築イメージとは、極めつきの建築的身

体ということになろう。その最も典型的な例は廃墟の表象であり、それゆえに本書は一種の廃墟論である。ただし、第4章の「建築の斬首」に顕著なように、ここでとりあげられる廃墟は、長期間にわたる自然な崩壊過程によって生じた、甘美な観照を誘う対象ではない。そこで焦点となるのはむしろ、衣服を剥ぎとる裸体化の運動が皮膚を越えた先にまで進んでゆく、「解剖」という名の切開の暴力である。

　身体のイメージは、ではなぜ、開かれることを強いられるのか。ディディ＝ユベルマンは、ジャック・ラカンが「鏡像段階」とフロイトの「攻撃性」の概念を関連づけた点に依拠し、攻撃性には必ず、破壊・切断・自己幻視・沈鬱症による変形などの身体イメージの万華鏡がともなっていると言う。それゆえに「身体のイメージなしに攻撃性がないのと同じように、攻撃性なしには身体のイメージもありえない[☆2]」。本書の「解剖学」が解剖＝分析するのは、まさに一八世紀から一九世紀の建築的想像力における「解剖」の攻撃性なのである。

　それはすべてを可視化しようとする啓蒙主義の攻撃性であり、知の暴力である。この点で本書は、バーバラ・マリア・スタフォードが『ボディ・クリティシズム』で展開した議論を、廃墟画や紙上建築の分野でさらに発展させたものと言ってよい。とくにエッチングの針を外科手術の道具のように操り、古代ローマに関する知識を掘り／彫りだそうとしたピラネージの銅版画における解剖学的手法については、スタフォードの同書にすでに詳しい記述がある[☆3]。だが、一八世紀の視覚文化を称揚するのに熱心なスタフォードとは異なり、本書の著者の関心はむしろ、そうした解剖が避けがたく孕む攻撃性やその背後にある欲望にこそ向けられている。

　ダイアナ・アグレストは「建築——その外部から」と題された論文で、アルベルティ、フランチェスコ・ディ・ジョルジョ、そしてフィラレーテが代表するルネサンス建築の擬人体主義《アントロポモルフィスム》における女性的身体のシステマティックな抑圧を暴き、そうしたいわば「大文字の建築」というシステムの「外部」から語る異質な言説の可能性を「女性」や「現代都市」に求めている。アルベルティらに始まる古典的な建築プロジェクトが「閉鎖的な、一元論のシステムの鏡像」であり、「主体の身体」であったのに対して、「断片化した身体の表象」、あるいは「社会的無意識」としての現代都市は、

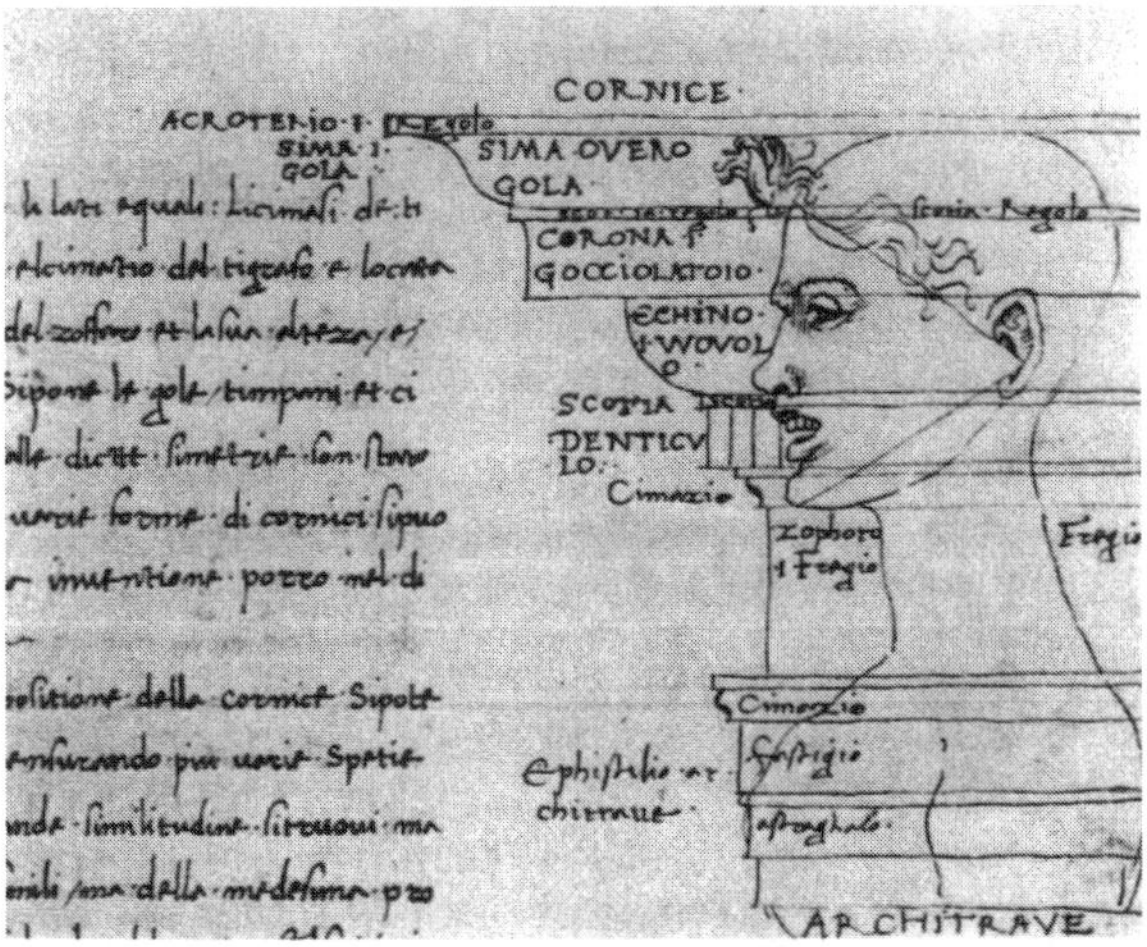

図1——フランチェスコ・ディ・ジョルジョ・マルティーニ〈エンタブラチュアと横顔〉『建築論』第二稿（マッツリアベキアーノ手稿［folio 37］）、一四九二年頃

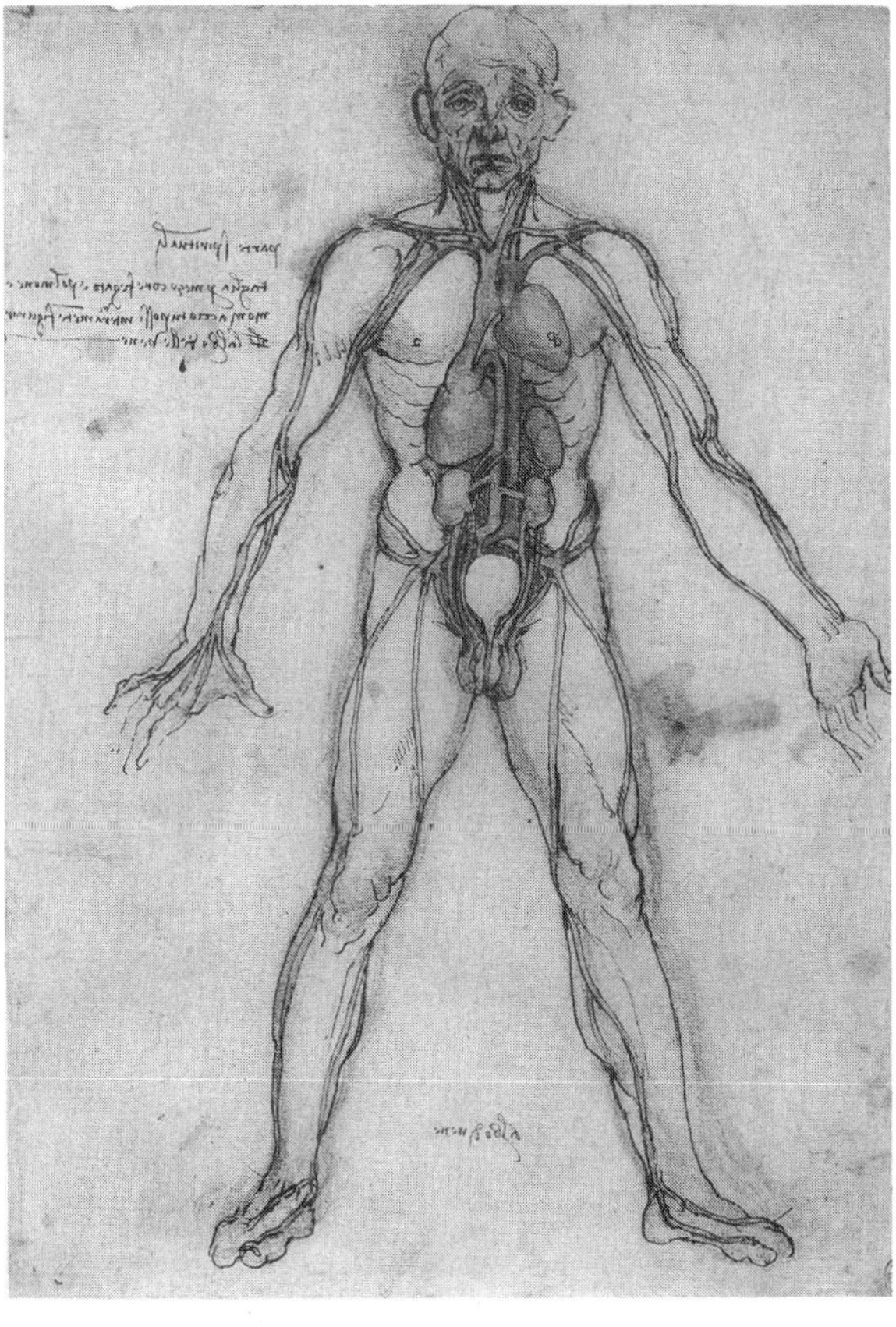

図2——レオナルド・ダ・ヴィンチ《心血管系》一五〇〇年頃

建築の規則的システムの内部では再構成することができない、と彼女は言う。[☆4]

アグレストが現代建築をめぐる挑発的な議論の対象としたシステムは、しかし、本書によればすでに一八世紀に、ピラネージをはじめとする男性建築家たち自身によって切り開かれ、内破させられていたことになろう。皮を剥がれた建築物のイメージにおいて、内部と外部は安定することなく、絶えず反転可能である。システムの閉鎖性そのものがもはや仮象であり、したがって、純粋な外部もまた存在しない。

そしてさらに、ディディ＝ユベルマンの指摘によれば、実はレオナルド・ダ・ヴィンチはもちろん（図2）、アルベルティにもまた、人体解剖と腑分けへの想像力は根強く存在しており、ヌードにまつわるヴィジョンには、皮を剥がれた人体の「剥離模型《エコルシェ》」へのオブセッションがつねにつきまとい、長期持続の様相を呈してきたという。[☆5]ドニ・ディドロは一七六六年の『絵画論』で、剥離模型《エコルシェ》の研究が芸術家にとってそれなりの意義はあるかもしれぬと述べながらも、「この剥離模型《エコルシェ》が生涯、その想像力の中に残りはしないか」という「虞れ」を語っていた。[☆6]それによって毒された眼は、もはや肉体の表面にとどまることができない。画家の描くすべてに痕跡を残さずにはおかない「呪われた剥離模型《エコルシェ》」。だが、それが忘れがたいのは、想像力が皮を剥がれた人体のイメージに魅せられているからこそなのである。一八世紀の西欧で顕著に露呈したのはこのオブセッションであり、建築におけるその代表的な体現者がピラネージであろう。

序章で示されたこうしたライトモティーフのもと、本書の第1章以下では、ほぼ時代的な流れに沿って、一八世紀から一九世紀における都市・建築のイメージが考察されてゆく。第1章のカナレット論では、この画家によるヴェネツィアの都市表象における建築物の土地からの剥離と転置が、ラグーナに散在する群島都市の構造との関連から読み解かれる。それは都市構造に依拠した都市の記憶の「語り」を、画家がいかに変形してあらたな「騙り」へもたらしたのかという、想像的な都市表象の統辞法をめぐる分析であり、カナレットがヴェネツィアを語るときに生じた「歪み」こそが、この都市の「忠実な」表象であったという逆説的な結論がそこで導かれる。カナレットのヴェネツィアとは、このうえなくラディカルな（根こぎにされた）「コラージュ・シティ」（コーリン・ロウ／フレッド・コッター）であり、そのコラージュの手つきのなかに、いわば建築物を土地の「表皮」から引き剥がして重ねあわせ、都市的記憶の手術をおこなう医師カナレットの「移植」の技術が見いだされるのである。

　カナレットのヴェネツィアは、それでもいまだ、「ロココ趣味の平穏な秩序の中に休らっている」と著者は言う。他方、この画家とくりかえし対比的に扱われているピラネージにおいて、エッチングの銅板を刻む尖筆は、古代ローマの記憶を蝟集・重層・錯乱した状態で復元するための暴力的な武器となる（本書第2章参照）。ピラネージによる銅版画集には、剥がれた皮をだらりとぶら下げたような建築や都市地図の剥離模型《エコルシェ》が夥しく累積している。「モニュメントの《根》の探索と、主体の深所の探索とが出会う場所」（マンフレド・タフーリ）へと向かったこの「考古学者」がつくりあげた古代ローマの想像的景観とは、アグレストが言う「断片化した身体の表象」あるいは「社会的無意識」としての都市のイメージにほかなるまい。アグレストは反建築としての現代都市を、「建造されたテクスト、言語とテクストの一続きの断片、つまり都市としての断片化された身体の知覚を反映するような爆裂、断片化した無意識[☆7]」と呼んでいた。「知覚」を「記憶」という言葉で置き換えれば、この文章はそのままピラネージによる古代ローマの表象にあてはまるだろう。本書の著者も引用しているジェニファー・ブルーマーの独創的なピラネージ論[☆8]が、ジェイムズ・ジョイスの『フィネガンズ・ウェイク』との比較に基づいている理由はここにある。ブルーマーはそこで、ピラネージの銅版画とジョイスの小説という二種類の「テクスト」に共通する「(ス) クリプト」の性格、すなわち、隠れた地下室《クリプト》をもつ暗号的あるいはヒエログリフ的な書字性について論じている。

　不可視のものを見ようとする啓蒙時代の欲望に対応した、もうひとつの知の体系が観相学だった。これは顔貌からその人物の内的性質を読みとる技術である。第3章のルドゥー論は、一八世紀の建築論における鍵概念である「性格《カラクテール》」を軸として、この建築家における建築の観相学を追究している。読者にあまりなじみのない対象と思われるため、この章についてはやや詳しく内容をたどろう。

著者は性格《カラクテール》およびそれと深く結びついた「適合性《コンヴナンス》」をめぐるテマティックは絶対王制下における身分制秩序に関連していたと言う。「国王の建築家」たるルドゥーは、性格《カラクテール》をわきまえた、秩序に適合した建築を建てようとしながら、結果としては「怪物／畸形《モンストル》」を生みだしてしまう。性格《カラクテール》は当時の博物誌における分類概念でもあったが、怪物／畸形《モンストル》とはこの分類からの逸脱にほかならない。

ルドゥーのこうした逸脱は、あたうかぎり性格《カラクテール》を明晰に語ろうとした彼の「語る建築」が、そのあまりに字義どおりの直接的な換喩的引用と幾何学形態への還元のために、逆に呆けたような馬鹿馬鹿しい非現実性を帯びて、建築言語としては破綻してしまったことに通底している。一例として、著者によれば、ルドゥーが設計した理想都市における青年結社用の快楽の館「オイケマ」は、平面図上では勃起したペニスの形態を与えられながら、実際の訪問者にはそのかたちが決して知覚できないような計画案——勃たないファルス——であったという。

本書でも指摘されているように、怪物／畸形《モンストル》への逸脱は、革命による政治権力の激変や身分制秩序の崩壊と無縁ではない。適合性《コンヴナンス》という約定が解体するとき、性格《カラクテール》を読みとることは不可能となり、建築の観相学は失効する。ルイ一六世斬首後にもなお「国王の建築家」という参照対象を欠いた空虚な肩書き——内実なき性格《カラクテール》——に固執したルドゥーは、革命後の世代よりもはるかに徹底した適合性《コンヴナンス》からの逸脱によって、複数の性格《カラクテール》が混淆した恐るべきキマイラという怪物／畸形《モンストル》のイメージを産み落とすことになった。国王が体現する権力に結びついた立場をルドゥーが失ったとき、建たない建築の構想を強いられた建築家の鬱屈した暗い情念は、適合性《コンヴナンス》からの逸脱をよりいっそう昂進させ、ルドゥーの想像力を革命後の秩序にとってすら脅威であるような怪物／畸形《モンストル》的なものと化していたように思われる。

本書はサド侯爵による閨房建築の計画案にも言及しながら、ルドゥーやルクーなどの、フランス革命前後における性的建築を論じている。性器そのものを異常な情熱で描写し、あからさまなファリック・シンボルを援用したルクーと比較した場合、ルドゥーによる勃たない建築オイケマは、一見したところ、性的欲望をきわめて慎み深く暗号化しているように見える。だが、サドの閨房建築案がこれに奇妙に似かよった整然たる秩序をもっていることが示すように、この慎み深さはむしろ、遊蕩の館にこそふさわしいものだったのかもしれない。つまり、オイケマが体現しているのは、厳密な幾何学の法則に従った空間と、性的官能に猛り狂った無秩序状態とのあいだの奇妙な親和性なのである。こうした「対立物の一致」が生みだす目くるめく官能の魅惑については、澁澤龍彦のエッセイ（『胡桃の中の世界』所収の「幾何学とエロス」）がつとに指摘している。意図したものかどうかは別として、ルドゥーのオイケマはこの官能の原理に忠実だったのである。

ルドゥー畢生の奇書『建築論』に登場する解剖学者トルナトリーは、犯罪者の頭部から彼らが犯した罪を判別することができたという。世間からは癲狂の学者として敬遠される正体不明のこの魅力的な人物には、革命後に不遇をかこっていたルドゥーの自己投影を見いだすことが可能であると著者は言う。この犯罪学者じみた解剖学者としての建築家の姿は、「装飾と犯罪」のアドルフ・ロースを連想させる。本書でもルドゥーとロースの建築が比較されているが、ここで問題にしたいのは、エミール・カウフマンが跡づけたような、いわゆる「革命建築」とモダニズム建築との形態上の単純な類似ではなく、観相学ないし骨相学的な診断をおこなう解剖学者＝建築家ルドゥーのまなざしと、装飾を犯罪の徴候として摘発する建築家ロース——その背後にあるのは犯罪学者チェーザレ・ロンブローゾの思想だろう——のまなざしとの共通性である。トルナトリーが犯罪者の頭部に読みとろうとする「怒り」などの激しい情念は、ロースが装飾の背後に見たエロティックな衝動に対応している。一〇〇年を隔てて、ブルボン家とハプスブルク家の支配の終焉にそれぞれ立ち会った建築家たちは、建築の死相——ヒポクラテスの顔——を読みとる、観相学的なまなざしを共有していたのかもしれない。

こうした照応関係はロースのみにはとどまらない。一九世紀から二〇世紀にかけてのウィーンは、装飾を中心として、皮膚およびそれに相当する表層が顕著に問題化した時代である。それはたとえば、グスタフ・クリムトの絵画における金箔を貼られた女性身体と、エゴン・シーレによる自画像の剥きだしで傷だらけの皮膚、あるいはオスカー・

ココシュカが描きだす、皮を剥ぎあう男女像との鮮烈な対照であり、オットー・ヴァーグナーの建築の表面にかろうじて残された繊細な装飾的記号とロース・ハウスの沈黙する外壁との紙一重の差異などである。[☆9] 本書が提起した問題設定の射程は、おそらくここにも達している。

第3章はフランス革命が勃発した一七八九年七月一四日という日付のもと、廃墟が誕生する「瞬間」、つまり、建築的身体を切り開く暴力の「瞬間」という、新たな時間性の様態を考察している。バスチーユ牢獄襲撃やリスボン大地震による建築物のほぼ瞬時的な破壊は、廃墟表象に宿る時間性を変えた。一八世紀末から一九世紀の戦争における攻撃力を増した兵器による都市の大規模破壊もまた同様である。持続的な崩壊の時間は断ち切られ、瞬間的な物理的破壊が廃墟を生む。著者が「微分的時間性」と呼ぶこうした破壊の点的時間は、長期的な持続を前提にした廃墟趣味の美学とは異質である。著者はこのあらたな廃墟化の時間性をギロチンによる処刑——人体の廃墟化——の時間性と重ねあわせる。

戦争の惨禍や革命のヴァンダリズムを経験した画家たちは、現存する建築物の「未来における廃墟」を描きだした。著者はこれら「未来時制の墓」に、未来へと投写されたメランコリーを読む。フランス革命を近代の端緒とすれば、このような「未来の廃墟」は、近代の黎明期にすでに生まれていたポスト・モダンの文化意識の表現とは言えないだろうか。この文化意識の次元において、モダンとポスト・モダンとは二重化している。そして、この二重化こそが実は、近代的な主体の時間（＝時代）意識であろう。

本書で論じられるように、この時代に廃墟体験が主観化されるのは、こうした時間意識の帰結である。廃墟はそこで「わたしの」廃墟となる——「われわれがあるモニュメントや建造物や制度そのものを愛することができるのは、そのもろさを経験するという、それ自体がかりそめの事態によってのみである。……それの廃墟とはつまり、わたしの廃墟である——つまりそれの廃墟はすでに、現にわたしの廃墟であり、またはすでにその姿を前もって描きだしている」[☆10]（ジャック・デリダ）。この「もろさ」の経験にほかならぬ破壊や崩壊によって輪切りにされた微分的時間は、だ

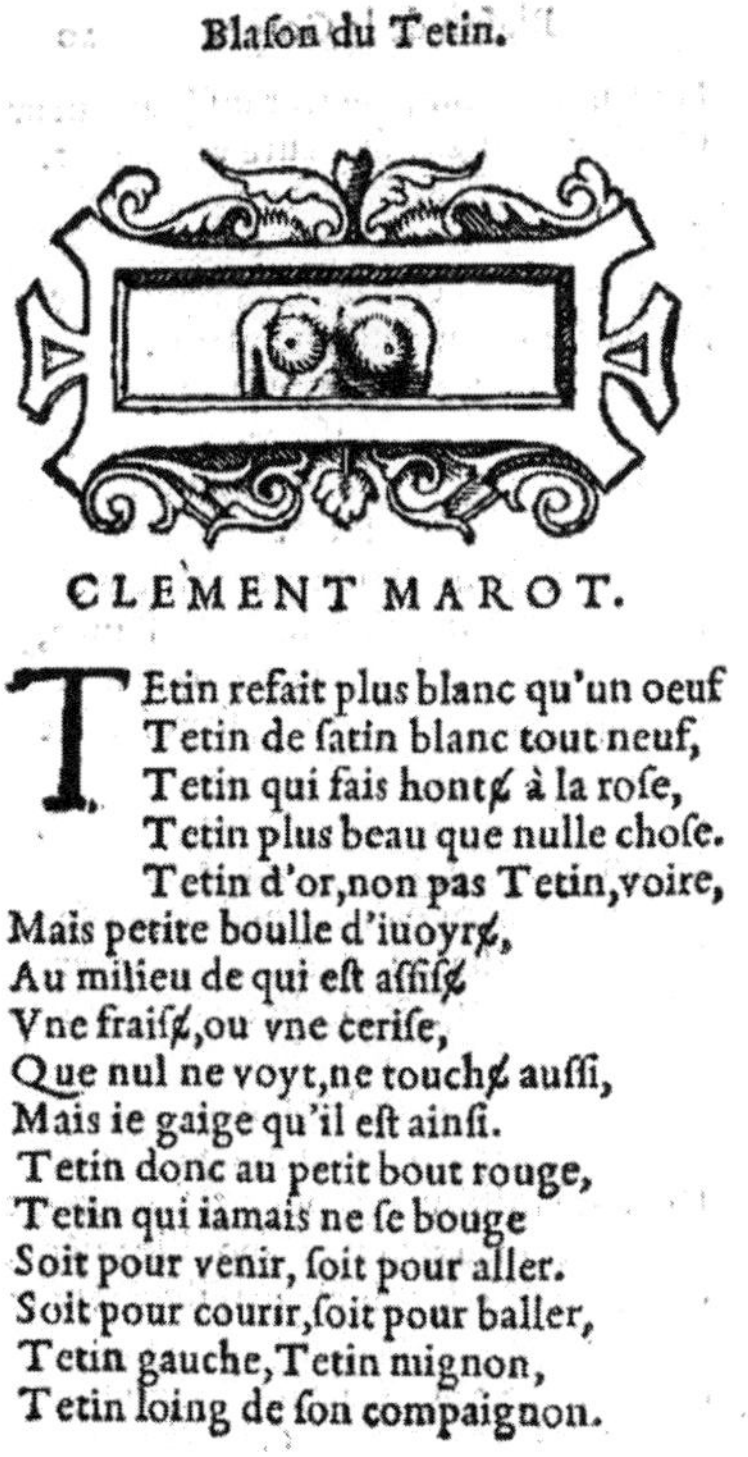
Blaſon du Tetin.

CLEMENT MAROT.

Tetin refait plus blanc qu'un oeuf
Tetin de ſatin blanc tout neuf,
Tetin qui fais honte à la roſe,
Tetin plus beau que nulle choſe.
Tetin d'or, non pas Tetin, voire,
Mais petite boulle d'iuoyre,
Au milieu de qui eſt aſſiſe
Vne fraiſe, ou vne ceriſe,
Que nul ne voyt, ne touche auſſi,
Mais ie gaige qu'il eſt ainſi.
Tetin donc au petit bout rouge,
Tetin qui iamais ne ſe bouge
Soit pour venir, ſoit pour aller.
Soit pour courir, ſoit pour baller,
Tetin gauche, Tetin mignon,
Tetin loing de ſon compaignon.

図３－２
詞華集『女体の解剖的ブラゾン』（パリ、1543年）より、クレマン・マロ「乳房のブラゾン」冒頭部

麗しい乳房よ、卵よりも白く、
乳房よ、真新しい白繻子のような、
乳房よ、薔薇を恥じ入らせる、
乳房よ、何ものよりも美しい。
金の乳房、いや乳房ではなく、むしろ
小さな象牙の球体、
その中心に坐すのは、
一粒の苺あるいは桜桃、
それを見た者もそれに触れた者もいないけれど、
わたしはそうなのだと賭けて言う。
乳房よ、小さな赤い尖端をもった、
乳房よ、微動だにしない、
来ることも行くこともなく、
走ることも踊ることもない。
左の乳房、かわいい乳房、
乳房よ、道連れからはるかに遠く。
……

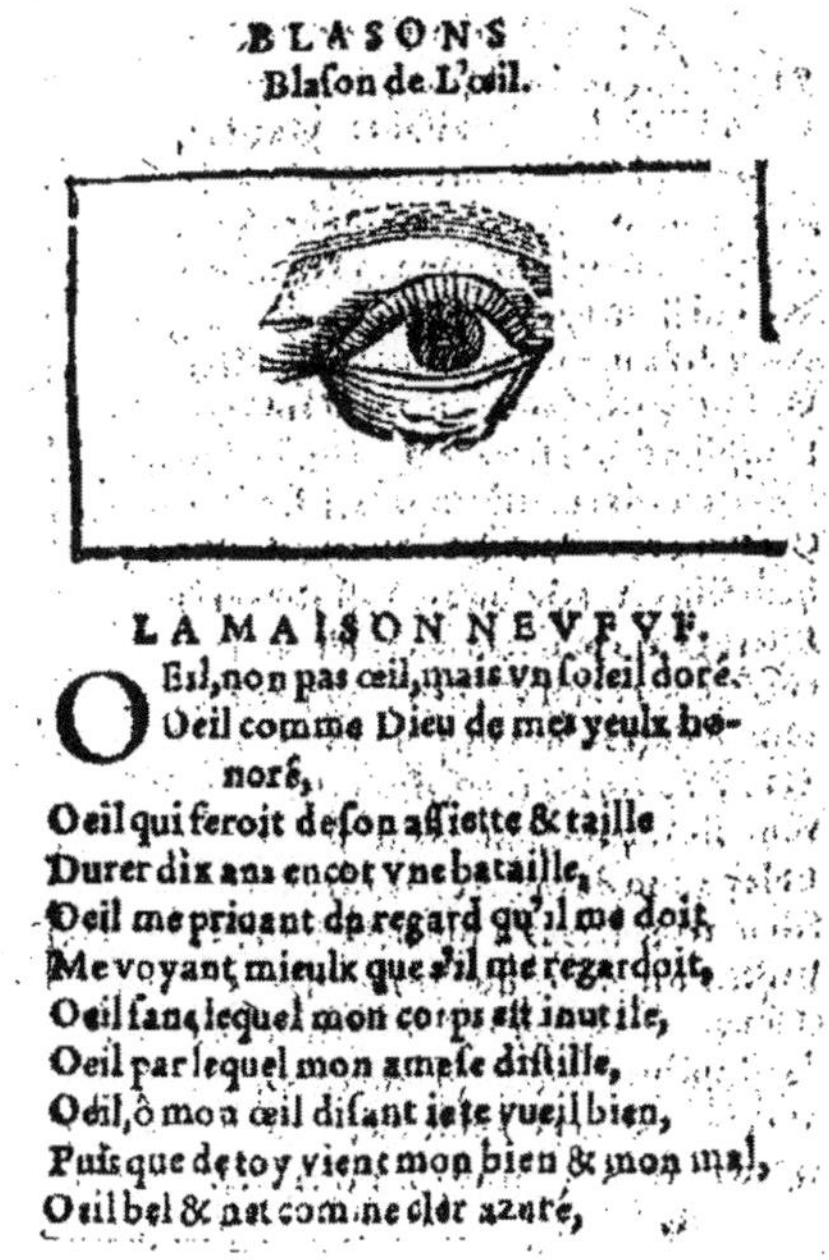
BLASONS
Blaſon de L'oeil.

LA MAISON NEVFVE.

Oeil, non pas oeil, mais vn ſoleil doré.
Oeil comme Dieu de mes yeulx honoré,
Oeil qui feroit de ſon aſſiette & taille
Durer dix ans encor vne bataille,
Oeil me priuant du regard qu'il me doit,
Me voyant mieulx que s'il me regardoit,
Oeil ſans lequel mon corps eſt inutile,
Oeil par lequel mon ame ſe diſtille,
Oeil, ô mon oeil diſant ie te vueil bien,
Puis que de toy vient mon bien & mon mal,
Oeil bel & net comme clér azuré,

図３－１
詞華集『女体の解剖的ブラゾン』（パリ、1554年）より、「新しき館《ラ・メゾン・ヌーヴ》」（アントワーヌ・エロエの称号）作「瞳のブラゾン」冒頭部

瞳よ、いや瞳ではなく、黄金の太陽、
瞳よ、神のごとく、わが瞳の崇拝する、
瞳よ、その座と姿によって十余年も続く
戦いを引き起こしかねぬものよ。
瞳よ、眼差しをわたしから奪い、
わたしを凝視するよりも深く見抜く瞳よ。
瞳なくして、わが肉体は無用であり、
瞳によって、わが魂は純化される。
瞳よ、おお、わが瞳は語る、あなたがとても欲しいと。
そして、わたしの幸福も不幸も、あなたから来る。
瞳よ、青空のように美しく明るい。
……

から、主観化された廃墟の条件なのである。

「解剖」という切開の暴力に注目する著者は、ギロチンで切り落とされた頭部をはじめとする断片化された身体部位の表象をたどり、この「人体廃墟」のイメージにも生じていた歴史的変質の徴候を探る。これら「寸断された身体」のイメージを通して、時代の集合的無意識としての攻撃性の様態が浮かびあがる。

この領域でもまた、建築と人体双方の「解剖」にかかわってくる存在がルクーである。序章、第3章など、随所で言及されるこの幻視的建築家はその意味で、本書におけるテーマ系をつなぐ蝶番のような人物と言ってよかろう。ルクーをマルセル・デュシャンやレイモン・ルーセルと関連づけた研究☆11（フィリップ・デュボワ『ジャン＝ジャック・ルクー——エニグマ』）もまた示すように、建築および人体を廃墟化し瓦礫化するその想像力は、「優美な屍骸」をはじめとするシュルレアリスムの身体表象に通じている。

この第4章で言及されているように、統一体としての身体ではなく、個々の部位を性的享楽の対象とするサドの「欲望による解剖学」に、ラカンは「寸断された身体」の表象を見いだした。この点に関連し、女性の身体部位をメタファーで表わし、部位ごとに列挙してゆく、「解剖的ブラゾン」（blason anatomique）と呼ばれるフランス語詩のジャンルが、すでに一六世紀に興隆していた事実に触れておきたい。身体のイメージはおそらく、単に「開く」のみならず、それを部分へと「分断する」解剖学的想像力なしには存在しえないものなのである。これもまた、身体イメージをめぐって長期持続しているオブセッションのひとつであろう。

ブラゾンとはそもそも「紋章」である。「解剖的ブラゾン」とは女体を部位に分割し、言葉によって、乳房や眼や耳、口、手、腹、足、尻、性器をそれぞれ一箇の紋章と化す営みにほかならない（図3）。澁澤はこの紋章化のプロセスを「動物を殺して、その美しい外観を損わずに、剥製をつくるようなもの☆12」と表現した。身体部位のイメージはそのとき、冷たい輝きを帯びて硬く物体化する。それはアレゴリーと化す。

ベンヤミンの『ドイツ悲哀劇の根源』を引くまでもなく、歴史が自然の相貌を帯びる場としての廃墟とは、極めつきのアレゴリー的イメージ、アレゴリーのエンブレム、すなわち、その紋章であろう。身体と建築・都市表象とをすりあわせながら、その二重の廃墟化の諸相をたどってゆく本書の論述は、だから、身体および建築・都市がいかにアレゴリーと化し、紋章的なイメージへと結晶化してきたかを示す、一種の紋章学的分析となる。この廃墟化の過程においては、身体が紋章へと冷たく硬化する一方で、紋章的な建築物は逆に自然化し、人体の骨格や皮膚を備えたイメージへと変容する。

　このような建築／人体のイメージとは心的対象であるから、廃墟画や紙上建築といった視覚的エンブレムばかりではなく、解剖的ブラゾンのように言語によっても描きだされる。本書が最終章で向かうのは、一九世紀の文学テクストにおける廃墟化してゆく人体の表象という、そのようなアレゴリー的イメージである。

　本書が問題にしている「裸体を開く」という解剖学的なまなざしにとって、そこで切り開かれる内部と外部とを分け隔てる皮膚こそは、最も緊張と葛藤に満ちた場である。剥離模型《エコルシェ》へのオブセッションとは畢竟、皮膚という表層の欠如へのオブセッションであろう。本書ではたとえば、ヴェネツィアという都市の特殊な「表皮」をもとに、カナレットがどんな「皮膚」の移植を試みたかが探られ（第1章）、重なりあい捲れあがる皮膚のイメージを通して、ピラネージがいかに古代ローマの記憶を仮想的に復元したかが明らかにされる（第2章）。古代遺跡はそのとき、銅板を切り裂く解剖に似た手つきを通じて、剥離模型《エコルシェ》として複製されるのである。

　こうした点からすれば、本書は建築・都市の皮膚論であり、『鏡と皮膚』をはじめとする谷川渥の「芸術の皮膚論」の問題設定を継承している。ただし本書の重心は、谷川のように芸術作品における「皮膚」というモデルの美学的考察にはなく、建築物の外部／内部、可視／不可視の狭間にあって侵蝕や裂開をこうむる、不安定で脆弱な境界面としての「皮膚」をめぐる想像力の歴史的分析に置かれている。

　皮剥ぎの欲望に駆動された剥離模型《エコルシェ》へのオブセッションとは逆に、観相学においては、顔貌への注視が皮膚上における微細な変異を敏感に発見する結果となった。そのとき、観相学が背景にしていたのは、瓜実型で整った目鼻立ち、染みのない白い肌とほんのり朱のさした頬といった、一八世紀における完全無欠な顔の理想形である。こうした理想形に表われる「汚れなさ」の美学がこの時代に深く浸透したのは、啓蒙時代の「闇の奥」に皮膚の病理が巣くっていたためである、とスタフォードは言う。[☆13] 本書が扱う一九世紀文学における「病める皮膚」のモティーフはここに淵源をもつと考えてよかろう。

第5章で著者は、ゴーティエ、ユイスマンス、ポーといった作家たちが、建築物や室内空間の装飾、色彩の物質性、あるいは絵画の表層をなす絵の具に注いだ「眼の指で撫でる」触覚的まなざしによる描写を丹念にたどっている。「見ること」に憑かれたこれらの作家たちはまた、解剖的ブラゾンの詩人に似て、肉体を冷え冷えとした紋章に変える一方で、建築物の石材を皮膚のように、油絵のマティエールを血膿のように描写する。そして、著者はこうした作家たちのなかにこそ、一九世紀における真の「イメージの解剖学者」を認めるのである。

裸体の建築が切り開かれる光景の撹乱と侵犯、崩壊のイメージを、「眼の指で撫でる」ようにつぶさに観察し、慎ましやかなまでに醒めた冷徹な筆致で記述しようとする著者の文体――テクストの身体――もまた、一人の解剖学者のそれであろう。言うまでもなく、この解剖学者のまなざしは、切り開かれた裸の建築に向けた欲望に満たされている。だが、それはどんな欲望なのか。「建築――その外部から」とアグレストは言った。ならばこれは、男性中心主義的な建築の言説とシステムの外部としての女性が、一八世紀に内破したこのシステムの廃墟を解剖しているというわけか。だが、本書が問題としている想像上の皮膚とは、そんな内部／外部の安定した分離そのものをなし崩しにしてしまうような、危険な界面ではなかったか。

一八世紀以降、廃墟とは「わたしの廃墟」である以上、この解剖学者のまなざしにはナルシシズムが宿る。「開かれた裸体」としての廃墟を観察する解剖学者とは、だから、みずからの身体を切開して腑分けするような存在であると言えようか。それはちょうどベルメールの《夜咲く薔薇》（序章の図11）の少女のように。本書の文体はおそらく、ヴァルネラブルなおのれ自身の身体を廃墟として見るこのまなざしゆえに、緻密な「解剖」にふさわしい内的緊張を孕んでいるのである。

このテクストの身体、本書という「言葉の建築」の皮膚上に、著者はいくつかの紋章を結晶化した血膿——肌に咲く硬質の薔薇——のように象嵌したのだと考えてみたい。建築史の解剖的ブラゾン、あるいは、都市表象の剥離模型《エコルシェ》。読了後、それらの紋章が一挙に抽象の虚空へと投げあげられて星座をなすとき、本書は「思考の紋章学」の系譜を秘かに継ぐ、人文学の野心的な試みであったことが明らかとなるであろう。

註

☆1——ジョルジュ・ディディ＝ユベルマン『ヴィーナスを開く——裸体、夢、残酷』宮下志朗・森元庸介訳、白水社、二〇〇二年、一一六ページ。

☆2——同、原註、二四ページ。

☆3——バーバラ・M・スタフォード『ボディ・クリティシズム——啓蒙時代のアートと医学における見えざるもののイメージ化』高山宏訳、国書刊行会、二〇〇六年、九二～一〇五ページ。

☆4——ダイアナ・I・アグレスト『圏外からの建築——映画・写真・鏡・身体』大島哲蔵訳、鹿島出版会、一九九五年、二〇三～二三一ページ参照。

☆5——ディディ＝ユベルマン、前掲書、四二～四四ページ参照。

☆6——ドニ・ディドロ『絵画について』佐々木健一訳、岩波文庫、二〇〇五年、一四ページ参照（ただし、訳文は若干変更した）。なお、ディドロ自身は人体の解剖模型に魅せられていた。当時の有名な蠟製解剖模型作者であったマリー・マルグリット（またはカトリーヌ）・ビエロン（Marie-Marguerite[Catherine] Bihéron, 1719-1795）による、個別の部位に解体したうえで復元可能な女体の解剖模型を使ったデモンストレーション——それは一種の観光用アトラクションでもあったという——をディドロは眼にしており、教育上の配慮から自分の娘にもそれを見せている。彼はさらに、ロシアのエカテリーナ二世に対して、彼女の設立した女学校でこうした解剖学講習をおこなうように勧めていた。解剖模型のイメージに対するディドロのアンビヴァレントな態度については、次の論文を参照。Morwena Joly, «L'obsession du «dessous» : Diderot et l'image anatomique», *Recherches sur Diderot et sur l'Encyclopédie* [En ligne], 43 | octobre 2008, mis en ligne le : 29 octobre 2010, URL : http://rde.revues.org/index3502.html. 二〇一一年八月三一日閲覧。

☆7——アグレスト、前掲書、二二六ページ。
☆8——Jennifer Bloomer, *Architecture and the Text: The (S)crypts of Joyce and Piranesi*, New Haven: Yale University Press, 1993.
☆9——これらの点については、次の拙著を参照。田中純『建築のエロティシズム——世紀転換期ヴィーンにおける装飾の運命』、平凡社新書、近刊。
☆10——ジャック・デリダ『法の力』堅田研一訳、法政大学出版局、一九九九年、一三五〜三六ページ。
☆11——Philippe Duboy, *Jean-Jacques Lequeu : une énigme*, Paris: Hazan, 1987.
☆12——澁澤龍彦『胡桃の中の世界』、青土社、一九七四年、一六四ページ。
☆13——スタフォード、前掲書、三六九〜七一ページ、および三八二ページ参照。

あとがき

この『都市の解剖学——建築／身体の剥離・斬首・腐爛』は、二〇〇五年以降、折にふれて展開してきた、都市と建築への——ある特定の性向を帯びた——眼差しについての思考を、一冊の書物にまとめたものである。

当初の私の関心は、「自意識のトポス」としての身体と、それを境界づけるものとの関係性にあった。具体的に言うと、皮膚に密着し身体を囲繞する、第二の皮膚であり、（物理的な意味で）もっとも身近な他者である「衣服」について思考したいと考えていた。大学院入試二次試験の課題として提出する論文のテーマに選んだのは、デザイナーのフセイン・チャラヤンである。彼の「衣服」に対するコンセプトは、「建築」と非常に近いところにあるのではないか、というのが、このいちばんの若書きにおける自分なりの主張のひとつであった。現実の空間内に場所を占める物質であると同時に、表象や概念の次元にも属している、私たちの身体の周りにある被覆物——建築の、より正確に言うならば建築のイメージに興味をもった直接のきっかけは、此所にあったような気がしている。

実在の建築物は、一望の下に把握するにはあまりにも巨大であり、空間の経験は記憶の継ぎ接ぎに基づいた、茫漠としたものにならざるをえない。紙上に描かれた、ないしはテクストの中に立ち現われる建築物をもっぱら扱ってきたのは、このような「現実の建築物の不確かさ」が理由であるかもしれない。紙上建築とは、全体像と細部とを同時に掌握できる表象形式であり、同時にまた、さまざまな物理的制約から自由であるがゆえに、建てる者のファンタスムを――子供がドールハウスの内に、一種のミクロコスモスを創造するように――自在に体現できる場となる。思えば子供の頃、私がファナティックなまでの情熱を傾けた玩具は、人形の家であった。

もうひとつ、幼い頃の原体験とも言うべきものについて語るなら、私がはじめて「イメージ」と向きあったのは、それに「呪われる」という経験を通してのことであった。私の通っていた小学校の図工室には、首の無い（ように見える）赤ん坊を抱いた、虚ろで無気味な顔貌の女性の肖像画が貼られていて、この絵を午後四時に見ると呪いがかかる、ともっぱらの噂であった。今思えば、モディリアーニの《赤ん坊を抱くジプシー女》である。家に帰ってからも残像が眼の裏から離れないくらい、私はこの絵を恐怖していて、同時にまた強く惹かれてもいた。眼に心地よい甘美さをたたえたものではなく、どこか無気味で不調和な、そして感覚を差し貫く過剰な強度をもったイメージばかりに心を奪われるのも、この鉛色の眼をした《ジプシー女》の呪いゆえかもしれぬ。

奇しくも、と言うべきか、あるいは必然の理か、以上で述べてきた三つの領域の重なりあう場が、この『都市の解剖学』なのである。

本書の各章は、それぞれ以下の既刊論文および口頭発表を基とし、大幅に加筆修正を施している。

序　章　「都市の解剖学――剥離・切断・露出」『10＋1』（特集：神経系都市論：身体・都市・クライシス）第四〇号、二〇〇五年九月

第1章　「都市を『語る』こと――カナレットのヴェネツィア表象にみる都市改変の原理」『超域文化科学紀要』第十号、二〇〇五年九月

第2章　「『起源』の病と形態の闘争――ジョヴァンニ・バッティスタ・ピラネージによる古代ローマ表象」『超域文化科学紀要』第一四号、二〇〇九年一一月

第3章　「適合性と怪物性——クロード＝ニコラ・ルドゥーの建築構想における両極的性質について」『表象』第五号、二〇一一年三月

第4章　「建築の曝け出された臓腑——一八世紀後半の廃墟表象における瞬間性と暴力性について」表象文化論学会第五回年次大会における口頭発表、二〇一〇年七月

第5章　「テオフィル・ゴーティエ——視覚の技術」『Resonances　東京大学大学院総合文化研究科フランス語系学生論文集』第三号、二〇〇五年三月

本書が生まれるきっかけとなったのは、ありな書房の松村豊氏にお見せした一本の論考であった。若さゆえの暗い情熱だけで書き上げたようなテクストであったが、松村氏はこれを評価してくださり、肉付けして一冊の本にしないかと勧めてくださったのであった。ベースになる既往実績があるとは言え、「書物」という統一的な有機体をつくりだす作業は、非常に骨の折れるものであった。お話を頂いてから二年もの歳月が徒過してしまったのは、ひとえに私の怠慢ゆえである。大きな機会を頂戴したうえ、緩慢な執筆作業に辛抱強くお付きあいくださった松村氏に、多大な感謝を捧げたい。

修士課程以来ご指導いただいている田中純先生には、ありな書房へのご紹介から解題のご執筆まで、つまり本書の胚胎から誕生にいたるまで、たいへんお世話になった。著者自身も上手く言語化できないでいた本書の賭金と今後の可能性を、先生の解題は明確に浮かびあがらせてくださった。そのおかげで、本書の思考は眼を描き入れられた龍のように、活き活きとした生命を帯びることができたと思う。大学院入学以来、小さな紆余曲折を経ながらもここまでたどりつけたのは、リルケの詩にあるように、思考する存在としての私を「限りなく優しく、その両手に支えてくれる」先生のおかげであるだろう。

常に知的な刺激や示唆を与えてくれる、私の周囲の師や先達や畏友たちにも、この場を借りて謝辞を表したい。

書物を刊行することは、広い海へと手紙を放すことに似ている。それは送り主が名宛人を定めることのできない郵便であり、思いもかけない人のもとへ、思いもかけない時にたどりつき、さらには想定していなかった解釈を惹き起こすこともあるだろう。これは不確定性というよりは可能性であり、書状の送り主にとっては、よるべなさというよりもむしろ希望である。

この「投瓶書簡」を拾い上げてくださったすべての方々へ、本書を捧げる。

二〇一一年九月

小澤京子　識

人名索引

あ行

アイケマ，バーナード（Bernard Aikema） 201, 225
アウグストゥス帝（Imperator Caesar Divi Filius Augustus） 79
アグレスト，ダイアナ（Diana Agrest） 238, 240-41, 248-50
アスマン，アライダ（Aleida Assmann） 76, 208, 225
アダム，ロバート（Robert Adam） 24
アラス，ダニエル（Daniel Arasse） 140, 143, 146, 217-18, 225
アリストテレス（Aristoteles） 94, 212
アルガロッティ，フランチェスコ（Francesco Algarotti） 39, 204, 225
アルチンボルド，ジュゼッペ（Giuseppe Arcimboldo） 13, 48, 202
アルトー，アントナン（Antonin Artaud） 152
アルバーニ枢機卿（Alessandro Albani） 77
アルベルティ，レオン・バッティスタ（Leon Battista Alberti） 237-38, 240
アレキサンドリアン，サラーヌ（Sarane Alexandrian） 225

イエイツ，フランシス・A.（Francis A. Yates） 45, 204, 236
磯崎新（Arata Isozaki） 230

ヴァザーリ，ジョルジョ（Giorgio Vasari） 202, 235
ヴァーグナー，オットー（Otto Wagner） 244
ヴィエル・ド・サン＝モー，ジャン（Jean Viel de Saint-Maux） 25
ヴィガレロ，ジョルジュ（George Vigarello） 227
ヴィドラー，アンソニー（Anthony Vidler） 88,101, 209-10, 213-15, 236
ウィトルウィウス（Marcus Vitruvius Pollio） 213, 237
ヴィリリオ，ポール（Paul Virilio） 143, 218, 236
ヴィルヌーヴ（Villeneuve） 141
ヴィンケルマン，ヨハン・ヨアヒム（Johann Joachim Winckelmann） 68, 70, 72-73, 76-77, 207-08, 236
ヴェサリウス，アンドレアス（Andreas Vesalius） 13, 34
ヴォヴェル，ミシェル（Michel Vovelle） 120
ヴォードワイエ，レオン（Léon Vaudoyer） 100-01, 214, 216, 236
ウォーホル，アンディ（Andy Warhol） 145-46
ヴォルテール（Voltaire） 127, 204
ウートラム，ドリンダ（Dorinda Outram） 232
エイゼンシュテイン，セルゲイ（Sergei Mikhailovich Eisenstein） 47, 207
エカテリーナ二世（Yekaterina II Alekseyevna） 249
エグバート，ドナルド・ドリュー（Donald Drew Egbert） 212, 228

エロエ，アントワーヌ（Antoine Héroët） 245

オウィディウス（Publius Ovidius Naso） 192
オズーフ，モナ（Mona Ozouf） 218, 232

か行

ガヴァルニ，ポール（Paul Gavarni） 219
カウパー，ウィリアム（William Cowper） 13
カウフマン，エミール（Emil Kaufmann） 68, 88, 90, 92, 207, 210-11, 230, 243
カッチャーリ，マッシモ（Massimo Cacciari） 57, 206, 227
カトルメール・ド・カンシー，アントワーヌ＝クリゾストーム
（Antoine-Chrysostome Quatremère de Quincy） 112-13, 115-17, 215, 233
カナル（通称カナレット），ジョヴァンニ・アントニオ（Giovanni Antonio Canal / Canaletto）
34-40, 44, 46-49, 51-55, 57-58, 69-70, 73, 197, 202-07, 240-41, 247
カバネス，ジャン＝ルイ（Jean-Lous Cabanès） 221, 227
カラヴァッジョ，ミケランジェロ・メリージ・ダ（Michelangelo Merisi da Caravaggio） 172
ガル，フランツ＝ヨーゼフ（Franz Joseph Gall） 87
ガルベス，ホアン（Joan Galvez） 131
カルレヴァリス，ルカ（Luca Carlevarijs / Carlevaris） 203
カロ，ジャック（Jacques Callot） 202
ガンディ，ジョセフ・マイケル（Joseph Michael Gandy） 23-24, 135, 137-38
カント，イマニュエル（Immanuel Kant） 92, 127, 164, 211-12, 219-20, 230
カントール＝カゾフスキー，エミール（Emil Kantor-Kazovsky） 230
カンピオン（Campion） 122

ギルピン，ウィリアム（William Gilpin） 12, 134, 201, 229

クノブロフツナー，ハインリヒ（Heinrich Knoblochtzner） 114
クラーク，ハリー（Harry Clarke） 167
グランヴィル（J.J. Grandville） 219
クリステヴァ，ジュリア（Julia Kristeva） 119, 142, 217, 230
クリムト，グスタフ（Gustav Klimt） 243
グリューネヴァルト，マティアス（Matthias Grünewald） 174, 180, 182, 190, 195, 202
クルティーヌ，ジャン＝ジャック（Jean-Jacques Courtine） 227
グールモン，レミ・ド（Remy de Gourmont） 229
クレメンス13世（Papa Clemens XIII） 208
クロソウスキー，ピエール（Pierre Klossowski） 230
ケスラー，キャスリーン（Kathleen Koestler） 221, 230

ココシュカ，オスカー（Oskar Kokoschka） 243-44
コズール，ムラーデン（Mladen Kozul） 230
コダッツィ，ヴィヴィアーノ（Viviano Codazzi） 205

ゴーティエ，テオフィル（Théophile Gautier）
34, 157-58, 160, 164, 168, 170-71, 174, 190, 192-94, 219-21, 223, 229, 248
コッター，フレッド (Koetter, Fred) 47-48, 204-05, 207, 233, 241
コファン，デイヴィッド・R（David R. Coffin） 206, 227
ゴヤ，フランシスコ・デ（Francisco José de Goya y Lucientes） 129, 131, 202
コルバン，アラン（Alain Corbin） 227
コルボ，アンドレ（André Corboz） 203-04, 227
コンスタブル，ウィリアム・G（Wiliam G. Constable） 205, 227
コンティ，ステファノ（Stefano Conti） 203
コンディヤック，エティエンヌ・ボノ・ド（Etienne Bonnot de Condillac ） 213

さ行
佐々木健一（Ken-ichi Sasaki） 139, 211, 217, 234
サド，ドナティアン＝アルフォンス＝フランソワ・ド
（Donatien-Alphonse-Francois de Sade） 105-08, 110, 147, 214-15, 233, 242-243, 246

ジェブラン，アントワーヌ・クール・ド（Antoine Court de Géblin） 214, 227
ジェリコー，テオドール（Théodore Géricault） 143-44, 147-48
シトロエン，ポール（Paul Citroen） 83-84
澁澤龍彦（Tatsuhiko Shibusawa） 243, 246, 250
シャステル，アンドレ（André Chastel） 65, 207, 227
シャトーブリアン，フランソワ＝ルネ・ド（François-René de Chateaubriand） 140, 217, 227
ジョイス，ジェイムズ（James Joyce） 241
ジョリ，モルヴェナ（Morwena Joly） 249
ジョーンズ，イニゴ（Inigo Jones） 204
シラー，フリードリヒ・フォン（Johann Christoph Friedrich von Schiller） 220, 234
ジラルダン，エミール・ド・（Emile de Girardin） 219
シーレ，エゴン（Egon Schiele） 243

スジーニ，クレメンテ（Clemente Susini） 30, 32
スタフォード，バーバラ・マリア（Barbara Maria Stafford）
13, 19, 201, 208, 212, 234, 238, 248-50
ストイキツァ，ヴィクトル・I.（Victor I. Stoichiţă） 235
ストロフ，アレクサンドル（Alexandre Stroev） 108, 235
スフロ，ジャック＝ジェルマン（Jacques-Germain Soufflot） 19
スミス，ジョセフ（Joseph Smith） 38-39

セウェルス帝（Lucius Septimius Severus） 68
セグレ，チェーザレ（Cesare Segre） 35
セディヨ・ル・ジュヌ，ジャン（Jean Sedillot le Jeune） 140, 142, 217
ゼードルマイヤー，ハンス（Hans Sedlmayr） 234
ゼンパー，ゴットフリート（Gottfried Semper） 209

ゾラ，エミール（Émile Zola） 157, 169-70, 185, 221-22, 236
ソーン，ジョン（John Soane） 23, 135
ソンタグ，スーザン（Susan Sontag） 146, 218, 234

た行

ダヴィッド，ジャック＝ルイ（Jacques-Louis David） 155
高山宏（Hiroshi Takayama） 201, 235
田中純（Jun Tanaka） 90, 201, 210-11, 235, 237, 250
谷川渥（Atsushi Tanigawa） 190, 217, 223, 235, 247
タフーリ，マンフレード（Manfredo Tafuri） 30, 46-47, 73, 82, 202, 204-05, 207, 209, 235, 241
ダランベール，ジャン・ル・ロン（Jean Le Rond d'Alembert） 113, 215-16, 228
ダリ，サルバドール（Salvador Dali） 199
タルクィニウス・スペルブス（Lucius Tarquinius Superbus） 61, 64

チェザリアーノ，チェーザレ（Cesare Cesariano） 205
チェルクォッツィ，ミケランジェロ（Michelangelo Cerquozzi） 205
チェンバース，ウィリアム（William Chambers） 22, 24
チェンバース，エマ（Emma Chambers） 218, 227

ディエゴ・デ・レイバ（Diego de Leyva） 171, 221
ティエポロ，ジョヴァンニ・バッティスタ（Giovanni Battista Tiepolo） 12
ディディ＝ユベルマン，ジョルジュ（Georges Didi-Huberman）
182, 184, 222, 228, 237-38, 240, 249
ディドロ，ドニ（Denis Diderot） 7, 76, 113, 119, 139-40, 208, 215-17, 227-28, 237, 240, 249
デカルト，ルネ（René Descartes） 92, 211, 227
テスタール（Testard） 122
デリダ，ジャック（Jacques Derrida） 59, 227, 244, 250
デュシャン，マルセル（Marcel Duchamp） 246
デュ・バリー夫人（Madame du Barry） 209
デュボワ，フィリップ（Philippe Duboy） 228, 246, 250

ドマシー，ピエール＝アントワーヌ（Pierre-Antoine Demachy） 125-26
トマス・アクィナス（Thomas Aquinas） 91-92, 211, 235
トルナトリ（Pierre-Claude-Jean Tournatoris / Tournatory） 86-87, 91, 209-10, 243
トンクス，ヘンリー（Henry Tonks） 143, 145, 218

な行

ナポレオン・ボナパルト（Napoléon Bonaparte） 110, 143
ナンシー，ジャン＝リュック（Jean-Luc Nancy） 85, 232
ノクリン，リンダ（Linda Nochlin） 232
ノディエ，シャルル（Charles Nodier） 219
ノーノ，ルイジ（Luigi Nono） 57

は行

ハインツ，ヨーゼフ（子）(Joseph Heintz the Younger) 42, 44, 47
バーク，エドマンド (Edmund Burke) 12
ハスケル，フランシス (Francis Haskel) 203, 229
バーチャム，ウィリアム・リー (William Lee Barcham) 203, 225
バッカー，ボードウィン (Boudewijin Bakker) 201, 225
パッラーディオ，アンドレア (Andrea Palladio) 12, 38-39, 42, 69, 204
ハドリアヌス帝 (Publius Aelius Trajanus Hadrianus) 204-05
バナール，マルティン (Martin Bernal) 206, 226
バラード，ジェームズ・グラハム (James Graham Ballard) 146
パリ (Paris) 127-28
バルザック，オノレ・ド (Honoré de Balzac) 219
バルデス・レアール，フアン・デ (Juan de Valdés Leal) 173
バルト，ロラン (Roland Barthes) 25, 202, 225
バルドゥング・グリーン，ハンス (Hans Baldung Grien) 172
パンニーニ，ジョヴァンニ・パオロ (Giovanni Paolo Pannini) 69, 70, 72-73, 205

ピエロ・ディ・コジモ (Piero di Cosimo) 202
ビエロン，マリー・マルグリット（カトリーヌ）(Marie-Marguerite [Catherine] Bihéron) 249
ピカソ，パブロ (Pablo Picasso) 204
ピカール，ベルナール (Bernard Picard) 95
ピコン，ガエタン (Gäetan Picon) 157, 233
ヒポクラテス (Hippocrates) 243
ビュフォン，ジョルジュ゠ルイ・ルクレール (Georges-Louis Leclerc Comte de Buffon) 98-99
ピラネージ，ジョヴァンニ・バッティスタ (Giovanni Battista Piranesi) 12-13, 15-16, 18-19, 23-24, 29-31, 34, 42, 44, 46-47, 49, 53-55, 57-61, 63-69, 72-82, 84, 126, 197-98, 201, 205-08, 212, 233, 237, 240-41, 247
ピロストラトス，フラウィオス (Flavius Philostratus) 184, 222, 233

ファイ，オリヴィエ (Olivier Faÿ) 216, 231
ファルケンボルフ，マールテン・ファン (Maerten van Valckenborgh) 9-10
フィシェ，フランソワーズ (Françoise Fichet) 213, 228
フィラレーテ（本名アヴェルリーノ，アントニオ・ディ・ピエトロ）(Filarete /Antonio Averlino) 238
フェリビアン，アンドレ (André Félibien) 98, 213, 228
フォション，アンリ (Henri Focillon) 78, 208, 228
フォンタナ，ラヴィニア (Fontana Lavinia) 114
フーコー，ミシェル (Michel Foucault) 13, 46-47, 54, 74, 98, 113, 201, 204, 207, 213, 216, 228
フェリビアン，アンドレ (Andre Félibien) 98
プッサン，ニコラ (Nicolas Poussin) 185
プティ，クロード・ル (Claude le Petit) 215
ブニュエル，ルイス (Luis Buñuel) 199

フラ・アンジェリコ（Fra Angelico） 179, 182-84
フラゴナール，オノレ（Honoré Fragonard） 174-75, 221
フラゴナール，ジャン＝オノレ（Jean-Honoré Fragonard） 221
ブラック，ジェレミー（Jeremy Black） 203, 226
ブーランジェ，ギュスターヴ（Gustave Boulanger） 153
ブランショ，モーリス（Maurice Blanchot） 197
ブランビーラ，フェルディナンド（Ferdinand Brambilla） 129, 131, 134
プリウール（Prieur） 123
フーリエ，シャルル（Francois Marie Charles Fourier） 105
フリードリヒ，エルンスト（Ernst Friedrich） 154, 218, 229
フリードリヒ大王（Friedrich II） 204
ブリューゲル，ピーテル（父）（Pieter Brueghel the Elder） 9-10
ブリル，パウル（Paul Brill） 205
ブルーマー，ジェニファー（Jenifer Bloomer） 82, 209, 226, 241, 250
ブーレー，エティエンヌ＝ルイ（Etienne-Louis Boullée） 22, 24, 60, 99-100, 213, 227
ブレイク，ウィリアム（William Blake） 184-85, 222, 226
フロイト，ジークムント（Sigmund Freud） 28, 79, 82, 142, 201-02, 208, 228, 238
ブローネル，ヴィクトール（Victor Brauner） 147, 149
ブロンデル，ジャック＝フランソワ（Jacques-Francois Blondel） 97, 99, 112-13, 115-16, 212-13, 215-16, 226

ヘッヒ，ハンナ（Hannah Höch） 47
ペーテルス，ヤン（Jan Peeters） 10
ベッディントン，チャールズ（Charles Beddington） 205, 226
ペデガシェ，ミゲル＝ティベリオ（Miguel Tibério Pedegache Brandão Ivo） 127-28, 134
ペレイラ，アルヴァロ・S.（Alvaro S. Pereira） 216, 232
ベルトー（Berthaut） 123
ベルメール，ハンス (Hans Bellmer) 17, 19, 151-52, 202, 248
ペロー，クロード（Claude Perrault） 213, 232
ベロット，ベルナルド（Bernardo Bellotto） 7-8, 10-11, 129, 131, 134
ベンヤミン，ヴァルター（Walter Benjamin） 146, 168, 218, 220, 226, 246

ポー，エドガー・アラン（Edgar Allan Poe） 157, 164-65, 168, 193-94, 220, 223, 233, 248
ボードレール，シャルル（Charles Baudelaire） 57-58, 164, 206, 220, 226
ボフラン，ジェルマン（Gabriel-Germain Boffrand） 97, 99, 212, 226
ホラティウス（Quintus Horatius Flaccus） 97
ポロック，ジャクソン（Jackson Pollock） 184, 188
ボワロー，ニコラ（Nicolas Boileau-Despréaux） 213, 227

ま行

マカルト，ハンス（Hans Makart） 167
マネ，エドゥアール（Édouard Manet） 153, 185-86, 189

マリエット，ピエール＝ジャン（Pierre-Jean Mariette） 77, 208, 232
マルケジーニ，アレッサンドロ（Alessandro Marchesini） 36, 203
マルティーニ，フランチェスコ・ディ・ジョルジョ（Francesco di Giorgio Martini） 237-39
マルロー，アンドレ（André Malraux） 222, 231
マロ，クレマン（Clément Marot） 245
マーロウ，ウィリアム（William Marlow） 48, 51
マンチーニ，カルロ（Carlo Mancini） 208
マンテガッツァ，パオロ（Paolo Mantegazza） 96, 212, 231

ミュゼル，アラン（Alain Muzelle） 164, 219, 232
ミュッシャンブレ，ロベール（Robert Muchembled） 105, 177, 214-15, 222, 232
ミリツィア，フランチェスコ（Francesco Milizia） 210, 232

メルシエ，ルイ＝セバスティアン（Louis-Sebastien Mercier） 126, 135, 217, 232
メングス，アントン・ラファエル（Anton Raphael Mengs） 208

モミリアーノ，アルナルド（Arnaldo Momigliano） 206, 232
モンス・デジデリオ（Monsù Desiderio: François de Nomé, Didier Barra） 129, 132, 138, 140
モンタニェス，フアン・マルティネス（Juan Martínez Montañés） 161
モンターノ，ジョヴァンニ・バッティスタ（Giovanni Battista Montano） 65-66

や行

ユイスマンス，ジョリス＝カルル（Joris-Karl Huysmans）
157-58, 164, 166, 168, 174, 176-77, 179, 184, 190, 194, 202, 219-23, 229, 248
ユルスナール，マルグリット（Yourcenar, Marguerite） 12, 29-30, 201-02, 236

ら行

ライプニッツ，ゴットフリート・ヴィルヘルム（Gottfried Wilhelm Leibniz） 127
ラカン，ジャック（Jacques Lacan） 28-29, 147, 202, 218, 230, 238, 246
ラクー＝ラバルト，フィリップ（Philippe Lacoue-Labarthe） 206, 231
ラスキン，ジョン（John Ruskin） 36, 203, 233
ラファーター，ヨハン・カスパール（Johann Kaspar Lavater） 95-96, 99, 212, 231
ラ・ブリュイエール，ジャン・ド（Jean de La Bruyère） 98
ラボワジェ，アントワーヌ（Antoine-Laurent de Lavoisier） 214
ラムジー，アラン（Allan Ramsay） 208
ラロック，ディディエ（Didier Laroque） 231
ラングレー，バティ（Batty Langley） 216

リアー，ギュンター（Günter Liehr） 216, 231
リーグル，アロイス（Alois Riegl） 140, 217, 233
リゴーリオ，ピッロ（Pirro Ligorio） 65
リシ，フアン（Juan Rizi） 173, 221

リッチ，セバスティアーノ（Sebastiano Ricci） 205
リッチ，マルコ（Marco Ricci） 205
リンクス，ジョセフ・G.（Joseph G. Links） 203, 231
リンネ，カール・フォン（Carl von Linné） 98-99

ルイ14世（Louis XIV） 134, 138, 215,
ルイ15世（Louis XV） 127, 209
ルイ16世（Louis XVI） 209, 242
ル・カミュ・ド・メジエール，ニコラ（Nicolas Le Camus de Mézières） 99, 213, 231
ルクー，ジャン゠ジャック（Jean-Jacques Lequeu）
19-21, 24-29, 104-105, 110-111, 151-52, 218, 237, 242, 246
ル・コルビュジェ（Le Corbusier） 209, 231
ルーセル，レイモン（Raymond Roussel） 246
ルソー，アンリ（Henri Julien Félix Rousseau） 127, 206, 214
ルドゥー，クロード゠ニコラ（Claude Nicolas Ledoux）
34, 60, 85-94, 97, 100-103, 105-107, 109-110, 112, 115-117, 197-200, 209-16, 223, 231, 237, 241-43
ル・バ，ジャック゠フィリップ（Jacques-Philippe Le Bas） 127-28
ル・ブラン，シャルル（Charles Le Brun） 94-96, 99, 212-13, 231
ルーベンス，ピーテル・パウル（Peter Paul Rubens） 184-85
ル・ロワ，ジュリアン゠ダヴィッド（Julien-David Le Roy） 19, 77, 127, 207, 231

レオナルド・ダ・ヴィンチ（Leonardo da Vinci） 239-40
レティフ・ド・ラ・ブルトンヌ（Nicolas Edme Rétif de La Bretonne） 119, 216, 233
レッドフォード，ブルース (Redford, Bruce) 55, 203, 205, 233
レーベンシュテイン，ジャン゠クロード（Jean Claude Lebensztejn） 112, 185, 215, 222, 231

ロウ，コーリン（Colin Rowe） 47-48, 204-05, 207, 233, 241
ロージェ，マルク゠アントワーヌ（Marc-Antoine Laugier） 60, 206, 231
ロース，アドルフ（Adolf Loos） 88-90, 168, 209-11, 220, 231, 243-44
ロッシ，アルド（Aldo Rossi） 56-57, 205-06, 233
ロートレアモン（デュカス，イジドール・リュシアン）
(Le Conte de Lautréamont, / Isidore Lucien Ducasse) 48
ロベール，ユベール（Hubert Robert） 119-121, 125-126, 129, 132, 134-36, 138-40
ロムルス（Romulus） 61
ロンブローゾ，チェーザレ（Cesare Lombroso） 243
ロンベルヒ，ヨハン・ホースト・フォン（Johann Host von Romberch） 44-45

わ行
ワイルド，オスカー（Oscar Wilde） 188, 222, 236
ワニング゠ハリス，エリザベス（Elizabeth Wanning Harries） 68, 207, 236

都市の解剖学——建築／身体の剥離・斬首・腐爛

二〇一一年一〇月二〇日　発行

著　者——小澤京子（東京大学グローバルCOE特任研究員［表象文化論］）
解　題——田中　純（東京大学大学院総合文化研究科教授［表象文化論］）

装　幀——中本　光
発行者——松村　豊
発行所——株式会社　ありな書房
東京都文京区本郷一—五—一五
電話　〇三（三八一五）四六〇四
印　刷——株式会社　厚徳社
製　本——株式会社　小泉製本
ISBN978-4-7566-1119-2 C0070